全国高等院校会展专业“十二五”规划教材
全国会展业职业经理人证书考试指定教材

HUIZHAN RENLI ZIYUAN GUANLI

会展人力资源管理

主　编/杨　琪
副主编/徐文涛　张雨宜

教育科学出版社
·北京·

出 版 人　所广一
责任编辑　张　静
版式设计　博祥图文　孙欢欢
责任校对　贾静芳
责任印制　叶小峰

图书在版编目（CIP）数据

会展人力资源管理／杨琪主编. —北京：教育科学出版社，2013.12（2021.7 重印）
全国高等院校会展专业“十二五”规划教材
ISBN 978－7－5041－7992－0

Ⅰ.①会…　Ⅱ.①杨…　Ⅲ.①展览会—人力资源管理—高等学校—教材　Ⅳ.①G245

中国版本图书馆 CIP 数据核字（2013）第 315634 号

全国高等院校会展专业“十二五”规划教材
会展人力资源管理
HUIZHAN RENLI ZIYUAN GUANLI

出版发行	教育科学出版社		
社　　址	北京·朝阳区安慧北里安园甲 9 号	**市场部电话**	010－64989009
邮　　编	100101	**编辑部电话**	010－64989394
传　　真	010－64891796	**网　　址**	http://www.esph.com.cn
经　　销	各地新华书店		
制　　作	北京京久科创文化有限公司		
印　　刷	唐山玺诚印务有限公司		
开　　本	720 毫米×1020 毫米　1/16	**版　　次**	2013 年 12 月第 1 版
印　　张	20.5	**印　　次**	2021 年 7 月第 4 次印刷
字　　数	372 千	**定　　价**	40.00 元

前言

会展产业是社会经济文化发展到一定程度的产物，是重要的现代战略性新兴服务业之一。与传统产业相比，会展产业对专业人才需求量大，对人力资源的管理专业化运作需求迫切。但是，由于新兴产业的人才培养往往滞后于产业的发展，我国会展人才培养体系还不完善，摆在企业和高校面前的问题还很多，客观上造成了会展人力资源管理的诸多困境。

会展人力资源管理是人力资源管理的理论、方法在会展产业中的应用知识体系，这个知识体系包括人力资源规划、组织体系设计与工作分析、招聘与录用、绩效管理、薪酬管理、培训与开发、员工关系管理、组织文化管理等众多的系统性内容。这些方面彼此互相支持，协同处理人力资源管理事务。其中，人力资源规划和工作分析是人力资源管理体系的基础，其他各项人力资源职能活动都建立在此基础之上。限于篇幅，本书在梳理会展人力资源管理的基本概念和会展人力资源管理框架基础上，重点介绍了会展人力资源规划、组织设计与工作分析、人力资源获取、绩效管理、薪酬管理和培训与开发，最后介绍了会展人力资源管理的发展趋势。书中把会展人力资源培训与开发放在薪酬管理之后，主要考虑的是培训与开发是会展人力资源管理的重要环节，应当引起高度重视。人力资源管理是一个人力资源的获取、融合、发展、激励的生生不息、循环往复的过程，不可孤立、机械地看待。

本书在体例上，按照人力资源管理的理念、流程、方法的思路撰写，每章在概述中介绍相应的管理原则和理念等一般性内容，然后依次介绍管理流程和方法，最后附之以管理文案的样本范例。这样编撰，目的是帮助读者树立人力资源管理从理念到流程和方法及文案编制的基本思维习惯，方便学习。除了第一章外，每章都附有案例。在编写过程中，我们尽量借鉴学术界最新的研究成果，尽量做到操作性强，内容翔实，条理清晰，特色鲜明。本书既可以作为高等院校会展专业教材，也可以作为会展业从业人员的工作参考书。

本书共分八章，第一章、第二章和第八章由杨琪撰写；第三章、第五章和第六章由杨琪、徐文涛撰写；第四章由杨琪、王诗涵、程晓旭撰写；第七章由杨琪、张雨宜撰写；全书由杨琪统编定稿。

本书在编写过程中，参考了大量文献资料，在此向这些文献资料的作者深表谢意！本书的编写和出版，得到了教育科学出版社、中国商业联合会等机构的大力支持和帮助，在此一并表示感谢！本书是我带领我的研究生团队编写的，我的另外几位研究生——李绮缘、沈良凤、甄淼、殷晓静、朱玉霞等同学也参与了案例的搜集和讨论工作，虽然由于种种原因，她们没有参加章节的编撰，但是她们的参与和讨论无疑也是莫大的支持！在此表示感谢！由于编者的水平和时间有限，书中的缺憾和不足在所难免，恳请学界同仁和广大读者批评指正！我的 E-mail 是 yangqi@ tjcu. edu. cn，欢迎邮件联系！

杨琪

2013 年 11 月于天津商业大学

目　录

第一章

会展人力资源管理概述

学习目标

- 了解人力资源管理的发展历史
- 掌握人力资源管理含义与特点
- 掌握会展人力资源的含义与特点
- 掌握会展人力资源管理的目标与任务
- 熟悉会展人力资源管理的运作

关键概念

会展产业　会展人力资源　人力资源管理目标　人力资源管理战略

会展产业是社会经济文化发展到一定程度的产物，是重要的现代新兴服务业之一。与传统产业相比，新兴产业具有更强劲的高端专业人才需求，但是，新兴产业在发展中存在的很多不确定性，以及从业人员整体素质的提升与人才培养进程的滞后，都使得新兴产业在人力资源管理上要面临比传统产业更多的困难。对于会展产业来说，不但其所涉及的相关利益群体复杂，几乎所有行业都可以开办展会活动，而且，会展产业和各种媒体紧密结合在一起，会展活动直接关系到城市或地区的形象和影响力。因此，全面系统地对会展产业人力资源管理进行研究，探讨人力资源管理规律在会展业中的应用，既是当前新兴产业发展的急需，也是人力资源管理理论方法与技术在新兴产业领域应用拓展的需要。本章将回顾人力资源管理产生与发展的历程，分析人力资源管理的关键概念，会展人力资源管理的特点、角色模型、目的、作用及运作机制等。

第一节　人力资源管理的产生与发展

人力资源管理的活动是伴随人类劳动管理始终的，只要有集体劳动，就有对集体劳动的管理，而这正是对人进行的管理活动。追溯人力资源管理的产生与发展进程，一般都聚焦到西方 18 世纪后期开始的工业革命。

这一时期，管理思想家们开始面向企业开展科学管理和工业心理学等方面的创新性研究。他们尝试通过运用科学方法来提高生产效率，或者运用心理学原理来提高工作效率，研究重点分别集中在工作、工人和个体差异等方面。最早“播下人事管理种子”的人是罗伯特·欧文（Robert Owen，1771—1858）①，他是英国卓越的空想社会主义者，也是 19 世纪初最有成就的实业家之一，杰出的管理先驱。他认为，好的环境使人形成良好的品行，坏的环境则使人形成不好的品行。他在苏格兰自己的几个纺织厂内进行了空前的试验，致力于人性化的管理，创建了最早的工作绩效评价体系，被称为“人事管理之父”②，是系统科学最早的实践者、行动者。

另一位不可忽视的管理学家是美国机械工程师弗雷德里克·温斯洛·泰勒（Fredrick Winslow Taylor，1856—1915，又译作泰罗）。他是科学管理的杰出代

① 周三多．管理学原理［M］．2 版．南京：南京大学出版社，2009：28.

② Lee Kaufer Frankel. The Human Factor in Industry. New York：Macmillan，1920：8.

表，被誉为科学管理之父。① 1885 年，泰勒在一家钢铁公司对铲装工人进行了时间与动作研究，去除无效动作，并对铲的大小、堆码、铲装重量、走动距离和手臂摆动的弧度等都做了规范，结果大大提高了生产效率。泰勒提出，企业应选定标准员工、使用标准工具、采用标准方法、完成标准工作量、给予标准报酬。② 20 世纪 20 年代开始，泰勒的管理思想与方法在美国一度被广泛采用，对人事管理产生了重大的影响，引发了人事管理理论和实践的深刻变革。

工业心理学方面最重要的代表是休格·闵斯特伯格（Hugo Munsterberg，1863—1916）和乔治·埃尔顿·梅奥（George Elton Mayo，1880—1949）。前者在《心理学与工业效率》中率先提出了工业心理学的概念；后者则在 1927 年到 1932 年间带领研究团队开展了著名的“霍桑实验”。③ 梅奥和他的团队在伊利诺伊州霍桑工厂开展的照明对生产效率影响的实验研究中发现：员工并不是孤立的、只知挣钱的个体，而是处于一定社会关系中的成员，个人的物质利益在调动工作积极性上只具有次要的意义，良好的人际关系才是调动工作积极性的决定性因素。霍桑实验第一次把研究的重点从工作和物的因素上转移到人的因素上，不仅在理论上对古典管理理论作了开辟和补充，还为现代行为科学理论奠定了基础，对管理实践产生了深远影响。

从时间跨度来看，从 18 世纪末至 20 世纪 70 年代，被称为传统的人事管理阶段，“人事管理”（Personnel Management）或“劳动人事管理”（Labor Administration），都是对这一阶段劳动管理特征的概括。彼得·德鲁克（Peter F. Drucker）于 1954 年在《管理的实践》一书中提出了“人力资源”概念之后，④人力资源管理理论不断受到重视，人力资源管理的专业化程度越来越高。一开始，人事管理和人力资源管理两个术语交替使用，甚至有学者将两者等同起来看待，到了 20 世纪 90 年代以后，“人力资源管理”这一术语已全面替代了“人事管理”，广为社会各界所接受。在“人力资源”概念兴起的同时，一些有国际影响力的经济学家⑤，如刘易斯（William Arthur Lewis，1915—1991）、雅各布·

---

① Frank Barkley Copley，Frederick W. Taylor：Father of Scientific Management. Harper and Brothers，1923：1 -2.

② http：//en. wikipedia. org/wiki/Frederick_ Winslow_ Taylor.

③ Richard Gillespie. Manufacturing Knowledge：A History of the Hawthorne Experiments. Lodon：Cambridge University Press，1993：34.

④ Peter F Drucker. The Practice of Management. New York：Harper &Brothers Press，1954：1 -20.

⑤ Gary Stanley Becker. Human Capital：A Theorical and Empirical Analysis，with Special Reference to Education. National bureau of economic research：General series V80. Columbia：Columbia University Press，1966：1.

明赛儿（Jacob Mincer，1922—2006）、西奥多·舒尔茨（Theodore W. Schultz，1902—1998）等，都从各自的角度表达了对人力资本的关注。

在20世纪的最后10年中，战略人力资源管理和国际人力资源管理成了人力资源管理领域最活跃的两个研究领域。

1984年，比尔（Micheal Beer）等在《管理人力资本》一书中提出了战略人力资源管理理论。① 他指出，人力资源管理的研究领域已经扩展为对影响组织和员工之间关系的所有管理决策和活动的研究，现代人力资源管理应当更加重视成本效应和竞争力，突出企业内部政策的联系和统一性、系统性。人力资源管理已经从行政管理、事务性管理的角色转向了战略管理，它在组织战略管理中的功能不断得到强化。战略人力资源管理更加注重人力资源管理与组织财务绩效的关系、人力资源管理系统与组织竞争战略选择的关系，以及组织战略与人力资源管理实践的关系。

国际人力资源管理是在日益深入的经济全球化和管理国际化的浪潮下提出来的。跨国公司把业已取得成功的人力资源管理工具应用到国际环境中去，并发现各个国家和地区在人力资源管理问题上所存在的差异。在国际人力资源管理中必须考虑不同文化形式和社会价值之间的相互作用，跨文化的管理适应性问题，现存的法律和经济差异及由于社会文化差异产生的不同管理风格和应变方式。国际人力资源管理的理论和实践关注的焦点有：外派员工（由母公司派往国外的员工）、内派员工（国外员工到母公司工作的员工）及他们的职业生涯问题，甄选、培训、评估与薪酬方面的问题，以及跨文化的人力资源管理流程的统一模式开发问题等。

当然，随着时代的发展，人力资源管理正在朝着更加精细化和专业化的方向发展，对员工的知识进行管理和更新，帮助员工进行生涯规划并尽可能让员工的生涯规划与组织发展保持一致，及时、有效、人本地开展绩效管理和薪酬管理等。纵观人力资源管理理论与学说在西方演变发展的历程，泰勒的科学管理重点关注工作，梅奥研究的重点是人，而现代人力资源管理既注重以人为中心，又重视工作与人的匹配，突出人和工作的双赢。可见，人力资源管理的产生和发展也符合“正、反、合”的辩证发展逻辑。

20世纪80年代中期，人力资源管理的理念与方法开始影响中国，90年代，我国高校也陆续开设了人力资源管理专业，目前，几乎所有主要大学的商学院都设有人力资源专业，有的专业还开设行业人力资源管理课程，如《酒店业人

---

① Michael Beer, Bert Spector, Paul R Lawrence, D Quinn Mills, Richard E Walton. Managing Human Assets. New York: The Free Press, 1984: 66.

力资源管理》《公共部门人力资源管理》《零售业人力资源管理》等。对我国而言，人力资源管理理论与方法体系毫无疑问属于“舶来品”，随着时代的发展，中国古代大量人力资源管理的理论著作被提上研究日程，一些学者开始呼吁对中国传统人力资源管理思想展开研究。

中国是最早注意到人力资源管理的国家之一，积累了丰富的人事思想与大量经典著作。如先秦时期的《尚书》《左传》《周礼》《论语》《墨子》《孟子》《韩非子》《吕氏春秋》；汉代的《说苑》《史记》《汉书》，三国时代的《人物志》，唐代的《贞观政要》《长短经》《群书治要》，宋代的《资治通鉴》等。古代中国人口众多，大一统的观念深入人心，庞大的公共部门系统提出了人才选拔、运用、考核、晋升、俸禄等一系列难题，思想家、政治家们进行研究并予以解决。《尚书·舜典》记载：“三载考绩，三考黜陟幽明。”《周礼》从天官、地官、春官、夏官、秋官和冬官六个系统详尽描述了岗位体系、人员编制与岗位职责。隋唐时期，国家推行科举制度，通过考试来选拔人才，此后在中国持续推行了一千多年，并直接影响到了现代西方的公务员考录制度。近代以来，风云际会，国家惨遭西方列强蹂躏，中国传统文化也遭遇了数千年来前所未有的深刻变革。这种变革使中国传统人事管理制度体系在现代语境下几乎无立足之地，但又如影随形地植入在具体的人员管理的实践之中，挥之不去，而绝大多数研究者已经失去了传统文化的知识背景，又难以从现代的视角准确把握和继承传统人力资源管理的思想与方法，并正确看待人力资源管理的发展源流与脉络。

目前，呈现在广大读者面前的人力资源管理的产生与发展的历史往往只讲到了西方的传统人事管理到现代人力资源管理的历程，很少有涉及中国传统人力资源管理贡献。不过，随着全球化浪潮的进一步深入，多元文化背景下的跨文化认同的重大价值正日益受到重视，中国传统人力资源管理思想与方法必将进一步受到重视，而“中国元素”的参与必将进一步推动人力资源管理领域的发展。

第二节 会展人力资源管理的含义与特征

一、人力资源的含义与特征

（一）人力资源的含义

从人力资源管理产生与发展的历程中不难看出，人力资源管理是从传统人事管理中脱胎而来，传统人事管理活动中其实也包含招聘管理、绩效评价和薪酬管理等管理职能，但人力资源管理与传统人事管理在根本观念上有着明显的区别：人力资源管理不再将员工简单视作成本，而是作为资源看待。资源一词，意指“资财的来源”。在经济学上，是指为了创造物质财富而投入到生产活动中的要素。可见，“人力资源”这一概念首先是个经济概念，是从资源的角度来看待人，而不是其他的角度。从经济的角度思考、研究和管理人，必然是功利主义的。虽然都是从经济的角度看待人力，但是不同的学者又有不同的认识，对人力资源进行了不同的定义和解释。概括来说，主要有两大类观点。

1. 第一类主要从能力的角度界定人力资源

董克用等认为，人力资源就是人所具有的对价值创造起贡献作用，并且能够被组织所利用的体力和脑力的总和。①

苏珊·E. 杰克逊（Susan E. Jackson）和兰德尔·S. 舒勒（Randall S. Schuler）认为，人力资源是组织可以将其看作是能够为创建和实现组织的使命、愿景、战略与目标作出潜在贡献的人所具备的可被利用的能力和才干。②

于桂兰、魏海燕认为，人力资源是指人拥有的知识、技能、经验、健康等“共性化”要素和个性、兴趣、价值观、团队意识等“个性化”要素以及态度、努力、情感等“情绪化”要素的有机组合。③

简建忠认为，人力资源包含组织内部成员与其所能运用的外在人力。可引申为“人”所具有的知识、技能、态度、创造力，与理想等特质，以及统筹应用上述特质而获得的所有作为。④

2. 第二类主要从人的角度界定人力资源

我国全国科学技术名词审定委员会给出了“人力资源”的两个表述：“在一个国家或地区中，处于劳动年龄、未到劳动年龄和超过劳动年龄但具有劳动能力的人口之和”和“一个国家或地区的总人口中减去丧失劳动能力的人口之后的人口”。⑤

维基百科“人力资源”词条的解释是：构成组织、企业部门或经济体劳动人口的个体。⑥

---

① 董克用. 人力资源管理概论［M］. 2版. 北京：中国人民大学出版社，2009：8.

② 苏珊·E. 杰克逊，兰德尔·S. 舒勒. 管理人力资源［M］. 北京：中信出版社，2006：38.

③ 于桂兰，魏海燕. 人力资源管理［M］. 北京：清华大学出版社，2004：3.

④ 简建忠. 人力资源发展［M］. 台北：五南图书出版股份有限公司，1995：4.

⑤ 全国科学技术名词审定委员会门户网站：http：//www. cnctst. gov. cn.

⑥ http：//en. wikipedia. org/wiki/Human_ resources.

朱延智认为，人力资源从广义上说是指智力正常人的总和，狭义上指的是兼具智力和体力，且能为组织创造物质及财富总和的人。①

上述两类定义各有得失。第一类观点虽然看到了知识、技能和能力的重要价值，但是忽视了人的因素，能力和才干作为属性并不能离开人而存在。第二类观点虽然同时看到了人的能力和人本身，但是在外延的表述上并不统一，有的指所有有劳动能力的人口，有的指所有智力正常的人，有的指企业组织的职工。因此，厘清“人力资源”这一基本概念依然是无法回避的基础工作。

正确理解“人力资源”这一概念，需要对语词本身进行必要的澄清。众所周知，“人力资源”的英文表述是 human resource，human 在英文的意义域里并没有特指“力”的意思，但却被翻译成了“人力”。曾有学者指出，长期以来，我国出版的相关论著（包括专业性的与非专业性的）都把“human resources”称之为“人力资源”，这显然是不对的。正如“human rights”，通称为“人权”一样，human resources 也应理所当然地称作“人资源”。② 那么，这样翻译是否达到了“信、达、雅”的要求？从“人力资源”这一概念的使用和普及的情况来看，答案当然是肯定的。其一，虽然 human 有“人类”的意思，但是，human resource 最初是和 personnel 等同的词，在 20 世纪七八十年代，human resource management 和 personnel management 可以混同使用。personnel 指的全体员工，human resource 也应当是指能参与生产、有劳动能力的人。中国文化中，一般把能参与劳动的人称作“人力”，如北魏郦道元《水经注 · 谷水》：“加边方多事，人力苦少。”其二，“人力资源”并不等同于“人的能力的资源”。“力”可以是能力（capabilities），也可以是力量（power），还可以是有力量和能力的个体（individual）。维基百科中明确把 manpower 和 human resource 等同看待③，可见这里的“力”和 power 有着极为密切的关系。另外，human resource 翻译成“人资源”显得生硬，不符合中国人的语言习惯，这也可能是一个影响因素。

由此可见，“人力”并非具体指人的能力，而是就人的力量而言。这个“力量”可以表现为个体的力量，也可以表现为多个个体聚合起来的力量。因此，把人力资源定义为“能力的总和”显然不能全面涵盖其“力量”的一面。同时，“体力和能力”作为人的属性是无法离开人这个主体的，谁也无法做到离开活生生的“人”来管理这些“能力和体力”。“人”有着极为丰富的内涵，除了能力和体力之外，还有价值观、情感等，只见到“能力和体力”而见不到“人”，只

---

① 朱延智. 人力资源管理［M］. 台北：五南图书出版股份有限公司，2007：5.

② 余绪缨. 管理会计学［M］. 2 版. 北京：中国人民大学出版社，2005：231.

③ http：//en. wikipedia. org/wiki/Manpower_(disambiguation).

能加深对人的偏见，忽视员工的需求。当然，“体力和能力”作为人力资源的质的规定性依然是存在的。

关于人力资源的外延，如果主张界定为“有劳动能力的人口总和”的观点，则无法解释国家对未成年人的教育、培训等人力资源管理活动。主张从广义和狭义分开界定有其合理性，既关照了宏观人力资源管理的对象，也关照了微观人力资源管理的对象。朱延智先生的观点较为准确地界定了人力资源的外延，但是忽略了人力资源所属国家、地区和组织对于人力资源管理本身的意义。综合上述观点，人力资源从外延上可以界定为：广义上，人力资源是指一个国家或地区的智力正常的人；狭义上，是指构成组织、企业部门或经济体劳动人口的个体。广义的定义以国家或地区为界限，狭义的定义以组织、单位、经济体作为人力资源管理对象的界限。理解人力资源这一概念，需要注意以下几点。

第一，人力资源的概念把“人”作为资源来看待，确定了人在生产、管理活动中的核心资源地位。人力资源是社会财富创造的“第一资源”，是生产活动中最积极、最活跃的因素。

第二，人力资源概念虽然是从经济的角度提出来的，但是随着人力资源专业领域的发展，这一概念已经广为企业和公共部门所接受，全社会各个领域都重视开发、管理并充分发挥人力资源的效能，这是以往各个时代所无法比拟的。

第三，知识、技能和能力等素质是人力资源的质的规定性一面，作为人的属性，它无法离开人而独立存在，因此，质的规定性必须在人力资源量的规定性中获得存在的意义。人力资源的概念，既不能简单地用“质”来概括，也不能简单地以“量”来概括。对于企业而言，其人力资源部门的管理对象主要是本单位的员工，员工的数量和质量必须兼顾。

（二）人力资源的特征

1. 能动性

人力资源的能动性被认为是区别于其他资源的最根本的特点。① 人可以自我设计，自我认知，自我开发，能做到有计划、有目的地开发和使用自己的体力和智力。人力资源的能动性具体表现为：其一，人能根据自己的认知对工作行为的目的和影响进行价值判断和行为选择，能根据环境的变化进行工作状态的调整；其二，人力资源作为生产要素的一部分，进入生产过程后，其在生产活动中一直处于中心位置，起着支配其他资源的主导作用。其三，人力资源可以自我开发、自我修复和自我反思。人力资源的自我认知和提升的能力是其他任

① 乔瑞，樊智勇. 人力资源管理［M］. 北京：人民邮电出版社，2010：5.

何资源所不具备的，通过反思、修复和开发不断提升人力资源自身的质量和水平，从而提升工作效率。这是人力资源最根本的特征，也是人力资源区别于其他资源的本质所在。

2. 两重性

人力资源的两重性是指人力资源兼具生产性和消费性、主观性和客观性等双重特性。一方面，人力资源作为生产者，能够创造物质财富，具有生产性；另一方面，人力资源也是消费者，保持和开发人力资源需要消耗一定的物质财富和社会资源。兼具主观性和客观性是指人力资源的质的规定性既是人的主观属性，又可以通过组织的知识管理等方法固化为组织发展的客观力量，以组织知识的形式参与生产。

3. 再生性

由于人具有能动性，所以当人力资源在使用的过程中出现损耗以后，可以通过休整进行补充与恢复，从而实现自我补偿、自我更新、自我发展。同时，人力资源还可以通过人口的再生产和劳动力的再生产得以再生。因此，人力资源是一种可再生资源，它和一般的可再生资源不同，除了受生物规律支配外，还受到人的意识支配，受人类活动的影响和新技术革命的制约。

4. 社会性

马克思曾深刻指出，人的本质是一切社会关系的总和。人力资源不但受到时代和社会因素的影响，而且人力资源在生产过程中也高度依赖社会关系。社会政治、经济和文化的不同，组织文化的差异，都会影响到人力资源的质量。人力资源管理活动中，团队建设，人与人、人与群体、人与社会的关系及利益的协调与整合都是根据人力资源的社会性而提出的重要管理策略。

5. 生命周期性

人力资源是具有生命的资源，它与人的生命周期紧密相连。人的一生要经历发育成长期、成年期、老年期三大阶段。不同的时期，人的体力和脑力的发展程度与利用效率有很大差异。人力资源的形成、开发和使用都要受到生命周期的限制。

6. 高增值性

人力资源作为第一资源，在生产劳动过程中不仅能创造自身的价值，而且能创造比自身价值大得多的价值。研究表明，高素质人力资源的投资效益是固定资产投资的9倍。① 这也是近半个世纪以来人力资源的开发与管理日益受到重视和普及的重要原因。

---

① 李成彦. 人力资源管理［M］. 北京：北京大学出版社，2011：1.

二、人力资源管理的含义与职能

（一）人力资源管理的含义

人力资源管理（Human Resource Management）作为一种职能性管理活动，最早是由社会学家怀特·巴克（Edward Wight Bakke）在1958年发表的《人力资源功能》中提出来的。[①] 怀特·巴克认为，人力资源管理职能超出了人事或工业关系经理的工作范围，人力资源管理的一个最重要的职能是理解、保持、开发、雇佣或有效的利用人力资源，并使之成为工作的一个整体，使企业所有员工有效地工作和取得最大的发展机会，并利用他们所有的与工作相关的技能使工作达到更高的效率。因此，人力资源管理职能不仅包括和人事劳动相关的薪酬与福利，还包括企业中员工之间的工作关系，其管理职能和组织中各个层次的人员都息息相关。遗憾的是，巴克的研究成果在当时并没有受到企业界的重视。

随着人力资源管理理论和实践的不断发展，学术界展开了深入研究。美国著名的人力资源管理专家雷蒙德·A. 诺伊（Raymond A. Noe）等在《人力资源管理：赢得竞争优势》一书中认为，人力资源管理是指影响雇员的行为、态度及绩效的各种政策、管理实践和制度。[②] 加里·德斯勒（Gary Dessler）在《人力资源管理》一书中认为，人力资源管理是为了完成涉及人或人事方面包括招聘、甄选、培训、薪酬和绩效考评等在内的管理工作而制定的政策和管理实践。[③] 阿姆斯特朗认为，人力资源管理是指对组织在岗人员进行的使用、开发、培训和福利等战略性、整合性和一致性的管理方法。[④] 我国著名学者赵曙明认为：人力资源管理是指组织为有效利用其人力资源所进行的各项活动，这些活动至少包括人力资源规划、员工配置（招聘、选拔、安置）、绩效管理、培训与

① Edward Wight Bakke. The Human Resource Function. Yale University, Yale Labor and Management Center, 1958.

② Noe Hollenbeck, Gerhart Wright. HumanResource Management: Gaining a Competitive Advantage. 3rd ed. Beijing: Tsinghua University Press, 2000: 4.

③ 德斯勒（Dessler, G.）. 人力资源管理英文版［M］. 11版. 北京：清华大学出版社，2010：2.

④ Michael Armstrong. Armstrong's Handbook of HumanResource Management Practice. 11th ed. London. & Philadephia, 2009: 4.

发展、薪酬（报酬）与福利、劳资关系。① 彭剑锋认为，人力资源管理是依据组织和个人发展的需要，对组织中的人力这一特殊资源进行开发、合理利用与科学管理的机制、制度、流程、技术和方法的总和。②

国内外学者的观点虽然在表述上有一定差异，但是，对人力资源管理的基本界定并不存在本质的区别。本书认为，人力资源管理是指一定管理主体为实现组织战略目标，通过运用科学管理的机制、制度、流程、技术和方法，开展的涉及人和事方面的研究与规划、获取与使用、保持与开发、评价与激励等一系列管理活动过程。人力资源管理可以分为宏观和微观两个层次。人力资源宏观管理是指一个国家或地区通过制定一系列政策、法律制度和行政法规，采取一系列必要措施促使人力资源的形成，为人力资源的合理开发利用提供条件，促进人力资源与社会协调发展。人力资源的微观管理是指一个组织根据其对自身需求和社会环境的研究有针对性地开展人力资源的引进，并对其所拥有的人力资源进行开发、使用、保持和激励的管理活动。

人力资源管理活动的目的是为了提高员工的效率、实现组织目标，与组织的战略直接相关，同时，人力资源管理作为专门化的活动，它涉及完成人员或人事方面的任务所需要掌握的各种专门技术，如工作分析、人力资源规划、人力资源招聘与甄选、人力资源培训、薪酬管理、绩效管理、劳动关系管理等。通过运用现代化的科学理论与方法，对员工进行合理的培训、组织与调配，使人、财、物相匹配，员工在思想、心理和行为上进入最佳的工作状态，充分发挥人的主观能动性，实现组织和个人的双赢。由此可见，人力资源管理不只研究“人”，还要研究“事”（岗位和工作）。人和人的关系，事和事的关系及人和事的关系是人力资源管理必须研究的三大基本关系。

正确地理解人力资源管理的含义，必须破除一些错误的认识。

第一种错误认识是将人力资源管理等同于传统的人事管理，认为两者完全一样。如前文所述，在人力资源产生和发展的过程中，确实有一段时间人们把两者混同使用，但是后来随着人力资源管理学科的确立，人力资源管理在核心的价值与方法体系上都与传统人事管理有了本质区别：传统人事管理把员工视作成本，而人力资源管理把员工视作资产或资本；传统人事管理把员工管理视作行政事务，而人力资源管理把员工管理视作生产的一部分。

---

① 赵曙明，刘燕，彼得·J·道林，等. 国际人力资源管理［M］. 5版. 北京：中国人民大学出版社，2012：2.

② 彭剑锋. 人力资源管理概论［M］. 2版. 上海：复旦大学出版社，2011：6.

第二种错误认识是将人力资源管理与人事管理彻底割裂开来，认为两者毫无关系。实际上，人力资源管理脱胎于人事管理，继承和发展了人事管理的职能，人力资源管理的核心职能都是在人事管理基础上发展和完善起来的，其立场和角度又与人事管理明显不同，可以说是一种全新视角下的人事管理。

第三种错误认识是将人力资源管理看作仅仅是对员工的能力和知识进行管理，忽视对员工心理契约和生涯管理，忽视对组织的研究与设计。一方面，在人力资源管理的视野下，组织中的员工都要和岗位相匹配，而岗位的设计要服务于组织的战略目标，社会环境有变化，组织的战略因之发生调整，组织的岗位体系就要进行相应的变革，岗位的变革必然要引起人员的调整。这一系列的联动管理都是人力资源管理的重要内容。另一方面，“人”作为一种特殊的资源，能力、知识和技能固然是其作为人力资源的关键属性，但是，人的其他属性也不能忽视，员工的情感、生活、心理、价值观、社会关系等都是值得管理者关心关注的内容。因此，人力资源管理不仅仅是对员工的能力和知识进行管理，还包括岗位分析、战略研究、员工生涯管理、心理契约管理等。

（二）人力资源管理的职能

自从怀特·巴克提出人力资源管理的功能以来，学者和企业家在实践中不断充实和完善人力资源管理的职能描述。一般认为，人力资源管理的基本职能有如下几个方面。

1. 研究与规划

人力资源管理的基本出发点是确保组织目标的实现，确保员工与岗位的匹配。因此，研究和规划的职能是人力资源管理的基础性职能。这一职能主要包括人力资源规划和工作分析。人力资源部门应首先根据组织的战略目标和外部环境分析，研究和制订人力资源战略规划，并展开人力的供给与需求分析，制订人力资源年度计划。工作分析是对工作进行一个全面的分析和评价，它通过收集、分析、整合与工作相关的信息来说明工作的目的、内容、方法和技能要求，以达成对工作岗位的客观、全面的认识。人力资源规划和工作分析是组织开展“人员招聘、培训开发、绩效管理和薪酬管理”等工作的重要依据。

2. 获取与配置

这一职能包括人力资源的招聘、甄选与配置。组织按照工作流程，依据工作分析和人力资源规划，制订人力资源获取的计划，发布招聘信息，吸引组织内外部人员应聘，并且根据岗位特点制订相应的甄选方案，选拔符合组织需要的人才，最后把适合的人力资源安置在相应的岗位上。

3. 保持与开发

人力资源的保持与开发职能涉及的工作有：管理和监测员工安全、健康和医疗政策，以保留现有有能力的员工并使他们遵守组织制订的标准和规范;① 帮助员工建立并维持有效的工作关系，主要包括协调员工之间、员工与组织之间的人际关系，建立和谐的人际环境和良好的工作氛围，使员工之间和睦相处，协调共事，确保组织沟通流畅，取得良好的组织绩效；通过培训和职业生涯辅导等手段激发员工的潜能，使员工的知识、技能不断更新，态度、价值观得以改变，以有效使用员工并提高组织绩效的过程。

4. 评价与激励

人力资源管理要客观公正地评价员工对组织所作出的贡献，并根据员工的绩效给予相应的报酬，实施晋升、调动、奖惩等措施，进行合理、公平的动态管理，以充分发挥员工的潜能，最大限度地实现员工个人价值与提高组织绩效。其主要内容有绩效管理、工作评价、薪酬管理等。

三、会展人力资源管理的含义与特点

（一）会展人力资源与会展人力资源管理的含义

会展人力资源也和其他部门的人力资源一样，是整个社会人力资源的重要组成部分，会展人力资源管理也是整个社会人力资源管理系统的一部分，但是，由于会展业作为新兴战略性服务业与其他行业相比有着鲜明的特点，会展组织的运作特点使得会展人力资源管理不可能简单照搬其他企业的做法，而应当根据会展业的实际来探索、研究会展人力资源管理的规律和特点，科学制定管理的政策、制度与方法。由于会展产业部门及其从事的会展活动的特殊性是决定会展人力资源管理特殊性的关键因素，因此，依然有必要阐明会展产业、会展活动等基本概念。

任何一个产业都有其历史发展的必然性，会展产业也同样如此。会展产业作为正在形成和发展着的产业，学术界一直没有一个统一的权威定义。有的用

① 布里顿，高德. 人力资源管理：理论与实践［M］. 3 版. 北京：经济管理出版社，2011：13.

MICE Industry①，有的用 Meeting Industry②，有的用 MEEC Industry③，还有的用 Events Industry④，联合国经济和社会事务部统计司颁布的《所有经济活动的国际标准产业分类》中把会展产业部门称作“Organization of conventions and trade shows”⑤。印度学者 Ashutosh Chaturvedi 认为，会展产业（Events Industry）所涉及的产业活动包括：商务活动、公司活动、展览会、展销会、娱乐活动、音乐表演活动、节庆活动、政府活动、运动赛事、工作会议、营销促销活动、学术会议、社会文化活动、产品发布会等。⑥ Razaq Raj 等学者认为，会展活动包括宗教活动、文化活动、音乐活动、赛事活动、个人私人活动、政治政府活动、商务活动、公司活动、特殊活动、休闲活动、节庆活动等。⑦ 在我国学术界，会展产业的概念使用同样没有统一，中国国际贸易促进委员会发布的《中国会展经济发展报告》把“会展经济”译作 Exhibition Industry，正文中则主要写的是展览业。⑧ 国内学者对会展产业的观点主要有：邹树梁认为，会展业是以展览和会议为主、涉及行业广泛的综合性产业，是由会展经济运动而引起的相互联系、相互作用、相互影响的同类企业的总和，是现代经济体系的有机组成部分；⑨ 邵培仁则主张会展产业是涵盖会议、奖励旅游、博览会、节事活动、展览会等在内的“大会展”概念⑩；俞华认为⑪，会展产业是指包括会展行业及其他相关部门中为会展提供服务的部分。会展行业既是一门系统工程、综合经济，又是一

---

① Deborah Peters, Barry Jones. Size and impact of the MICE industry. Australia. Bureau of Tourism Research, Meetings Industry. National Conference, 1996, (96).

② Stefan Henn, Conny Grabner. The meeting industry in germany - development and recent trends. Heilbronn University Scholarly Essay, 2008. http://www.grin.com.

③ Glenn Bowdin, Johnny Allen, Rob Harris, Ian McDonnell, William O'Toole. Events Management. 3rd ed. Oxford: Elsevier Ltd. 2011: 24 - 25.

④ Tom Baum, Margaret Deery, Clare Hanlon, Leonie Lockstone, Karen Smith. People and Work in Events and Conventions: a Research Perspective. Oxfordshire, CAB International 2009: 7 - 8.

⑤ 联合国经济和社会事务部统计司. 所有经济活动的国际标准产业分类（国际标准产业分类），修订本第 3.1 版［EB/OL］.［2008 - 07 - 22］. http://unstats.un.org/unsd/publication/SeriesM/seriesm_4rev3_1c.pdf.

⑥ Ashutosh Chaturvedi. Event Management: A Professional and Developmental Approach. New Delhi: Global India Publications Pvt Ltd, 2009: 2 - 12.

⑦ Razaq Raj, Paul Walters, Tahir Rashid. Events Management: an Integrated and Practical Approach. London: SAGE Publications Ltd, 2009: 13 - 17.

⑧ 中国国际贸易促进委员会. 中国会展经济发展报告（2011）［M］. 北京：中国经济出版社，2011.

⑨ 邹树梁. 会展经济与管理［M］. 北京：中国经济出版社，2008：25 - 26.

⑩ 邵培仁. 会展管理［M］. 上海：上海人民出版社，2011：6.

⑪ 俞华. 会展信息交流研究［M］. 北京：中国商务出版社，2006：175.

门特殊的服务行业，相关行业较多，包括运输、广告、饭店、餐饮、交通、旅游等部门，构成会展活动的产业链，形成会展产业。

综合国际国内的相关观点，会展产业在概念的使用上还不统一，不过，其所指的对象越来越趋向一致，基本上都包括会议、展览会、博览会、节事活动、奖励旅游等。在英语语境下，MICE 也好，MEEC 也好，都只是将几个单词的首字母拼合而成而已，并没有对其共同的本质属性予以概括。Glenn Bowdin 等认为会议、展览会、博览会等都可以理解为商务活动（Business Event），① 因此用 Events Industry 涵盖上述所有产业活动。在汉语的语境下，“会展”一词虽然是个新概念，但是由于其高度的概括性，使得这一概念迅速为人们所接受。“会”所指称的对象广泛，凡是临时性的人的集聚，都可称作“会”，如运动会、博览会、会议、大会、庙会、宴会等都冠之以“会”；而“展”则包括展览会、展销会、展示会等。因此，“会展”不能简单地与“会议展览”等同，其指称范围与“大会展”（Events Industry）是相当的。Meeting Industry 虽然也包含展览、奖励旅游与节事活动，但是翻译成“会议产业”之后，在汉语言语境下就失去了这三个方面的含义，显然不妥。王春雷是国内较早从事会展领域研究的学者之一，他将 Events Industry 译作“事件产业”，认为“大会展”概念的事件产业研究是大势所趋。② 不过，“事件”一词在汉语言背景下并不涵盖展览会、博览会、展示会等内容，显然不完全符合英语语境下的 Events Industry 的用法。因此，本书认为，把 Events Industry 和 Meeting Industry 通译作“会展产业”符合当前国内外会展产业发展的现状与趋势，也符合学科研究的要求。

从产业经济学的角度来看，产业是指国民经济中按照一定的社会分工原则，为满足某种需要而划分的从事产品和服务生产及其经营的各个经济组织或经济集合。③ 产业本质上是指按照规模经济和范围经济要求集成起来的企业或组织群体，是由一群生产相近替代产品的公司和组织组成的。因此，会展产业就是生产会展产品的公司和组织群体。如果把会展产品理解为狭义的会议和展览产品，那么会展产业就是从事会议和展览生产服务的企业和组织的总和。如果按照大会展概念，会展产业就是指按照规模经济与范围经济要求集成起来的、从事会议、展览、博览会、节庆活动、奖励旅游、赛事活动等文化产品生产与服务的

---

① Glenn Bowdin, Johnny Allen, Rob Harris, Ian McDonnell, William O'Toole. Events Management. 3rd ed. Oxford: Elsevier Ltd, 2011: 25－26.

② 王春雷. 中美会展产业发展系统比较研究——兼论美国会展产业发展对中国的启示［A］. 沈丹阳主编. 中国会展经济前沿理论与政策思考［C］. 北京：中国商务出版社，2008：75.

③ 洪涛. 流通产业经济学［M］. 2 版. 北京：经济管理出版社，2011：1.

企业和组织群体。

我国在《国民经济行业分类》（GB/T4754－2011）中，将“会议及展览服务”列为“其他商务服务业”范畴，具体指：为商品流通、促销、展示、经贸洽谈、民间交流、企业沟通、国际往来而举办的展览和会议等活动。[①] 2012 年国家统计局发布了《文化及相关产业分类》，对部分产业分类做了调整，“会展服务”类调至“文化产品生产的辅助生产”类下，主要指“会议及展览服务”，GB/T4754－2011 代码为 7292，大型活动组织服务则作为“其他文化辅助生产”，代码为 7299。[②] 一个产业从形成到发展成熟，往往需要较长的历史过程，而且从某个子产业为中心渐次延展，不断发展壮大。会展产业作为新兴产业，以会议产业、展览产业为中心，渐次拓展到节庆活动产业、会奖旅游产业、体育赛事产业等领域，这已经逐渐成为学术界的共识。因为上述这些产业活动及生产的产品具有集群的共同特征，如准备期长、现场执行期短，短期内聚集一定数量的人群，围绕一定的主题或专门的事项开展信息交流、体验等活动，大量使用临时人员等。英国学者 Glenn Bowdin 等认为，[③] 会展产业（Events Industry）包括：会展活动的主办机构、会展运营管理公司、会展产业的供应商、场馆单位、行业协会、外部监管机构、出版机构等。其中，会展活动的主办机构包括政府部门、行业协会、具有主办资质的企业和媒体机构等；会展运营管理公司包括会议运营公司、展览公司、节庆服务公司和部分旅游公司等；会展产业的供应商包括灯光、音响、设备、广告、传媒、饮食服务、物流、公关、安全、法律服务、财会服务等各种直接与间接的会展产品供应商；场馆包括历史建筑、画廊、博物馆、剧院、大学、图书馆、酒店、度假胜地、会议中心、展览中心、运动场馆中心、体育馆、表演艺术中心、历史遗迹、主题公园以及购物中心等；行业协会除了会展行业协会以外，还包括其他各种类型的行业协会，这些都是重要的专业会展组织者；外部监管机构包括地方政府和相关监管主体，这些机构负有安全监管责任，为会展活动提供安全、法律、劳动关系、税收等公共服务，市政服务部门还要保障会展活动的食品安全、街道管制、垃圾清理等多方面事务。出版机构包括为会展活动服务的各种杂志、出版社、出版企业等。

综合上述，本书认为，会展产业是指为满足信息展示、交流、体验、交易

---

① 国家统计局. 国民经济行业分类（GB/T4754－2011）［EB/OL］. http：//www. stats. gov. cn/tjbz/hyflbz/P020110819396074136761. pdf.

② 国家统计局. 文化及相关产业分类（2012）［EB/OL］. http：//www. stats. gov. cn/tjbz/t20120731_ 402823100. htm.

③ Glenn Bowdin, Johnny Allen, Rob Harris, Ian McDonnell, William O'Toole. Events Management. 3rd ed. Oxford：Elsevier Ltd, 2011：29－33.

等需要而产生的从事会议、展览、博览会、节庆活动、奖励旅游、赛事活动等相关产品和服务的生产与经营的企业、非政府组织和政府监管部门等组织体系。

会展人力资源是指从事会议、展览、博览会、节庆活动、奖励旅游、赛事活动等相关产品和服务的生产与经营的企业、非政府组织和政府监管部门的各类工作人员的总和，这些工作人员既包括各类专业技术人员、服务人员，也包括公务员，还包括其他员工，如工人等。

会展人力资源管理也包括宏观和微观两部分。宏观的会展人力资源管理为保证其工作的性质与人力资源的整体结构相互匹配及发展的需要，对会展产业内外的人力资源供求状况进行宏观和中长期统计、预测、规划，制定人力资源管理的基本制度、政策、管理权限和管理标准，维持会展人力资源的管理、流动和人才市场的秩序等。微观的会展人力资源管理是指具体的会展组织、相关政府工作部门和非政府组织，依照法律或根据管理规律对本部门内人力资源进行规划、获取、使用、评估、培训、薪酬、奖惩、维护等活动和过程的总和。宏观的会展人力资源管理与微观的会展人力资源管理互为条件、相互保障，共同形成会展人力资源管理系统。

（二）会展人力资源与会展人力资源管理的特点

1. 会展产业活动的特点

会展产业活动的特点直接反映了产业对从业人员的基本要求，从而决定了会展人力资源及其管理的特点。学术界对会展产业活动的特点表述还不统一，金辉认为，会展业具有效益性高、联动性高、导向性强、凝聚性好、专业性浓、交融性大等六个方面的特点。[①] 丁萍萍认为，会展产业具有“窗口”产业、“火车头”产业、学习型产业、综合型产业、螺旋式上升型产业、智慧型产业等六个特点。[②] 刘大可等认为，会展产品具有供给主体的多元性、消费主体的二元性、生产和消费的同步性、消费的同时同地性、信息集聚性、产业关联性等特点。[③] 本书认为，会展产业活动具有很强的集聚性、联动性、交融性、传播性、期货性和创新性等特点。

（1）集聚性

会展产业活动的成功与否，关键要看是否能吸引和集合尽可能多的参与者

---

① 金辉. 会展概论［M］. 2 版. 上海：上海人民出版社，2011：13 - 16.

② 丁萍萍. 会展实务［M］. 北京：高等教育出版社，2004：22 - 23.

③ 刘大可，陈刚，王起静. 会展经济理论与实务［M］. 北京：首都经济贸易大学出版社，2006：43 - 47.

进行交流和体验，并通过面对面的交流与体验来促进各方进一步的创新活动与消费活动。因此，会展组织者需要聚集大量的信息、大量的目标观众和专业公司，从而形成短时间内以场馆为汇聚中心的人流与物流，并通过网络、媒体、通信等现代媒体平台形成信息流，通过金融平台形成资金流。高集聚性是会展产业最重要的特征之一。高集聚性使会展活动成为了各行各业开展信息交流、产品体验与销售的重要平台，也使各种相关的产业活动在短时间内迅速汇聚到了以会展活动为中心的平台之上，产生了巨大的广告效应、经济效应和文化效应。也正是因为会展产品具有很好的高集聚性特点，能够为参与者提供大量有价值的信息和机会，催生了会展市场，使会展产业得到飞速发展。

（2）联动性

会展产业的形成与发展是以其他产业的发展和市场经济体系的发展为前提的。在会展产业活动中，会展产品的生产，需要多种产业的相互协调和密切配合才能完成。这些产业部门包括与会展主题直接相关的产业、展会活动的策划与组织部门、会展场馆经营管理部门，以及服务于会展活动的交通、旅游、广告、装饰、边检、海关，以及餐饮、通信和酒店等。举办会展活动，不但需要周密细致地安排好参与人员的餐饮、住宿、交通、运输、通信、安保等服务，还要做好媒体、旅游、物流、金融、信息、礼仪、娱乐等方面的服务。各行各业通过举办展会来促进相关各方的交流、体验与合作，使得会展产业活动具有远远超出其他产业在相关领域的联动性。

（3）交融性

会展产业活动的交融性指的是会展产品元素多元渗透、交叉融合的特点。一切符合产品核心价值需要的元素都可以以一定的形式结合在一起。一个完整的会展项目往往是会中有展、展中有会，综合创新，大型节事活动项目还会巧妙地把旅游、赛事、贸易、文化、娱乐、庆典等与展览、会议结合在一起，成为广受关注的社会焦点。对于会展产业活动而言，产品元素的多元交融，有机结合，既节约了成本，提高了效益，还能有效实现综合创新或局部创新，从而提升产业活动的影响力。另外，会展产业活动的交融性还体现在组织者、媒体、参与者、贵宾、场馆、城市等诸多元素都是会展产品不可或缺的部分，彼此交叉融合，形成会展活动的影响力。

（4）传播性

由于会展产业活动具有高度的集聚性，交融性和联动性，涉及复杂的产业网络，高效传播是会展产品的内在要求，传播性是会展产业活动最重要的特征之一。在会展活动的策划期间，策划者要精心策划会展活动的媒体平台、出席活动的关键人物、传播定位，并分析这个产品的传播价值。产品设计成型审批通过后，主办方通过新闻发布会、广告媒体、招商团队、推介会、洽谈会等多方渠道进行推广，寻求赞助商；在会展活动的现场，更是充满了各种广告和新媒体及令人眼花缭乱的新科技，展会现场的展台设计、广告设计、产品包装设计、形象标识设计、展示陈列设计等，其最关键的功能就是传达信息，通过具体的文字、声音、图像、动画、视频等向参与人员传达明确的信息和情报，提升展品的影响力，增强知识分享与传播的速度，使受众在短时间内认知、体验和强化关键信息，从而产生巨大的影响力。受众从四面八方汇聚而来，进行交流、体验、交易、消费等活动之后，又把这些信息带到四面八方。因此，会展活动对于举办地来说是影响极为深远的。

（5）期货性

会展产业活动所提供的产品不同于普通的物质产品。普通物质产品的生产与销售在时空上是可以分离的，在生产地集中生产后，通过储藏、运输等物流形式到目标市场上销售，消费者在购买前可以比较明确地感知产品形态与质量，而会展产品的生产与消费是同步的，会展产品不能像物质产品那样通过物流来销售，只能通过参会人员或参展人员的汇集、交流、分享、体验来实现销售。在目标市场上，会展产品只能以一种综合信息的形态进行预售，参展商、参会人员与活动参与者购买时无法准确感知产品的形态与质量，只能通过历届展会的信息及主办方相关信息来进行判断和预测。因此，会展产业活动具有期货性的特点。

（6）创新性

对于会展产业来说，创新性是其生命所在。会展公司所提供的产品中既有非周期性的会务展览服务，也有周期性的会展产品，多年一届、一年一届或者一年多届。不论是周期性产品还是非周期性的产品，要使客户满意，就必须“创新”，包括产品主题的创新、展示形式的创新、技术的创新、沟通手段的创新、艺术表现的创新、策划的创新等重要方面。会展产业关系复杂，既涉及企业部门，还涉及政府组织和非政府组织，国家在保障产业发展上尤其需要从战略制定、资金调配、人员培养等各方面提供创新的制度保障，使产业部门在复杂的市场环境和国际环境下做好充分的准备，不断求新求变。同时，从会展产业活动内在要求其内容能够超前地、全面地、专业地通过会议和展示来讨论和展现社会、科学技术和工农业生产等各个领域的发展趋势和最新成果，从而使会展活动真正起到推广和展示新技术、新产品、新观念和新知识的作用。因此，会展活动平台既是专业技术创新和趋势发布的平台，也是创新创意成果的集中交流与展示平台。

会展产业活动除了上述典型特点之外，还在发展趋势上具有国际性、渗透性等特点。虽然不是所有会展产业活动都是国际性的活动，但是在大型会展活动中绝大多数都是国际性的。在全球化时代，打造国际性的影响力是绝大多数会展品牌活动所追求的目标。渗透性是指会展产业活动随着专业水平的不断提升会产生很强的辐射效果，渗透到会展活动所在地及周边区域的各个领域，影响到区域文化的方方面面。如2008年奥运会在北京举办，奥运精神、奥运吉祥物和标识系统、体育设施、奥运文化等深深地渗透到了举办地和举办国的居民生活之中，城市生活得到了改善，体育文化和竞技精神得到了弘扬，各种带着奥运标识的生活用品在市场上热销，进入到千家万户，各种媒体频繁地宣传，深刻地改变了国民的价值观念。当然，会展产业还是新兴产业，随着产业的发展，还有可能出现新的特征。

2. 会展人力资源的特点

会展产业活动的特点决定了从业人员的整体特征，从业人员必须具备与会展产业活动特点相适应的职业素养才符合产业发展需要。会展人力资源也因此具有鲜明的特点。总的来说，会展人力资源除了具备人力资源的一般特点之外，还有如下几个方面的特点值得注意。

（1）涉及行业宽泛，对人员综合素质要求高

由于会展产业的集聚性、联动性和交融性，产业部门人员涉及政府部门、非政府组织和企业，尤其是大型会展活动涉及行业十分宽泛，涵盖科技、会展、文化创意、物流、旅游、广告等产业及相关多个产业链，包括项目管理、会展策划、会展招商和营销、公共关系和接待、广告设计、项目融资、涉外法律、信息通信、媒体、同声翻译等。会展从业人员往往需要具备两种或两种以上专业技能才能应对如此广泛而又聚集的多业态技能要求，这些专业技能包括：公共管理、工商管理、新闻传播、国际贸易、广告设计等多领域知识和技能，以及专业的会展知识与技能等。只有较高综合素质的从业人员才能应对会展业跨行业多领域交融产品开发与供给的需要。

（2）服务对象多元，对人员沟通能力要求高

一个会展项目往往涉及多个利益关系主体，有参展商、参展观众、投资商、广告媒体、展会场所提供者、展会工程公司、公共部门等，因此，作为一个会展从业人员，如果不具备较好的沟通协调能力就无法顺利完成承办会展的任务。同时，客户（参展商、专业观众）和普通观众是现代会展项目营销推广的核心，离开了优质的客户关系网络，会展项目根本就无法执行下去。因此，会展人员必须要具备很强的沟通能力，能从客户需求出发，及时满足客户的需要，从而提高会展企业的竞争能力。从根本上看，会展业提供的是一种面对面的人性化服务，而提供人性化服务的关键就是与服务对象进行沟通和交流，要善于与人

沟通，要把想法变成别人能理解接受的，从而推动会展工作的顺利进行。会展从业人员的沟通能力主要包括语言能力和人际交往能力，语言能力除了强调较强的口头表达能力外，还包括多种语言的口头和书面表达能力。

（3）服务供给集中，对团队协作能力要求高

会展产业活动要求在短期内集中供给服务，绝大多数会展产品都是以团队形式通过项目实施来体现。因此，会展人力资源在团队协作能力上的要求高，战斗力强。不论是进行项目的整体策划，还是承接特装展台的设计，都需要有一个或多个优秀的团队来设计、策划和执行。越来越多的会展项目开始全面运用当今计算机、电子、光电、图像、自动控制、机械等领域的高新技术，以高水准的技术获得客户的青睐，这些任务的完成都是由一支支优秀的人才团队支撑而实现的。可以说，团队合作是会展人力资源活动的常态，也是会展人力资源的重要特征。

（4）展会周而不复，对团队创新能力要求高

展会活动一般具有周期性，但是周期性的展会绝不是简单的重复，而是不断创新。创新是会展业持续发展的源泉，因此要求会展从业人员及团队应该具有很强的创造性思维能力，要善于独创、开拓和突破，特别是展会项目策划要有独特性和新颖性。同时，由于会展是一项系统工程，一个展会从策划、运作、到客户服务包括众多环节，环境和事态的发展瞬息万变，因此要求从业人员随机应变，利用创新能力及时解决突发问题。无论是一年一届的展会，还是数年一届的展会，抑或是单独的活动，都在创新性上有很高的要求，不但要求个体具有很高的创新能力，还要求团队具有较强的整体创新能力。如 2010 年上海世博会上，无论是世博园区的规划，还是展馆展品的设计，都向世人展示了当今世界最前沿的科学技术，这些都是由世界一流的科技人才在其后支撑、研发的。又比如为了在夜间展现中国国家馆“故宫红”的主色调，世博会使用了超过2.3万个 LED 灯具；为实现世博交通园区内“零排放”、园区周边“低排放”的目标，世博会使用了由上海汽车集团研发和生产的新能源示范车 1000 余辆；中国的水晶石数字科技有限公司通过 3D 方式复活了宋代画家张择端的古典长卷《清明上河图》，等等。① 展示高新技术也好，借助于高新技术来展示新产品也好，或者通过设计展示新理念和新创意也好，都需要有创新能力的团队作支撑。会展产业活动对从业人员的团队创新能力的要求高，这是业界的共识。

---

① 上海市发展改革研究院. 超越 GDP 的新理念新模式［M］. 上海：格致出版社，2011：212－214.

(5) 档期用人紧张，对短期人才聚合度要求高

会展产业活动在短期内凝聚大量客户和观众参与，会展活动现场在展会档期的短短数天内产生大量的临时用工需求，而且这种短期用工一般都要有较高的素质要求，以确保活动的安全和质量。这样的用工要求聚合度好，人员素质相对均衡，符合会展活动的需要。因此，一般主办方将整个短期产生的人力资源需求外包给人力资源外包公司，以确保对短期人才聚合度要求。一般的会展活动的会期控制在短短数天的范围之内，有的大型会展活动（如世博会、园博会等）的会期可能长达几个月。但是即使是长达几个月，其大量使用的人力资源也是短期的。据调研，直接对世博会进行组织和管理的有2400余人，为世博会提供直接服务、间接服务的人员和志愿者共20万人左右，其中志愿者10万人，构成了为世博服务的庞大队伍。①

3. 会展人力资源管理的特点

会展产业活动的特点直接反映了产业对从业人员的基本要求，从而决定了会展人力资源的特点，最终都表现在管理过程中。会展人力资源管理的特点有以下几个方面。

(1) 战略性特点

会展产业活动所提供的产品是期货性产品，有的会展项目需要提前好几年开始筹备，涉及领域复杂，会展组织在人力资源管理上必须具有以现实为基础的预测性和超前性，对战略目标的理想状态进行形象描述，使之具有诱导性，用目标引导现实管理活动，通过分阶段实施实现最终目标。会展组织人力资源管理的战略性体现在：产品的期货性与利益相关者的复杂性使得会展组织成了超越市场与企业的复杂组织网络，来自政府部门、企业和非政府组织的各个行为者之间必须建立基于互相信任、认同、互惠、优先权行使等所组成的长期关系系统，并为每一个成员规定其义务、责任、行为规则，划定活动的领域，最终促成会展产品生产的完成。如2008年北京奥运会，在2001年获得主办权之后，随即启动了筹备工作，涉及成千上万的政府组织、非政府组织和企业，奥运会赛会志愿者总需求达7万人，残奥会赛会志愿者总需求达3万人，赛会期间，还有数十万城市志愿者在场馆周边重点区域和全市主要交通枢纽、旅游景点、商业区等领域，提供交通、旅游、购物、接待、环保、语言等方面的志愿服务。① 如果不能做好战略性人力资源管理的工作，要办好这样大型的盛会几乎是不可能的。

---

① 北京奥运会志愿者工作协调小组办公室，共青团北京市委员会，北京志愿者协会. 微笑北京：志愿者的微笑是北京最好的名片［M］. 北京：人民出版社，2008：136.

（2）注重团队管理

会展产业活动所提供的产品在运作上往往以项目的形式组织完成，因此，在人力资源管理方面，团队管理方式成了会展组织中常见的管理方式，越来越多的会展组织只在核心职位雇用全职员工，而把特殊的工作或短期任务外包给其他人，以这种团队方式工作，涉及的人员必须能够尽快组成高效的团队。同时，由于会展产业的交融性与关联性，组织越来越多会展组织需要使用跨领域和跨部门的团队来解决问题。一个会展产品往往涉及众多利益相关者，需要协调多个部门和组织，融合各种技能和经验，因此，来自不同部门甚至不同组织的员工被召集到一起，组成一个项目团队，发挥他们的专长，协同工作。产品完成后，项目团队就会解散，各类人员也将返回他们原来的岗位。

（3）注重应急管理

由于会展活动筹备期长，现场执行期短，而且现场执行期间产生大量的短期人员需求，并产生大量的人流、物流和信息流。例如，1970 年大阪世界博览会入场总人数 6400 万，1992 年西班牙塞维利亚世界博览会展出 176 天期间，吸引了五大洲 108 个国家的 4200 万人次，2000 年德国汉诺威举办的世界博览会在 153 天中总共接待了 1800 万人次。2005 年日本爱知世博会开幕前的官方预计参观人数为 1500 万人次，但最终的实际参观人数达到了 2204 万人次。我国上海 2010 年世博会参观人数突破 7000 万人次。① 这些大型的博览会项目的人力资源管理者都必须制定严格的人流疏导预案，确保展会的安全。如果出现突发事件或事故，就会造成不可挽回的负面影响，因此，如何有效避免火灾、交通拥堵、信息拥堵、安全事故、恐怖袭击等就成了会展工作的重中之重。危及展会安全的事件多种多样，工作人员的失职、盗窃、抢劫、突发疾病、食物中毒，甚至是爆炸、恐怖主义，以及其他社会问题引发的群体性上访事件等都会深刻地影响会展产业活动。② 会展人力资源管理中把应急管理作为最重要的工作来开展，确保展会活动万无一失。展会应急管理系统由展会会务组或展览组、安全保卫组、接待组、项目组、新闻组等有关小组领导、专家组成，明确关系、协同作战、相互支持、积极应对、高效运行。各个环节均要严格制订应急措施方案，并进行演练。

（4）短期密集性用工与培训

会展产业活动产生大量短期人力资源聚合性需求，同时企业必须保证资金的利用效率，因此，会展企业往往以项目的形式去招聘临时廉价劳动力，而不

---

① 金辉. 会展概论［M］. 2 版. 上海：上海人民出版社，2011：15－16.

② 刘晓杰，杜娟. 会展服务［M］. 北京：化学工业出版社，2009：102.

是长期聘用一大批现场服务人员，短期密集性用工与培训是会展人力资源管理的一个重要特点。对于大型会展活动，往往选择外包的方式解决短期密集性人力资源服务的问题。专业的人力资源外包公司进行专业的招聘录用工作，并进行系统的培训，以满足所承接业务的需要。如 2011 西安世界园艺博览会上，由易才集团承揽了园区运营处参观者服务部下属的所有为参观者提供的导览介绍、接待服务、投诉处理等工作。① 易才集团为此严格计划筹备了全国范围的网络招聘、人员信息采集工作，最终在全国 18 个省市上万报名人选中筛选出 500 余名青春洋溢的导览、接待人员。在员工上岗前不仅进行了基本的专业岗前培训，还着重针对员工的人文教育、基础素质开展了细化的培训工作，针对劳务密集型用工特点，组织了一系列相关培训、军训、集中管理，打造了一支一流服务团队。而对于一般项目，往往由会展企业人力资源部门通过校园招聘或社会招聘的方式招录临时服务人员，并对其进行培训。

（5）会展大数据管理

会展产业活动的高聚集性与关联性使得会展活动无一不产生人员的高度汇集，而每一个参与者的偏好与活动的数据信息就成了会展产业最有价值的资产。会展人力资源管理需要根据展会参与者的偏好进行科学、有效的人力资源配置，确保展会现场人流的畅通与安全，以及参展商展位都能得到关注度的最大化。因此，电子化的人力资源管理系统及其对大数据的分析与关注是会展业人力资源管理的最鲜明的特征之一。据报道，② 励展博览集团随着客户的不断增加，原有的客户管理系统已经不适用于数据量超过 50 万的数据库运营，且现有数据库未整合网站、调研、推广反馈等平台，不能对观众进行 360 度的了解和洞察。为让每个业务人员逐步有效分享客户的信息与资源，准确地把握每一个客户的需求，励展中国决定改革信息化管理方式，选用一套能够支撑超大数据审计、整合、分析、处理，实现市场活动、展会、观众等多方面综合管理的 CRM 客户关系管理系统。经过一年多的市场调研、项目投标与系统试用，励展博览集团最终选择与国内高端 CRM 第一品牌 CloudCC（http：//www. cloudcc. com）合作，部署一套会展行业客户关系管理大数据整合解决方案。

上述五个方面是会展人力资源管理最突出的特点，当然，目前我国会展业发展还有一定的差距，大量会展公司都是中小企业，这些会展公司还具有一般

---

① 领航人力资源外包——易才集团打造国际会展新人力模式［EB/OL］. 中国日报网.［2012 - 02 - 09］http：//www. chinadaily. com. cn/hqpl/zggc/2012 - 02 - 09/content_5119932. html.

② 全球最大展览集团签约 CloudCC CRM 整合大数据资源［EB/OL］. 中国商业电讯网.［2013 - 07 - 10］http：//www. prnews. cn/press_ release/57086. htm.

中小企业人力资源管理的特点，例如，分工不够专业，员工身兼数职；人员流动性大；企业文化建设滞后；管理制度不健全；管理观念落后等。

第三节　会展人力资源管理的目标和任务

人力资源是会展产业不可或缺的战略性资源，人力资源管理是会展组织管理核心。会展人力资源管理不仅仅是人力资源部门的工作，各个部门应当履行好本部门的人力资源方面的事务，通力协作，在更高的层次上去理解和执行会展人力资源管理的职能，强调其战略性与功能性地位。随着会展产业发展的日趋成熟，会展人力资源管理的目标越来越明确，其主要职能也日渐清晰。

一、会展人力资源管理的目标

（一）与各部门协同保障组织目标的实现

人力资源是最重要的生产要素之一，从理论上讲，其所有的工作行为都应当与组织的目标相一致，通过其工作完成组织交给的任务，从而实现组织目标。但是在实践中，员工并不一定按照组织要求去做，或者员工由于有自己的想法或者按照自己所理解的层面去执行，都会使得组织任务的实现大打折扣，对人的有效管理成了组织发展的需要，人力资源管理也因此应运而生。因此，人力资源管理的首要目标就是保障组织目标的实现。会展人力资源管理的首要目标就是为会展组织目标的实现提供可靠的人力资源保障。换句话说，就是安排正确的人，在正确的时间和正确岗位上做正确的事情。会展组织只有完善人力资源管理制度，规范并提升人员工作能力，最大限度地发挥人的有效技能，提高员工劳动的适用率、发挥率和有效率，达到人尽其才，才尽其能，最终实现组织价值最大化的目标，从而增强组织的竞争力，获取竞争优势。

（二）帮助员工达成自我实现

长期以来，组织的需求是最受关注的对象，而员工的需求则容易被忽视。在现代人力资源管理理论发展过程中，员工的个体需要尤其是员工自我实现的需要逐步受到组织的重视。著名社会心理学家马斯洛（Abraham Harold Maslow，1908—1970）将动机视为由多种不同性质的需要所组成，他将动机分为五个层次：生理需要（psysiological needs）、安全需要（safety needs）、爱与归属的需要（love and belonging needs）、尊重需要（esteem needs）、自我实现的需要（self - actulization needs），个人人格获得充分发展的理想境界是自我实现。[①] 从人力资源管理的角度看，组织目标的实现是员工能力发挥与潜能实现的结果，虽然人的自我实现越充分，人的潜能实现越多，组织目标不必然能完全实现，但是，反过来看，人的自我实现越不充分，人的潜能实现得越少，组织的目标实现的可能性就越小。因此，最佳的选择就是帮助员工自我实现并与组织目标达成一致。会展人力资源管理应发挥员工的主观能动性，引导和帮助员工在充分认识组织目标与使命的基础上调整个人的愿景和目标，使员工与组织在目标上达成一致，最终在实现组织目标的同时达成员工的自我实现。

（三）为组织持续提供高素质的员工

人才市场和教育部门提供的人力资源并非都能满足会展业的需要，即使是有会展工作经验的人力资源，也同样需要一个和组织文化磨合的阶段。同时，人力资源出现晋升、辞职、转岗、退休等情况时，又需要及时补充人员，以保证工作的正常开展。因此，研究和分析组织目标与使命，并招聘、训练和管理高素质员工，持续增加企业人力资本，扩展人力资本的体系，以实现组织目标，这是会展人力资源管理的最重要的目标之一。

（四）短期密集性员工的招聘与培训

在项目推进的不同阶段，对人力资源的需求也有所不同。人力资源部门应当根据工作需要，及时招聘短期密集性劳工，为完成组织任务提供支持。如果是大型会展论坛活动，需要进行人力资源外包的，还应当组织进行人力资源外包业务；需要寻求政府部门、社会团体和教育机构支持的，应当和相关人力资源输出单位协调做好招聘、培训工作。

（五）人力资源管理政策的沟通与执行

会展人力资源管理过程中，需要及时向员工或应聘者解释、沟通人力资源的计划、政策与程序，使他们都能了解人力资源管理的政策。从组织内部来讲，通过沟通，可以使员工能根据政策要求明确自己的定位，做好职业定位，建立对组织的价值认同；从组织外部来讲，人力资源政策的沟通有助于外部人员和

---

① Abraham Harold Maslow. A Theory of Human Motivation. Psychological Review, 1943, 50（4）：370 - 396.

监管者了解内部人力资源的状态，强化社会的认同与交流，进行管理决策。对于会展组织来说，就员工的外派、密集性用工、安全、合作、社会保障、激励、商业秘密的保护等方面进行沟通，能有效避免不必要的纠纷，增强员工对组织的总体战略使命与目标的认同，促进员工的团结，提高员工对组织的贡献，增加社会公信力。

（六）提高应急管理能力与战略管理能力

会展组织对于应急管理能力与战略管理能力有较高的要求，注重战略执行能力与应变能力。在会展项目的策划、招商、执行控制、现场管理与售后服务等不同环节，均需要严格要求和训练，才能确保展会项目的万无一失。人力资源管理职能部门在组织中肩负着培养和提高员工应急管理能力与战略管理能力的重要使命，通过政策和制度的规范，使会展管理的核心价值与理念深入人心，确保组织人力系统能如期执行项目计划，及时解决客户难题，妥善应对和处置突发事件，从而有效降低管理成本，为客户提供便捷、优质的会展产品和服务。

（七）职业道德与企业社会责任的管理

由于会展产业活动具有高传播性和影响力，会展从业人员在职业道德上有较高的要求，会展企业也负有重要的社会责任。会展人力资源管理应当遵守公平、公正的原则，确保员工所有合法的基本权利受到保护，培养员工的职业道德。同时，在社会影响力方面，应不断地推进会展组织在企业社会责任方面的建设。会展人力资源部门应当主动承担起组织的伦理建设任务，由专人负责组织和员工的伦理道德教育和职业精神价值体系的建设。会展职业精神教育贯穿于人力资源管理的全过程，必然会形成良好的会展组织形象，通过会展平台传播到社会的各个领域，从而使企业公众形象得到迅速的提升。

二、会展人力资源管理的主要任务

会展人力资源管理的主要任务，就是根据组织发展战略的要求，全面分析和盘点组织人力资源现状与岗位分布及岗位设置需求，有计划地吸收补充员工并对人力资源进行科学合理配置，做到安排正确的人到正确的岗位上做正确的事情；搞好组织员工的培训和人力资源的开发，建立稳定的临时密集性劳工的招募基地并定期开展交流与培训，确保短期用人的需求；采取各种措施，开展公平的绩效管理，建立科学合理的薪酬制度体系，介入员工的职业生涯规划，激励员工，帮助员工更好地发挥他们的潜能，做到人尽其才，才尽其用，更好地促进生产效率、工作效率、组织经济效益和社会效益的提高，进而推动整个组织各项工作的开展，在保证组织战略目标实现的同时，也实现员工的自我实现和个人的发展。会展人力资源管理的基本任务包括以下几个方面。

（一）会展组织与工作体系设计

会展组织与工作体系设计的核心是解决会展组织应当如何有效地设置岗位和科学地配置资源的问题。会展人力资源管理部门首先要深度介入组织战略的制定与实施，并依据组织战略作出人力资源战略的定位和目标分解，对会展组织工作体系进行科学的顶层设计，对各职位所要从事的工作内容和承担的工作职责进行清晰的界定，确定各个岗位所需人员的任职资格（如学历、专业、年龄、技能、工作经验、工作能力，以及工作态度等），以及上下级关系，科学制订工作规范与工作说明书。随着市场和社会环境的变化，会展组织的战略出现调整，人力资源部门也应当及时开展组织的调整和岗位的再设计，启动组织的变革，适应新的形势，迎接新的挑战，全力支持组织新的战略使命的实现。

（二）会展人力资源规划

根据组织的战略和组织体系的需要，会展人力资源部门应全面做好人力资源规划工作。人力资源规划是根据组织的发展战略，在全面考察组织内外部环境基础上，确定组织整体的人力资源目标，评估会展业现有人力资源状况、未来人力资源变化，进行人力资源数量和质量上的明确界定，预测人力资源的供给与需求，做好人力资源的整体规划，以实现一定时期内人力资源的需求和供给平衡，确保会展组织拥有持续的高素质人力资源支持。

（三）会展人力资源获取

会展人力资源获取包括员工招聘、甄选和录用等环节，是会展人力资源部门最为重要的工作之一，需要根据组织的目标与要求及时寻找和发现符合工作要求的申请者，并从众多应聘者中择优挑选最适合者从事相应的工作。人力资源部门既要在一定的经费限额内尽可能地进行大范围的招聘，以保证有足够的选择余地，又要通过最节约、又可行的方式在尽可能短的时间里选拔出适合工作岗位的人才。人力资源招聘环节一般通过员工推荐、发布广告、校园招聘、职业介绍等渠道来完成，甄选录用环节则按照一定的条件和标准，综合利用管理学、心理学、人才学的理论和方法对应聘者的知识、能力、心理素质等方面采用笔试、面试、能力测试、评价中心等形式，选拔录用所需各类人员的过程，通过这一过程确保会展组织获得所需人才。

（四）会展人力资源培训与开发

为了使现有人力资源适应组织未来发展的需要和满足员工进步的要求，就需要组织对员工进行教育培训与智力开发。通过各种方式和途径，对员工进行有计划、有针对性的教育和训练，使其能够进一步改善目前的知识和能力，提高职业道德、文化知识和业务技术水平。会展人力资源培训与开发包括建立培训体系、确定培训需求和计划、组织实施培训过程、对培训效果进行反馈总结等活动。另外，对于短期密集性人力资源的使用，也需要会展人力资源部门进行专门的短期培训，帮助他们达到会展活动对人才素质的要求，胜任短期的工作。

（五）会展人力资源绩效管理

会展人力资源绩效管理就是会展组织根据会展产业的特点及会展产品和服务的生产标准、工作目标要求等开展对员工个人或团队的工作行为、工作态度、工作业绩的计划、沟通、评估、反馈、改进等一系列管理活动。绩效管理是会展人力资源管理中最核心的任务之一，通常周期性开展。在一个周期的开始阶段，人力资源部门通常根据组织目标和员工岗位要求，和员工进行沟通，让员工充分参与组织的业绩计划的制订，对员工工作职责、工作绩效如何衡量等一系列问题进行约定；在执行绩效计划的过程中，及时与员工进行双向互动，了解并帮助员工克服工作中的难题；在绩效周期内，人力资源部门还应当定期对工作绩效评价，反馈，帮助员工及时认识到自身的问题，及时控制工作进程，确保最后工作的完成。在绩效周期后期，应进行绩效评估，并确保评估的公平和公正，评估结果要以合适的形式与员工进行面对面沟通，帮助员工分析问题，提出改进计划。绩效管理不仅是绩效评估，而是一个从计划到沟通、评估、反馈、改进的双向互动过程，也是员工和管理者共同达成目标的努力过程。

（六）会展人力资源薪酬管理

会展企业的薪酬管理是在组织发展战略指导下，对员工的薪酬支付原则、薪酬策略、薪酬水平、薪酬结构、薪酬构成进行确定、分配和调整的动态管理过程，包括薪酬体系设计、薪酬日常管理两个方面。传统的人事管理把员工看作成本，薪酬结构简单，而现代人力资源则主张通过科学设计薪酬体系，有效实施管理，使得薪酬成为激励员工、确保组织文化与价值得以传承与发展的最重要的工具。会展人力资源部门应当在科学的薪酬体系基础上，密切关注薪酬日常管理中的问题，及时调整薪酬策略，提高薪酬水平、改善薪酬结构，以及薪酬构成以实现效率、公平、合法的薪酬目标，从而保证组织发展战略的实现。

（七）会展人力资源团队管理

会展产业活动往往以项目的形式开展，会展项目关联的各个方面关系复杂，头绪多，高效的项目团队管理是十分必要的。会展人力资源部门应建立项目团队管理的流程规范、制度规范，确保先进的管理理念得以实施。在团队管理中，应当重视团队项目经理的选拔、成员的选定、项目目标和进度的科学设计、团队成员沟通交流的合理机制等。

（八）会展人力资源战略管理

产品的期货性和创新性，使得会展业成为了一个最具有战略性的产业之一。会展人力资源部门需要根据组织战略和内外部环境分析，科学制订人力资源管理战略，并通过人力资源管理活动来实现组织的战略目标。在会展人力资源战略管理过程中，应当紧紧抓住组织的战略目标，并将其转化为前后一致、统一完整的人力资源管理规划和政策。同时，还应根据项目的进程，科学合理地制订项目团队人力资源规划，测算会展活动人力资源的使用需求，使各种人力资源管理活动间保持协调一致。

第四节　会展人力资源管理的运作

会展业虽然在西方发达国家已经有了上百年的历史，但是对于很多发展中国家来说还是新兴产业。会展人力资源部门的构成和工作流程由于组织规模不同而有所区别，但是从多数发展较为成熟的国家和地区来看，会展人力资源管理的运作日趋精细化和专业化，在大多数的组织中，人力资源经理和运营经理包括主管、部门领导和副总裁甚至总裁都要进行人力资源管理，共同制订人力资源管理战略，并在此基础上制订会展组织在一定时期的人力资源管理政策，按照一定的工作流程，科学管理，实现组织的人力资源管理目标。

一、会展人力资源管理战略

人力资源管理战略是会展组织人力资源管理运作的基础。要科学进行会展组织的运作，必须全面客观地分析内外部环境、组织战略、组织结构、制度体系、技术要求，确定组织的战略方向和目标，构建与之相匹配的组织系统，研究并确定一定时期内组织实现这些战略目标的人力资源管理政策与制度体系。

（一）人力资源规划战略

人力资源规划战略是会展人力资源管理战略的直接体现，必须依据组织战略来制定和操作。在复杂的会展组织体系中，不同类型的组织在战略选择上差异较大，大量中小会展企业更乐意采取现实的人力资源规划策略来解决目前面临的用人紧张的局面，大型国有会展企业、跨国会展公司则采用专业化的长远的人力资源规划战略。

人力资源规划战略一方面要与组织战略相匹配，适应组织战略，另外，它又反过来对组织战略产生影响。因为组织战略目标是在组织内拥有的且在战略实施期间可以获得的人力资源分析基础上提出来的，因此不能不说人力资源规划战略本身也是制订组织战略的关键因素之一，而不仅仅是组织战略分解实施的结果，两者之间存在着密切联系。

人力资源规划战略是会展人力资源战略的重要内容，所有人力资源管理的其他职能，如人员招募、培训开发、绩效管理、薪酬管理、团队管理等都源于人力资源规划。不过，现实中的两难处境是：中小会展企业或者忙于应付繁忙的业务，或者因为缺少高端业务而愁于“生计”，自然无暇顾及人力资源规划战略的问题；而大型国有会展公司或跨国公司，已经有了既定的发展战略，公司正处于蓬勃发展时期，也无意于改变组织战略或调整人力资源规划战略，所谓“船大掉头难”。当然，从学术的角度看，一个有国际视野的会展组织，必然要认真面对未来的变革和发展，长期跟踪研究市场变化，展开人力资源规划战略的研究。

（二）人力资源投资战略

从目前产业发展的速度来看，复合型高端会展人力资源远远无法满足产业发展需要，会展组织应根据产业发展目标与市场环境分析，确立人力资源投资战略，使组织在未来发展中保持核心的竞争力。人力资源投资战略一般通过聘用数量较多的员工形成备用人才库来储备多种专业技能人才，注重员工开发与培训，悉心培育良好的劳动关系。人力资源投资战略着眼于长远，目的是要与员工建立长期的工作关系，视员工为投资对象，使员工感到有较高程度的保障，因此，在管理策略上重视会展产品与技术的发明、创新和应用。通过聘用一批技术性的骨干开展研究，在会展技术上提出新思想、新原理、新方法，为组织发展提供一批管理和工程技术的发明专利。同时，在现有人力资源中选拔一支勇于开拓、勇于实践、目光远大的队伍，开展新技术在产业上的应用实践，研发新的产品。在新技术、新产品的消化、吸收和提高的过程中，培育一批数量庞大的，适应现代化生产的管理人员队伍和熟练技术人员队伍。

会展人力资源投资战略适用于较大规模的公司，这些组织有充足的人力资源保障、研发资源保障和资金保障，一些中小会展企业也可以通过与高校、科研院所合作，进行定制化培养，深度介入会展人才培养的环节。不过，作为会展人力资源投资战略，也和会展产业的其他专门活动一样，具有风险性。会展组织确定了人力资源投资战略之后，应当制订长远的规划，周密安排，建立良好的劳动关系，打造优秀的团队。

（三）人力资源薪酬战略

会展人力资源薪酬战略既是人力资源管理部门的一项技术性很强的工作，也是一项长远战略规划和系统设计工作。会展组织在制订人力资源的薪酬战略过程中，首先要清楚把握组织的远景目标和长远发展战略，并全面分析竞争对手的竞争优势与市场变化趋势，对组织自身的优势、劣势与机会、威胁进行综合评估和全面分析，形成准确判断和科学认识，并据此设计和执行公司薪酬体系。人力资源薪酬战略的本质是通过长远的薪酬体系设计来达成组织对于未来环境变化的动态适应性，以保持其持续的适用性和永恒的激励性。对于一个组织而言，薪酬政策和薪酬模型必须具有战略性和灵活性，具有可承受范围内的微调和修正的合理空间，而不是过于频繁地调整和修改，过于频繁的改动薪酬必然会给公司带来一系列问题和危机，产生负面影响。

人力资源薪酬战略的核心目的是激励并留住优秀的员工，形成稳定的高素质员工队伍，确保组织战略目标的实现。薪酬在结构上一般包括以下内容：基本工资（包括基础工资、工龄工资、职位工资、技能工资等）、津贴补贴（如夜班津贴、车船补贴、降温费、特种作业补贴、出差补助、住房补贴、伙食补贴等）、奖金（如全勤奖、超产奖、节约奖、年终奖、效益奖等）、福利（包括社会保险、补充养老、医疗，住房、寿险、意外险、财产险、带薪休假、免费午餐、班车、员工文娱活动、休闲旅游等）、加班费、办公环境、组织社会影响力、成长机会等。会展组织应当根据组织的特点，制订符合组织发展战略的人力资源薪酬战略。

（四）组织文化战略

组织文化是指一个组织全体员工在工作和实践中所形成的整体价值观念、道德规范、信仰追求、传统习惯、行为准则、管理风格，以及经营特色的总和。

组织文化是一个组织共享的核心价值体系，是组织发展不可或缺的核心动力源。会展人力资源管理部门需要根据组织战略目标，在充分研究和分析组织的特点、目标和产品的核心价值基础上制定组织文化战略。组织文化战略能增强组织成员对组织的认同感，指导并塑造员工的行为，使组织成员将对组织的承诺置于个人利益之上并且增强社会系统的稳定性，从而增强组织的竞争力。

二、会展人力资源部门与职责

不同类型的会展组织，组织机构差异很大，大型会展集团公司通常会设置专门的人力资源部门，而中小型会展公司中，有的设有人力资源部门，有的不单设人力部门，由办公室人员兼做人力资源业务。同时，会展人力资源管理还涉及项目组委会、执委会的运营与管理问题。

大型公司通常设人力资源副总裁，对公司内所有人力资源管理活动负责并有管理权，其组织机构见图 1－1。

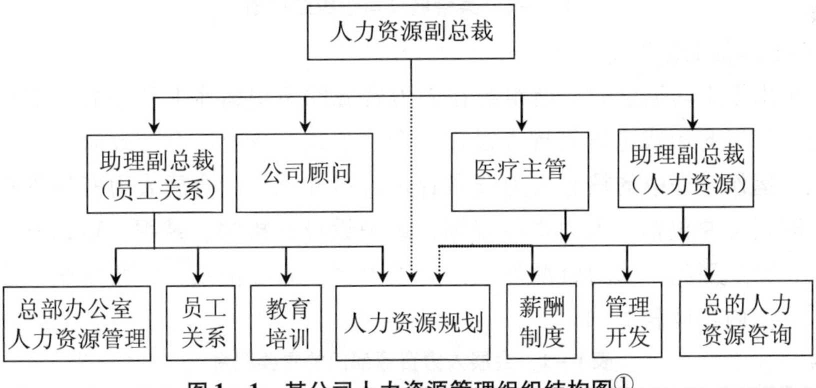

图 1－1　某公司人力资源管理组织结构图①

在国际性的会展公司中，一般人力资源部门设置在“管理部”或“办公室”下，有的公司的部分核心人力资源管理工作由运营总监兼任。如图 1－2 所示。

在政府主导型大型国际会展论坛活动中，往往由某政府部门牵头，成立活动筹备委员会等临时组织，统一进行人力资源的管理和调配。例如，天津夏季达沃斯论坛在 2010 年筹备期间，由天津市人民政府办公厅下发了《关于成立 2010 天津夏季达沃斯论坛筹备协调委员会的通知》，成立了由市长担任主任的 79 名领导干部组成的协调委员会，下设办公室、内宾接待、外宾接待、安全保

① 约翰·M. 伊万切维奇，赵曙明，程德俊. 人力资源管理［M］. 11 版. 北京：机械工业出版社，2011：24.

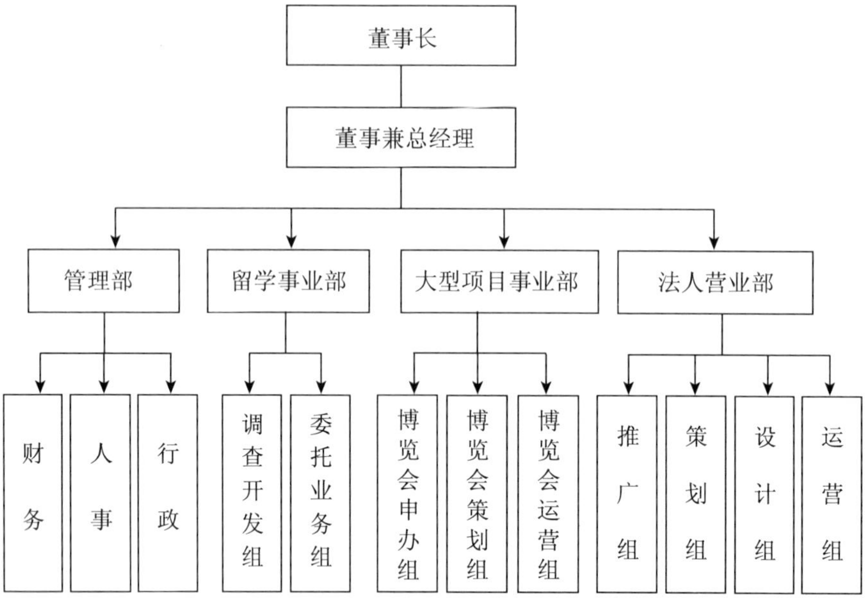

图 1－2 某会展公司组织结构图

障等 24 个筹备工作组。①

正是由于不同类型的会展组织在人力资源的组织运作上的差异，实践中多以临时项目组的形式进行管理和操作，会展公司、行业协会、政府大型活动部门在展会运作过程中的核心人力资源管理人员并不多。会展人力资源管理部门的工作职责主要包括：人力资源规划，组织设计，招聘、录用，培训开发，绩效考核，薪酬福利，人力资源外包，员工关系，人事记录，健康安全，战略规划等。详细内容见表 1－1。

表 1－1 会展人力资源部门的主要职责

	职　责	主要内容
1	人力资源规划	根据组织战略制订人力资源战略，并细化为年度计划，提出各阶段组织人力资源的供给与需求预测数据，确保组织人力资源供需平衡
2	组织设计	职位分析与职位描述，根据组织目标和环境的变化，及时调整组织机构

① 天津市人民政府办公厅．关于成立 2010 天津夏季达沃斯论坛筹备协调委员会的通知［津政办发（2010）7 号］［EB/OL］．http：//www．tj．gov．cn/zwgk/wjgz/szfbgtwj/201002/t20100207_ 112877．htm

续表

	职　责	主要内容
3	招聘与录用	招募、面试、测试、录用，临时短期劳动力调集，人力资源外包等
4	培训与开发	新员工的培训、绩效管理技能培训、晋升培训、服务开发、志愿者及临时服务人员的培训等
5	绩效管理	制订绩效计划、绩效沟通、绩效评估、绩效改进等
6	薪酬管理	工资和薪金的管理、工作评价、奖励薪酬、带薪休假、社会保障和福利措施等
7	人事信息管理	人力资源信息系统、各种人事记录
8	员工关系	协调员工关系、工作纪律、客户满意度调查、组织文化生活，参与员工职业生涯规划等
9	健康与安全	安全检查、员工健康检查与预防
10	人力资源政策	协调各部门，按照流程制定组织的人力资源制度与政策，确保组织人员的稳定与团结，激励员工提高服务质量等

三、会展人力资源管理的一般流程

会展人力资源管理流程是指会展人力资源管理工作的操作程序，它指明员工行动的具体方向和步骤，告诉员工如何做某一项工作。在大型会展组织中，工作流程往往被收录于工作指南中，作为标准操作程序供员工参照执行。当然，不可能开发一套适合所有事务的政策和程序，组织只需要根据组织特点和目标要求对关键领域设计精简的政策和程序即可。一般而言，人力资源管理部门的工作按照时间先后主要包括：人力资源计划，员工招聘，录用、定岗、定薪，签订劳动合同，员工管理，培训开发，绩效管理，晋升或淘汰，最终实现组织和员工的共同发展。流程见图 1－3。

在人力资源管理活动中，除了参照一般的管理流程，还应当根据组织的实际需要，进行工作流程设计，遵守简化原则、兼顾原则、个性化原则和权变原则。在组织流程上，要对组织日常事务的基本流程进行高度概括和凝练，充分体现组织的核心价值观，不得随意更改；在主要业务流程上，要规范和简化不同事务的流程。充分体现协作和效率；在具体作业流程上，要建立具体的作业标准和规范，确保实施的有效性。在实施过程中，如果发现流程不畅或效率低下，应立即进行研究并做出调整。

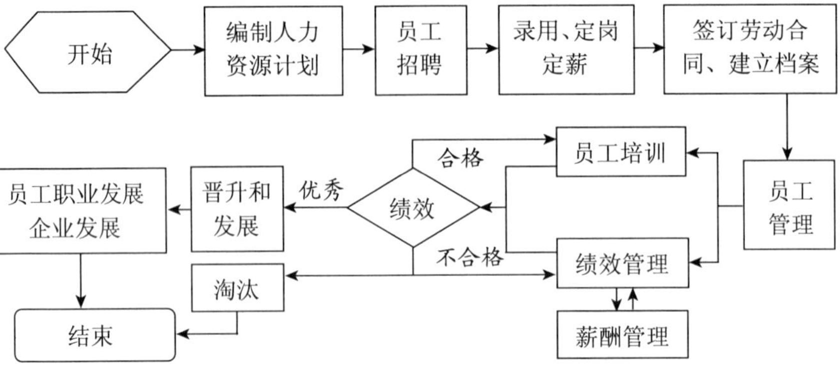

图 1-3　人力资源管理的一般流程

四、会展人力资源管理体系

会展人力资源管理是一个由各个人力资源管理环节子系统构成的整体，包括人力资源规划、组织体系设计与工作分析、招聘与录用、绩效管理、培训与开发、薪酬管理、员工关系管理、组织文化管理等等众多的子系统。这些子系统彼此互相支持，协同处理人力资源管理事务。从理论上看，会展人力资源管理体系的起点是组织的人力资源管理战略和人力资源规划。在这个总体基础上，渐次展开整个人力资源管理系统的各项专业活动。但是在实践中，工作分析与工作设计与人力资源规划则几乎是同步进行的，两者都需要对组织战略展开科学地研究，并且都需要一个员工充分参与及科学分析的过程，都关系到整个人力资源管理的全局。在人力资源规划和工作分析与工作设计的整体制度框架下，企业开展招聘、选拔和配置员工等工作，通过与员工充分沟通，达成员工的职业生涯发展与组织的发展相匹配，形成员工与组织共同发展的“双赢”组织文化。员工一旦配置完毕，全方位的日常管理即已经开始，员工需要遵从组织的纪律与安全操作规范，而组织则进行公平与公正的管理，对各层次员工的工作绩效进行科学评估考核，及时鼓励优秀绩效的员工并帮助员工纠正工作失误，并有针对性地开展培训，帮助员工确定绩效改进的方案。科学评估与考核是增强培训针对性的关键，也是确定绩效薪酬的重要依据。薪酬管理是一个组织最为重要的工作，也是最不容易变革的工作。因为薪酬涉及每一个员工的切身利益，薪酬的变化往往容易引起利益冲突与情绪反弹，而薪酬不变化也同样容易引起员工的不满。因此薪酬管理就在变与不变中间寻求平衡。科学地设计组织人力资源管理体系，使各个子系统协同起来，确保为组织发展持续提供优秀的人力资源，这是人力资源管理的关键所在。综观人力资源管理体系各要素，不

难发现，人力资源管理在人力资源的获取、融合、发展、激励上是一个生生不息、循环往复的过程。(见图 1－4)

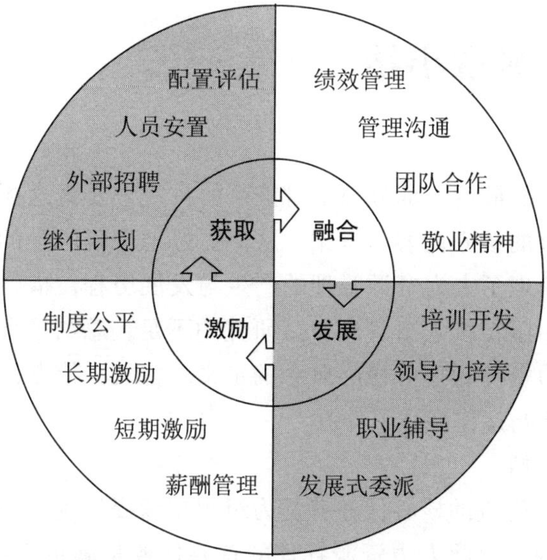

图 1－4　人力资源管理循环过程

除了从人力资源的各个专门职能的角度来构建人力资源管理体系，有的公司依据工作分类来构建人力资源管理体系。如 IBM 公司把人力资源管理体系分成三个层次：第一个层次是 Partner，指的是深入到各个业务部门的 HR 人员，他们的职责是深入跟踪部门业务的需求，发现业务对人力资源工作的需求。HR 部门要知道他们的近期目标和长远目标是什么，他们现在遇到的问题是什么，如何用 HR 的语言来解释这些问题等。第二个层次是 Operation，也可以叫作职能部门，比如招聘、薪酬、培训等这三个支柱，它承担的是产品研发部门的角色，前端的客户需求来了以后，他们分析现有的人力资源程序、流程能否满足他们的需要，若不能满足，他们就会重新评估、设计并推出新的服务项目。第三个层次是 ServiceCenter，为员工和公司提供各类人力资源的服务。除为员工办理各种人事手续外，还为 IBM 在华的员工提供 E－HR 服务，员工通过网络等工具可及时了解人力资源及相关服务内容，查询工资福利等有关信息，自动接收有关通知、通告等。① 这种人力资源管理体系是对大型跨国公司人力资源管理业务的进一步专业化的结果，第一个层次本质上是构建人力资源总部与各业务部门的高度协调一致的人力资源系统，第二个层次则是人力资源管理的核心职能系统，

---

① 郑大奇. 世界 500 强本土化人力资源管理实战范例［M］. 北京：企业管理出版社，2007：175.

第三个层次是人力资源管理的基础层，为全体员工提供基础的人力资源服务。

第五节　本章小结

本书所有章节的最后一部分都是对该章的一些重要概念和思想的总结，以帮助读者回顾该章的核心内容与框架，从而更好地理解所学的内容。本章作为全书的第一章，梳理了人力资源管理的产生与发展历程，指出了近现代以来的人力资源管理对中国传统人事管理智慧研究的不足，总结了会展产业、会展人力资源、会展人力资源管理等核心概念的定义、含义、特点，并对会展人力资源管理的目标任务与运作展开了分析。

本章的要点包括：

（1）人力资源管理的核心任务就是为组织持续提供优质的人力资源，以确保组织目标的实现，因此人力资源管理的首要任务是满足组织对人才的需要。会展人力资源管理的首要任务就是满足会展组织对人才的需要。

（2）会展产业虽然在有的西方发达国家已经发展了近百年，但是对于很多发展中国家来说，依然是新兴产业。会展人力资源管理是人力资源管理的一般原理、流程与方法在会展业中的应用，应当客观科学地分析会展产业及其对人力资源的关键要求。

（3）会展产业活动具有很强的集聚性、联动性、交融性、传播性、期货性和创新性等特点，因此会展产业对人力资源的综合素质、沟通能力、团队协作能力、创新能力和短期人才聚合能力等方面有着特殊的素质要求。

（4）由于会展产业自身的特殊要求，会展人力资源管理呈现出鲜明的特点，如注重战略研究、注重团队管理和应急管理、短期密集用工、重视大数据管理等。

（5）会展人力资源管理面临的挑战之一是多个利益相关部门人员的合作问题。大型会展活动涉及部门众多，且只在活动期间运作，如何有效地整合与协调各部门，有效避免风险，是会展人力资源管理者需要认真研究的问题。

（6）会展人力资源管理在运作上需要注意处理好短期用工与稳定员工之间的关系、临时组织与常设机构之间的关系，提高人力资源管理部门的专业化水平。

总之，人力资源管理是会展组织最有挑战性的核心职能之一，是组织成功的保障。做好管理，先进的理念最关键。有了先进的管理理念，才有相应的工作流程与方法，而流程与方法都需要通过编制各种表格来体现出来。本书在后续的章节中按照理念、流程、方法和文本编制等几个模块进行分析，帮助读者理解相关理念，掌握应用人力资源管理活动的流程与方法。

复习思考题

1. 试述人力资源管理的发展历程。
2. 人力资源的特点有哪些?
3. 简述会展产业活动的特点及其对会展人力资源的特殊要求。
4. 会展人力资源管理有哪些特点?
5. 会展产业的特点对会展人力资源管理提出了哪些挑战？如何应对?
6. 会展人力资源的含义是什么?
7. 会展人力资源管理的主要任务有哪些?
8. 简述会展人力资源管理的一般流程。
9. 试论述会展人力资源管理的体系结构。

第二章

会展人力资源规划

学习目标

- 理解人力资源规划在会展组织中的重要性
- 描述战略规划与人力资源规划之间的关系
- 掌握会展人力资源规划的核心理念
- 掌握会展人力资源需求供给预测的流程与方法
- 熟悉会展人力资源管理信息系统在人力资源规划中的应用
- 掌握人力资源规划的基本文案的写法

关键概念

人力资源规划　人力资源战略规划　德尔菲法　人员接替图法　马尔可夫法　人力资源信息系统

第一节　会展人力资源规划概述

一、会展人力资源规划的含义

凡事，预则立，不预则废。“预”就是事先准备的意思。人力资源规划就是做“预”的工作：事先研究组织发展战略，核查现有人力资源，分析组织内外部环境，预测组织对人员的未来供需。从整体来看，有全局的人力资源规划；从局部来看，各个人力资源管理的职能都有各自的计划，如晋升计划、补充计划、培训开发计划、人员调配计划、薪酬计划、退休计划、绩效计划，等等。人力资源规划主要是通过组织的人事政策和强制性制度安排来对组织各部门产生持续和重要的影响。学术界一般将人力资源规划定义为：依据组织发展战略和整体规划，在全面分析组织内外部环境的基础上，科学研究和预测组织在未来一段时间内对人力资源的需求和供给状况，制订相应的计划和方案，以确保组织在不同发展时期的人力资源供需平衡，为组织的发展提供人力资源保障。简而言之，所谓人力资源规划是指组织为适应环境的变化实现长期稳定发展而开展的人力资源诊断、分析和研究，确保组织在未来的发展过程中人员供需平衡的管理活动。会展人力资源规划指的是会展产业开展的人员供需平衡的管理活动。

会展人力资源规划具有人力资源规划的一般性含义，同时也有着自身的特殊性。可以从五个方面来理解会展人力资源规划的含义。

第一，会展人力资源规划是会展组织发展战略与目标在人力资源管理保障上的起点，人力资源规划必须和组织的发展战略与目标保持高度一致，才能有效地保障组织目标的实现。人力资源规划和组织规划的关系如图 2 - 1 所示。

组织整体规划一般分为三个层次，分别是组织战略规划、经营规划和年度计划，组织的人力资源规划与之相对应，在相应的组织规划指导下开展人力资源战略规划、人力资源供需预测和人力资源年度计划等工作，以支持和保障组织规划的实现。

第二，会展人力资源规划本质上是应对组织和环境变化而采取的应对策略与安排。社会在不断的变化之中，政治、经济、文化等都在不断的交流与碰撞

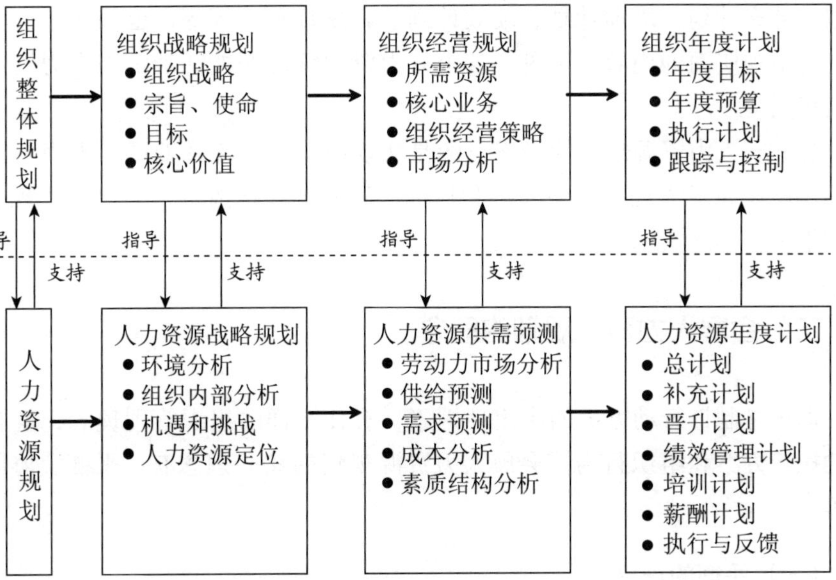

图 2－1　人力资源规划与组织规划关系图

中演变和发展，会展组织必须应对这些变化，并据此做出相应的人才储备与计划，以确保组织抓住机遇、迎接挑战。同时，会展组织自身也处于不断变化之中。员工在不断变化：有的在进步，有的适应不了新的技术环境，有的则面临退休，还有的正准备跳槽；组织领导也在变化：领导的理念变化、策略变化、领导团队成员的调整等等。另外，组织的结构也会因为战略的变化、业务或市场的变化而进行调整。随着业务的拓展，会新增部门，或因业务收缩而裁撤部门。人力资源规划需要全面分析和研究上述变化。

第三，人力资源规划的核心目标就是通过分析和预测人力资源的供给与需求，制订相应的解决方案和人力资源政策，确保人力资源供需平衡。对于组织而言，节约成本、提高效益是永恒的主题，在人力资源成本高居不下的今天，组织人力资源的过剩与短缺都是不利于组织发展的。对于会展产业而言，在展会筹备期用人较少，而展会举办期间则需要大量短期人力资源。科学合理地进行人力资源规划有助于解决短期用人和长期用人的矛盾，既达成人力资源的充分利用，也确保组织人力资源成本最低，效益最高。

第四，人力资源规划是人力资源管理各个职能中统筹和关联功能最强的职能，涉及几乎所有的人力资源管理职能。人力资源规划包括宏观和微观两个层次的内容。宏观上，人力资源规划所做的整体规划、政策制订、宏观分析与决策等，目的是管理和规划全局的人力资源，以实现组织整体的战略和目标；微观上，人力资源的各个职能在具体工作中都需要做计划，包括招聘计划、晋升计划、补充计划、培训计划、绩效计划、薪酬计划，等等，也都属于人力资源规划的微观层面的内容。可见，各个人力资源管理职能活动都与人力资源规划直接相关。

第五，人力资源规划的最终目的是实现组织和员工的双赢。人力资源规划并不是仅仅为了实现组织的战略和目标，而是既要达成员工的自我实现，又要达成组织目标的实现。

二、会展人力资源规划的理念

理念是制订行动方案的决定性因素，有什么样的组织管理理念，就有什么样的执行方案和组织行为。会展人力资源规划的核心理念有：平衡、协同、双赢等。

（一）平衡的理念

人力资源规划的整个活动过程的核心目标是实现未来一个时期内组织人力资源的供给与需求的平衡，这是从整体的角度所做出的判断。从微观层面来看，还涉及诸多相互的多元的平衡关系，人力资源供需的稳定性必须建立在众多现实因素的平衡基础之上。著名华人管理哲学家成中英先生指出，由现实因素内在的平衡与理念的信用系统之间的平衡，产生第三种更具有整体性的多元动态平衡，而现实因素的平衡与理念的信用系统内在的平衡只是这整体的多元动态平衡的一体之两面，这种平衡关系，犹如一阴一阳，能够推动事物的发展，产生更高的价值。① 人力资源规划活动是对组织未来一段时间内的人力资源进行规划，组织顶层规划配置人力资源将直接关系到各业务部门的核心人力资源的数量与质量，从而直接影响到业务部门的发展和员工的发展，因此，在人力资源规划的制订过程中，需要和几乎所有的部门进行沟通，某些重要的、事关全局的规划还要和全体员工进行沟通，在员工发展、部门发展和组织发展三者之间建立多元平衡系统，确保不以牺牲部门利益和员工利益为代价，来实现组织的发展。

人力资源规划中的平衡理念集中体现在以下三个方面。

第一，在规划期内人力资源与组织战略目标之间的平衡。在一个规划周期内，人力资源规划的使命就是为实现组织战略目标提供有力的人力资源保障规划，以达成组织发展不同阶段人力资源供给与需求的平衡。对于组织而言，量

① 成中英. C理论：中国管理哲学［M］. 上海：学林出版社，1999：308.

身打造人力资源，使组织人力资源既不短缺，也不过剩，恰到好处，这时候组织的人力资源成本降到最低。因此，寻求人力资源目标与组织战略目标之间的平衡是人力资源规划的重中之重。

第二，组织、业务部门和员工三者的平衡。理论上，当一个组织的员工、业务部门和组织在发展目标和行动方案上达成高度一致时，就能实现组织发展效率的最大化。但是，在实践中，组织目标、业务部门的目标和员工的发展目标三者之间往往很难达成完全一致，这就需要人力资源规划的专业活动来全面介入和协调，通过充分沟通，使员工和其所在的业务部门对组织发展有科学的认识，对组织发展战略达成深度认同，确定组织人力资源发展战略规划和各阶段的计划，使组织、业务部门和员工在组织人力资源规划中达成平衡。

第三，组织和环境之间的平衡。组织所处的社会政治、经济、文化、自然等大环境的变化对组织的影响是巨大而深远的，人力资源规划需要根据环境的变化对组织使命的要求及时做出应对，以确保组织与环境之间保持平衡。

平衡理念是人力资源规划工作的最核心最基本的理念，需要人力资源管理者从整体上理解和把握人力资源规划与组织规划之间的关系，组织、部门与员工之间的关系，以及组织和环境之间的关系，实现多元关系的平衡，从而达成管理的高效，实现多元主体的共赢。

（二）协同的理念

协同的理念是人力资源规划中各个业务部门与人力资源管理部门资源共享，发挥协同效应的管理理念。协同效应是指通过资源共享达成“1 + 1 > 2”的效应，即组织整体效应大于各个独立组成部分总和的效应。协同效应又分为两种情况：一是外部协同，指多个企业相互协作，共享业务和特定资源而取得更高的赢利能力；二是内部协同，指组织内部生产、营销、管理的不同业务环节、不同阶段、不同方面因资源共享而产生的整体效应。协同的理念正是基于资源共享、协同合作而产生更多、更大价值这一管理现象而提出来的。

20 世纪 60 年代，美国战略管理学家伊戈尔·安索夫（Higor Ansoff，1918—2002）将协同的理念引入企业管理领域，认为协同就是 2 + 2 = 5 的效应，是企业通过识别自身能力与机遇的匹配关系来成功拓展新的事业，协同战略可以像纽带一样把公司多元化的业务联结起来，即企业通过寻求合理的销售、运营、投资与管理战略安排，可以有效配置生产要素、业务单元与环境条件，实现一种类似报酬递增的协同效应，从而使公司得以更充分地利用现有优势，并开拓新的发展空间。他指出，多元化战略的协同效应主要表现为：通过人力、设备、资金、知识、技能、关系、品牌等资源的共享来降低成本、分散市场风险及实现规模效益。① 人力资源规划正是要通过对人和相关资源进行整合、规划、协调，实现工作流程、业务、结构的优化或重组，减少重复的岗位、设备和人员的冗余，有效节省资源、提升共享效率，达成成本的下降和效益的提升。

从外部协同的角度看，人力资源规划部门需要全面系统分析组织在会展产业集群中的定位和影响，充分研究产业集群的特点，尤其是产业集群资源共享的规律，探索会展组织之间的协同效应，并据此做出组织人力资源的规划及风险预案。从内部协同的角度看，人力资源规划部门需要全面盘点组织的人力资源状况，从经营协同、管理协同和财务协同等方面研究人力资源的需求与供给，有效实现基于资源共享的协同效应基础上的人力资源整合。

在人力资源规划过程中，组织的战略和目标需要与各个业务部门进行充分沟通，让组织目标分解、落实到具体部门的目标中去，各业务部门根据各自的工作确定自己的人力资源需求，人力资源部门根据各业务部门人力资源需求进行规划和落实。同时，每一个员工都有自己的职业发展期待，人力资源部门也需要对此做好规划工作。

（三）双赢的理念

双赢的理念是基于竞争与对抗的零和博弈理念提出来的，又可以叫作“共生”的理念，指的是彼此合作，互惠互利，共同发展。对于一个组织而言，双赢的理念有三个层面的含义。

第一是组织和员工的双赢。从理论上讲，员工的目标和组织的目标越一致，组织目标实现的概率就越大，组织的战斗力就越强，而且员工的自我实现感也越强。但是在实践中，员工的目标和组织的目标并不一致，迫切需要人力资源部门帮助员工协调二者的关系，使员工不断理解组织、发现自我，最终在成就组织的同时成就自我。《孙子兵法》指出，行军打仗，需要时刻关注和研究“道、天、地、将、法”五个方面，其中第一位的是“道”。“道”是什么呢?孙武认为，“道者，令民与上同意者也，故可以与之死，可以与之生，民弗诡也。”② 在孙武看来，“道”就是让百姓与国君在认识上保持高度一致，所谓同仇敌忾，众志成城。运用在现代管理中，对于管理者而言，就是要让员工和组织在目标上高度一致。所谓“双赢”，第一个层面上的含义就是员工和组织都能

---

① H. Igor Ansoff, Edward J. McDonnell. The new corporate strategy. revised version. New Wiley, 1988：58.

② 《孙子兵法·计篇》. “民弗诡也”或作“而不畏危”。本处据银雀山汉简《孙子兵法》。

实现自己的目标，既不能以牺牲员工为代价来实现组织发展，也不能以牺牲组织的发展为代价来成就员工，因此，人力资源规划的一个重要目标就是介入员工个人目标的调整，整合员工目标和组织目标，使两者达成高度一致（如图2－2所示）。

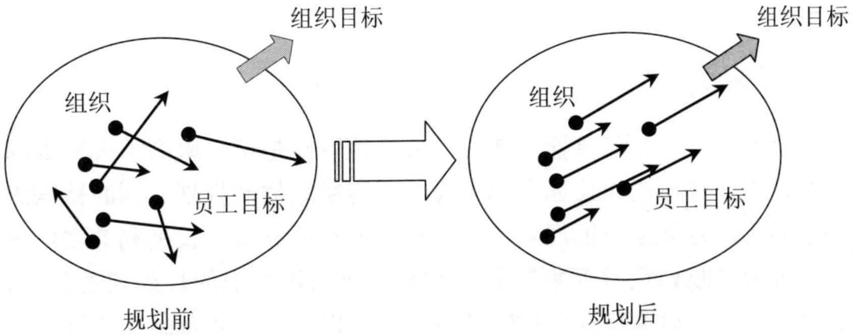

图2－2　人力资源规划整合员工目标与组织目标关系图

第二是组织之间的双赢。竞争与合作是组织之间关系的永恒主题。人力资源管理部门在分析组织内外部环境及组织的机遇和挑战的过程中，需要全面系统地研究组织之间的关系，确定组织在产业集群中的差异性定位。人力资源是组织的核心战略性资源，在人力资源规划过程中分析产业集群的人力资源分布，为组织的生存和发展营造一个良好的外部环境，在最大程度上实现组织与组织之间的“双赢”或“多赢”。从某种角度上说，会展企业之间、企业与行业协会，以及行业协会之间，企业、行业协会与政府之间存在着错综复杂的竞争、合作、依存、利用、管理等各种关系。通过人力资源规划、人力资源外包、工程分包、项目合作等多种形式保持和巩固组织之间的关系，建立组织生态网络系统，为组织的生存和发展营造良好的内外部环境，从而在最大程度上减少外损与内耗，实现组织与组织之间的双赢。

第三是组织和社会的双赢。会展组织在产业活动中，致力于特定或不特定人口的短期聚集、信息的分享与体验、产品的展示和交流，发挥着其他产业所无法比拟的社会影响力和社会推动作用。但是，会展活动所造成的局部交通拥堵、环境破坏、生活垃圾短期大量聚集、水电气的高峰负荷等也会给社会带来不良影响，给会展活动所涉及区域的社区居民生活带来不便。会展人力资源规划工作需要从人员管理的角度有效管理和规范工作行为与组织文化，确保组织与社会达成双赢，组织对社会的责任是对不特定社会个体和社会整体的一种责任，只有社会认可，组织的发展才能获得持续的生命力。

会展组织人力资源规划过程中，坚持平衡、协同和双赢三大核心理念，做好人力资源的盘点和定位，确保组织在不同时期、不同阶段人力资源的需求与供给的平衡，使人力资源规划与组织规划相匹配，各部门人员协同合作，实现员工和组织之间、组织和产业集群之间及组织和社会之间的双赢。

三、会展人力资源规划的原则

（一）战略性原则

对于会展组织人力资源管理来说，战略性原则是第一原则。人力资源规划必须从组织的全局利益和长远目标考虑，参与组织战略规划的同时依据组织战略做好全局的人力资源长远规划，如果组织的眼前利益与长远利益之间发生冲突，决不可为了眼前利益而牺牲长远利益，应当把组织的长远利益放在首位。同时，由于会展活动本身具有战略性特点，所以尤其需要着眼于长远来安排和配置人力资源。

（二）动态性原则

对于会展组织人力资源管理来说，组织所处的社会政治、经济、文化等环境时刻处于变化之中，国家的政策性调整、国际政治与经济形势的变化、市场的变化都会对组织产生深刻的影响；同时，组织自身也处于变化之中，组织发展战略的变化、市场的拓展、员工的流动、组织结构的调整等也会直接影响人力资源的配置与布局的规划。因此，人力资源部门在做会展人力资源规划过程中必须坚持动态性原则，面对环境的变化与组织的变化，均能做到有针对性地应对和处理，以达成组织在人力资源上的需求与供给总量上的动态平衡及人力资源规划上有效的应急处理。

（三）一致性原则

一致性原则是“协同”理念的具体落实和体现，主要是指会展人力资源部门在人力资源规划过程中要与组织的战略计划、经营计划、年度计划相一致，同时也要与人力资源的其他职能活动，如招聘录用、培训开发、工作分析、绩效管理、薪酬管理等工作计划相一致。人力资源规划本质上就是为组织未来的发展进行人力资源的计划和配置，既有宏观层面的内容，也有微观层面的内容。人力资源规划不是一个孤立的职能，不但需要和组织战略保持高度一致，还需要和人力资源管理的各个具体职能的计划协调一致。

（四）兼顾性原则

兼顾性原则，是指在规划过程中要尽量兼顾组织和员工双方的利益，实现双方的共同发展。这是“双赢”理念下人力资源规划的基本行事原则。人力资源规划既有面向组织的计划，也有面向员工的计划。组织和员工是互相依存、互相促进的关系。如果只考虑组织的发展需要，而忽视员工的发展需要，员工就难以长期配合组织开展工作，组织的发展目标也就难以达成。在当今时代，随着人力资源整体素质的提升，员工对自身的发展越来越重视，而组织的发展对员工的依赖程度也越来越高，人力资源规划工作遵守兼顾性的原则，将有助于推动组织和个人的共同发展。

（五）可持续发展的原则

做人力资源规划，必须坚持可持续发展的原则。人力资源的可持续发展包含两个层面的含义：一是通过人力资源规划实现组织人力资源整体的可持续发展，确保不同发展阶段的人力资源供给，满足组织发展的需要；二是通过人力资源规划实现员工的持续发展。如果组织的人力资源发展不可持续，就会出现人才短缺，组织的发展就进入瓶颈期；而员工的发展不可持续，则会出现职业倦怠和工作效率低下。因此，人力资源管理的平台作为组织发展的基础平台，人力资源规划工作不仅需要注重当下的人力资源计划，更要注重人力资源发展的战略性，确保组织和个人的可持续发展。

四、会展人力资源规划的内容

一般而言，人力资源规划可按照规划周期长短分为长期人力资源规划、中期人力资源规划和短期人力资源规划三种类型。长期人力资源规划一般是指 3 年以上的规划；中期人力资源规划指的是 1～3 年的规划；短期人力资源规划一般是指 6 个月至 1 年的规划。从规划性质上，可以划分为战略性人力资源规划和战术性人力资源规划两种类型。战略性人力资源规划一般是中长期规划，是计划期内人力资源管理的总目标、总政策、实施步骤、供需的整体测算和总预算的安排；战术性人力资源规划则是短期的业务人力资源规划，主要包括人员补充计划、分配计划、提升计划、教育培训计划、工资计划、保险福利计划、劳动关系计划、退休计划等。会展人力资源规划应当根据组织的规模、组织所处环境的确定性、稳定性，以及对人力资源素质的要求，在科学的人力资源诊断分析的基础上开展相应层次的规划。

人力资源规划主要包括以下内容。

（一）总体目标、周期和范围

人力资源规划首先应当依据组织的战略目标和阶段性目标确定人力资源规

划的总体目标、周期和范围，明确阶段性的工作方向、工作目标与工作重点，为组织进一步开展人力资源规划数据分析和诊断提供基本的框架和标准。

（二）人力资源的需求分析

全面进行组织人力资源诊断性分析，对组织结构、岗位分布、人力资源素质结构等进行科学梳理的基础上开展人力资源的需求分析，包括人力资源的数量需求与质量需求的分析。人力资源的需求与组织的发展战略直接相关。

（三）人力资源的供给分析

人力资源的供给分析主要包括对组织内部人力资源供给和外部劳动力市场供给的状况分析。人力资源供给的影响因素很多，既包括政治、经济、法律、文化、就业形势等宏观的因素，也包括人才市场发展趋势、行业发展态势等中观方面的因素，还包括竞争对手、组织形象、制度等微观方面的因素。

（四）人员补充计划

根据人力资源需求分析，预测不同阶段人力资源的缺口，并制定必要的政策和措施，以确保组织能及时地补充人力资源。人员补充计划作为人力资源规划的一个组成部分，其目的是通过补充人员使人力资源配置与既定组织目标相匹配，改善组织内部人力资源的结构。人员补充计划需要与各用人部门充分沟通，尽可能做到既满足用人部门的实际需要，也符合组织预期总目标的要求。

（五）人员使用计划

人员使用计划主要包括晋升计划和轮岗计划：晋升计划是根据管理层次结构的要求和人力资源的分布状况，制定相应的人员晋升的标准和政策，通过有计划的晋升来激励员工。轮岗计划则是为避免员工出现工作倦怠，实现工作丰富化、提高员工的创新热情和能力、培养员工多方面的素质而制订的对员工工作岗位进行定期变换的计划。晋升是岗位的垂直上升，轮岗是岗位的平行调动。

人员使用计划旨在及时把有能力的人提升到与其能力相匹配的职位上，让其发挥更加重要的作用，从而调动员工的工作积极性，增强组织的竞争力。不论是晋升计划还是轮岗计划，都能有效避免员工的职业倦怠，激励他们更好地工作，充分实现自我价值。

（六）培训开发计划

培训开发计划实质上就是人力资源储备计划。对于组织而言，随着事业地不断发展，不断地产生新的用人需求、新增岗位；同时，一些优秀的员工晋升之后，也会出现职位空缺，及时对人才进行培训与开发，可以在职位产生空缺之时将准备好的符合岗位需求标准的人力资源安置在新增岗位和空缺岗位上去。这样不但避免了岗位的空缺带来组织的损失，还激励了员工。可见，通过培训开发，一方面可以使员工更好地适应正在从事的工作，另一方面也为组织未来发展所需要的职位准备了后备人才。需要注意的是，培训开发计划要与晋升计划、配备计划和员工生涯发展计划协调一致，增强培训开发的针对性和目的性，让培训和开发成为调动员工积极性的重要工具。

（七）薪酬计划

薪酬计划主要包括绩效标准及其衡量方法、工作评价、薪酬结构、工资关系、福利项目、其他对员工的回报等。薪酬计划是组织保持竞争力的关键，员工工资总量和企业经营状况应保持合理的平衡，而薪酬结构是否合理又在一定程度上直接影响着组织的运营和管理。因此，薪酬计划的本质就是有计划地控制人力资源成本和确定基本的员工激励策略。

上述七个方面并不是人力资源规划的全部内容，在实践中，人力资源规划活动还包括退休解聘计划、劳动关系计划、绩效计划等，限于篇幅，不一一罗列。从理论上讲，所有人力资源管理职能中的计划都可以算作人力资源规划的内容，不过对人力资源规划部门来说，更偏向于从总体上进行均衡、规划和设计。由于会展产业活动属于创新性的服务，服务内容与形式容易被复制和转移，核心人力资源容易跳槽，因此，对于大多数会展组织而言，长期、中期和短期的人力资源规划都需要充分研究，确保在人力资源成本可控的范围内最大限度地激励核心员工，保持组织的核心竞争力。

第二节 会展人力资源规划的流程与方法

一、人力资源规划的一般流程

人力资源规划的一般步骤为：收集信息资料、分析信息资料、人力资源需求与供给预测、编制人力资源规划、实施人力资源规划、人力资源规划评估。流程图如图 2-3 所示。

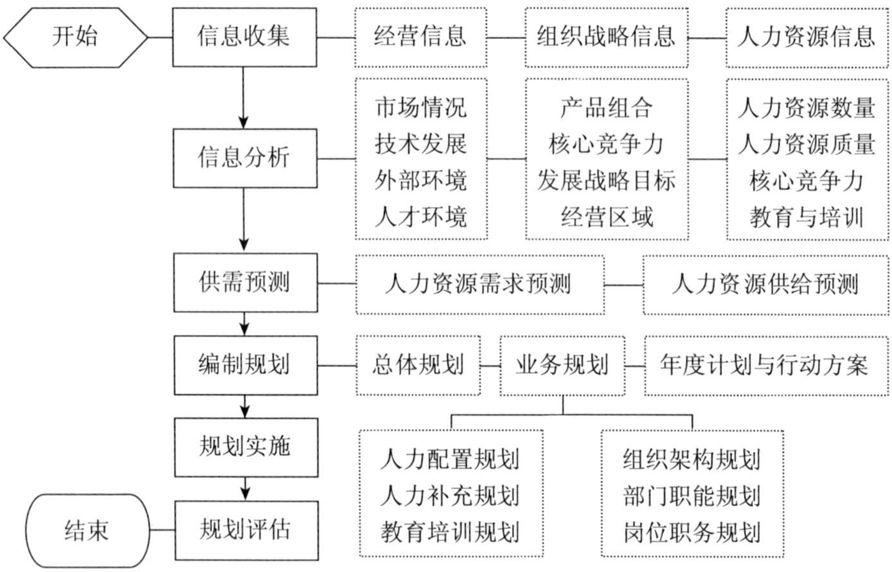

图2-3　人力资源规划的一般流程

1. 收集信息资料

收集信息资料是人力资源规划的首要环节和最基础的工作。人力资源规划工作需要收集的信息主要包括组织信息与环境的信息。组织信息主要有：组织战略规划和年度计划目标、各部门的规划、具体行动方案、组织人力资源的现状、产业发展技术路线，等等。外部环境信息主要有：国内国际宏观经济形势和行业经济形势、产业相关技术的发展动态、行业的竞争性、劳动力市场、地区平均工资水平、人口与社会发展趋势、会展产业发展的有关政策，等等。

2. 分析信息资料

收集了组织及环境的信息资料，要对其进行全面分析，建立基于组织经营与战略发展目标的人力资源信息系统，并结合工作分析的相关文件来进行人力资源信息分析。其中，组织经营信息的分析主要是对市场情况、技术发展情况、外部环境和人才的环境等展开分析；组织战略发展目标信息分析主要是对组织的产品组合、发展战略目标、核心竞争力和组织经营的区域等信息展开分析；人力资源信息分析则主要包括以下更为具体的内容：

①个人自然情况：姓名、性别、出生年月、籍贯、身高体重、健康状况、婚姻、民族、党派等；

②录用资料：合同签订的时间、候选人招募的来源、工作经历、外语水平、特殊技能、爱好与特长等；

③教育背景：员工受教育的程度、专业领域、各类培训证书和经历、职业资质等；

④工资资料：工资类别、等级、工资额、上次加薪日期、下次加薪的日期和加薪的等级、已享受的福利待遇等；

⑤工作绩效：历次工作绩效评价的记录、上次的评价时间、评价内容和绩效报告；

⑥工作经历：曾经工作过的单位和部门、培训资料、升降职情况、最近一次内部转岗的资料、奖惩情况、任职时间、离职次数、离职原因等；

⑦工作态度：出勤情况记录、参与组织活动的记录、有无建议及相关情况、工作质量评价情况等；

⑧安全与事故资料：有无因工受伤或非因公受伤、伤害程度、事故的次数及原因等；

⑨工作及职务：工作期间历任的工作职务、工作内容、岗位、现任的职务与工作内容等；

⑩工作环境情况。

通过对上述信息的分析，结合组织的职位说明书，按照职位说明书中对每个职位的职务、责任、权力要求和资质要求，对组织人力资源的总体状况做出科学的分析和判断。

3. 人力资源需求与供给预测

人力资源需求和供给的预测是做好人力资源规划的关键，是对组织在未来某一特定时期内所需要的人力资源的数量、质量、结构及组织内外部的相应供给情况进行测算。

对组织未来人力资源的需求预测必须建立在组织内部和环境信息的科学分析基础之上，根据组织的发展目标、生产经营的要求、组织结构的科学化、生产技术路线图等关键要素，结合宏观经济环境和国家或地区的政策，及时测算由各个因素引起的人力资源数量与质量的需求变化。在需求预测过程中，应充分考虑以下因素的影响。

①组织战略目标的变化；

②市场需求、产品和技术的升级；

③产品和服务的要求；

④人员的正常流动和更替；

⑤培训和教育带来的需求变化；

⑥技术革新带来的生产率及生产规模的变化；

⑦工作时间的变化；

⑧各个部门的财务预算；

⑨人力资源需求的历史数据。

各基层业务部门是人力资源需求最敏感的部门，做好人力资源需求的测算需要充分考虑基层部门的意见，再结合各个影响因素展开分析，尤其是结合历史资料进行预测，最终才能做出符合会展组织的用人需求测算。

明确了组织未来某个时期所需要的人员数量和人员技能，要进一步研究组织内部和人才市场的人力资源供给渠道及供给数量。内部供给预测是根据组织现有人员状况分析，充分考虑组织内部人员流动规律，研究组织内部人力资源的晋升、轮岗、退休的状况，分析组织人力资源历年的调离、辞职、解聘的发生概率，测算内部可能满足空缺岗位的人力资源，确定组织内部未来所能提供的人员数量与质量；外部人力资源供给预测则主要结合劳动力市场等区域性和全国性的因素测算未来可能的各类人员供给状况。

其中，区域性的因素包括：

①公司或组织所在地和附近地区的人口密度；

②公司或组织所在地区的人力资源及相关产业发展政策；

③当地的就业水平、就业观念；

④竞争对手对劳动力的需求状况；

⑤当地科技文化教育水平；

⑥公司或组织在当地的影响力；

⑦公司或组织对短期员工的供给状况；

⑧公司或组织的住房、交通、生活、办公条件。

全国性的因素包括：

①全国劳动人口的增长趋势；

②全国各类人力资源的需求趋势；

③全国各类高校会展及相关专业的毕业生规模与结构；

④国家就业政策与法规的因素；

⑤教育制度的因素；

⑥海外留学人员的规模与趋势。

4. 编制人力资源规划

在充分做好了前述工作之后，人力资源规划部门接着根据组织的战略规划、年度计划及各业务计划，以及人力资源的供需预测数据，编制组织的人力资源总规划，制定人力资源供求平衡的政策措施，以及人力资源的业务规划和年度计划及具体行动方案。在此过程中，需要坚持一致性的原则，使人力资源各个层次的规划都和组织的各个层次规划保持一致，落实人力资源计划。

5. 人力资源规划的实施

人力资源规划按照组织审批流程确定下来之后，应立即开始实施。实施人力资源规划应当明确实施主体、实施步骤、及时检查、反馈和控制进程。在实施前要做好准备工作，主要包括资源准备、组织准备、思想准备及制度准备等。在实施过程中要明确实施的主体和责任人，人力资源部门应定期组织开展人力资源规划实施进度检查，掌握第一手信息。同时，建立实施反馈机制。通过反馈，可以知道原来规划中的内容哪些需要修订，哪些需要加强，通过一线真实的情况反馈，来有效控制人力资源规划的进程。

6. 人力资源规划评估

人力资源规划评估一般是在人力资源规划实施之后进行的，目的是对人力资源规划的关键控制点（如组织的经营战略、人力资源状况、内外部环境特征等）进行评估，以便及时反馈调整意见，促使人力资源规划在执行过程中成功实现目标。人力资源规划评估的内容主要包括三个方面。

首先是对基础层面的评估，主要评估人力资源规划制订的基础性内容。例如，人力资源规划过程是否经过充分论证，关键性数据支持如何？是否对组织内、外部环境进行了客观评价与预测？人力资源规划的人员、资金等资源保障如何？人力资源规划是否在所有层次上的管理人员中充分沟通？是否持续、有效地贯彻实施规划？人力资源规划与总体战略目标的关联度如何？等等。

其次是对实施层面的评估。主要评估内容包括：人力资源规划是否由高层管理者直接推动？工作职责与分工是否明确？组织实施的各个部门与人员是否协调一致？规划的执行是否有效缓解了业务部门的人力资源困境？人力资源规划的成本预算与执行期间的决算是否一致？组织管理层对人力资源规划的实施方案的信心和预计成果的重视程度如何？人力资源规划的实施是否符合供需的预测之间的差距？等等。

最后是对技术手段层面的评估。人力资源规划过程中使用了哪些信息技术、分析技术和控制技术？这些技术手段是否紧密结合了企业或组织的实际情况？人力资源管理信息系统的实用性与有效性如何？等等。

开展人力资源规划评估活动，核心目的是要检测人力资源规划实施过程中是否忠实地执行了规划的内容，规划本身是否合理，以及检测本规划实施的结果是否达到了规划的预期。

从信息收集到规划评估的六个步骤，是人力资源规划的一般流程。在具体人力资源实践过程中，人力资源战略规划的制订、年度计划的制订，以及每一个具体业务规划的制定在程序上及责任主体上还有一定区别（详见图2－4、图2－5）。

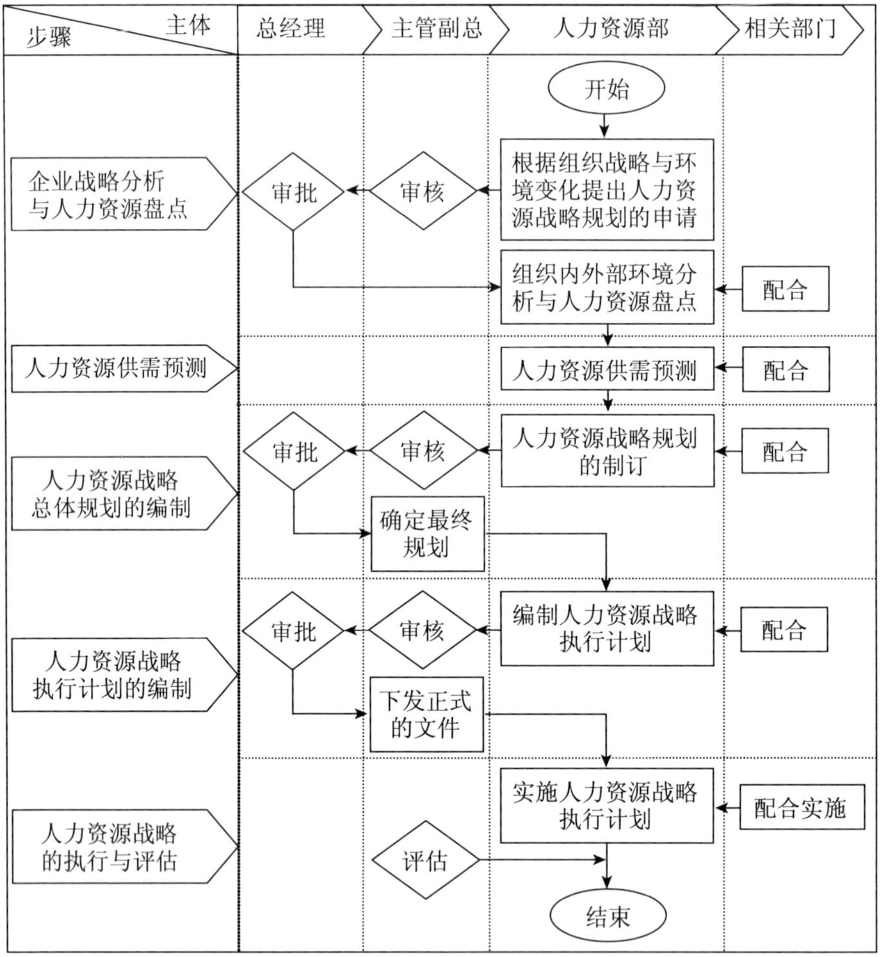

图2－4　人力资源战略规划流程①

在人力资源战略规划流程图中，需要注意的是：人力资源战略规划是在组织战略与环境发生变化的情况下做出的对未来较长时间内的人力资源的总体规划，因此，人力资源战略规划需要由组织高层领导决策与驱动，人力资源部可以作为发起单位提请管理高层审批。在组织确定立项后，即由人力资源部主导开展组织战略分析与人力资源盘点，并在相关业务部门的配合下进行人力资源供需的预测，拟订人力资源战略规划，报请主管领导审核，总经理审批。审批

① 王瑞永．中小企业人力资源管理精细化设计全案［M］．北京：人民邮电出版社，2011：102．有部分改动．

通过后方能进一步制订战略规划的执行计划，执行计划报请管理高层审批通过后，进入执行阶段。执行期间，上级领导应组织人员对人力资源战略规划的执行进行定期和不定期的评估，有效控制执行进程，实现规划目标。

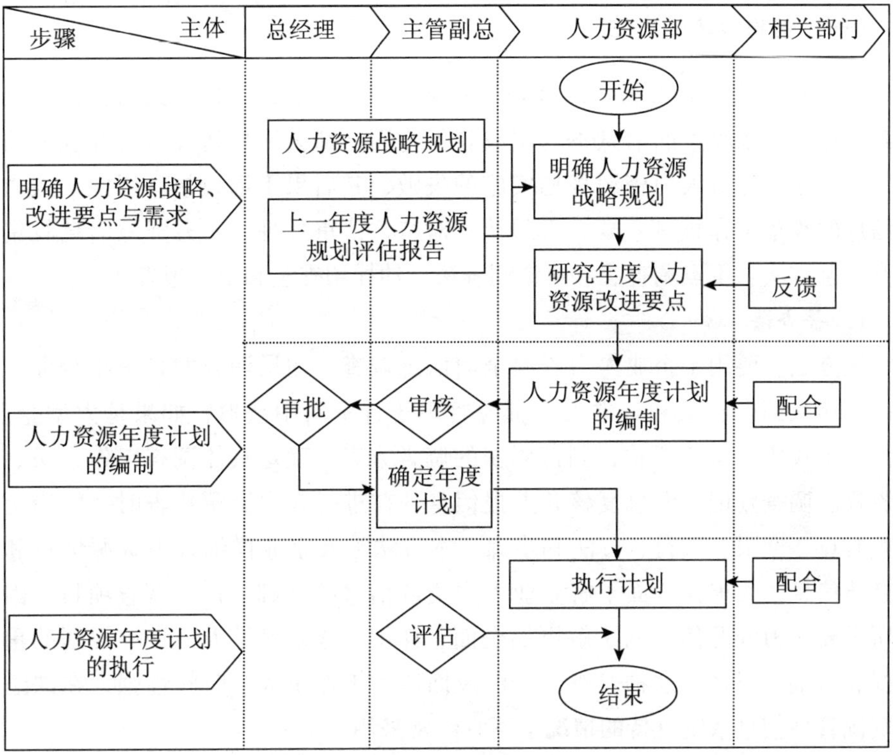

图 2-5　人力资源年度计划流程[①]

在人力资源年度计划流程图（图 2-5）中，需要注意的是：人力资源年度计划必须在明确组织人力资源战略规划与上一年度人力资源规划评估报告基础上展开本年度的人力资源规划改进研究，并据此展开人力资源年度计划的编制工作，编制好以后要报分管领导审核并报总经理审批，确定下来年度计划之后，开始执行。执行期间，上级领导应组织人员对人力资源年度计划的执行进行定期和不定期的评估，有效控制执行进程，实现年度目标，并提出下一年度的人力资源规划的改进建议。在人力资源年度计划的各个环节中，相关业务部门的支持与配合依然十分重要。

---

①　王瑞永. 中小企业人力资源管理精细化设计全案［M］. 北京：人民邮电出版社，2011：105. 有改动.

二、人力资源规划的方法

（一）信息收集的方法

人力资源信息是人力资源规划的基础，收集信息的工作是人力资源规划的基础工作。如果收集的信息不真实或者不全面，都会影响到人力资源规划的决策，甚至还会导致人力资源规划实施的失败，其后果不堪设想。因此，人力资源信息的收集工作极其重要，必须认真对待，慎重处理。人力资源信息收集方法有：普查法、重点调查法、典型调查法、抽样调查法和统计报表法等。

1. 普查法

该方法主要用于企业人力资源全面信息调查，如果调查的是中小企业，就可以直接从调查对象和日常人力资源管理统计资料中获取；如果是大型企业，就需要正式成立调查机构，制订周密的调查方案，确定具体调查工作人员、工作流程、调查登记、汇总复核和上报信息。在进行人力资源普查时，应当统一调查时点、期限、项目、方法和步骤。本方法涉及企业详细人力资源信息和生产经营信息，要求在全面了解企业人力资源信息的基础上设计调查项目，因此对所需要人力资源信息的了解更加全面、详细，这是科学人力资源规划的重要前提和基础，但是，这种普查由于涉及面广、工作量大、时间性强，在缺乏人力资源管理信息系统支持的情况下不宜经常采用。

2. 重点调查法

如果人力资源规划对象在某些部门较为集中，或者某类人力资源是本次人力资源规划的重点，就可以对人力资源信息采用重点调查方法。即对人力资源规划对象集中的部门或规划中的重点人力资源进行相关信息收集，以降低采用全面普查所需要的高额信息收集费用。一般来说，重点调查的部门是指在企业的人力资源规划中举足轻重，有较大影响力的部门。一般重点部门中的调查项目指标在规划中所占比例较大，足以反映企业总体状况。

3. 典型调查法

人力资源信息的典型调查法与重点调查法是两种不同的调查方法，典型调查法是从全部调查对象中选择一批具有代表性对象的进行调查，而重点调查则是选择一批重点对象进行调查。典型调查只对很少的一批具有代表性的典型单位进行周密而系统的调查，调查范围小，便于调查的深入，以获取第一手的调查信息。由于该调查方法花费人力、物力少，收效快，获取信息详细可靠，是一种经常采用的调查方法。典型调查的应用主要是为了对需要了解的问题进行深入具体的分析，以弥补普查和报表调查中的信息量不足，或用于对总体指标数值的推断。在利用典型数据对总体指标数据进行推断时，要注意典型对象与非典型对象之间的差异及推断的误差，保证典型调查部门的代表性。如果是对一般情况的了解，就可以选择中间状况部门为调查部门。如果要了解一些新情况新问题，就需要选择容易发生新情况和新问题的部门进行调查。如果要了解某些成功或失败的信息，就应该对那些成功或失败的部门进行调查。如果调查部门之间差异较大，就需要对部门分类以后，再选择典型调查部门。典型调查的目的是要从调查部门中找出典型的特征，以说明其他同类型部门的变化情况和规律，揭示各种人力资源总体现象的内在矛盾，找出解决问题的关键所在。

4. 抽样调查法

抽样调查是按照随机抽样原则在调查对象中抽取部分调查对象进行调查，以调查结果来推论总体状况。抽样调查由于建立在科学、严谨的概率论和数理统计的理论基础之上，采取了随机抽取样本的方法，因此排除了人为主观因素的干扰，并通过对样本数量的控制来控制抽样调查的误差。故抽样调查可以在节约人力、物力和时间的情况下，获取一定的样本调查资料对整体进行推断。要使抽样调查保持这些优点，就需要在调查中按照随机抽取样本的原则进行。通常采用的随机抽样方法有差距抽样、类型抽样等。差距抽样通常将总体中的所有调查对象按一定的次序排列好，然后按相等间隔或比例抽取必要的调查对象，以保证被抽取对象在总体中的均匀分布。类型抽样法一般将人力资源按专业或某种特征分成若干类别，然后在各类别中进行抽样调查。

5. 统计报表法

目前国内大多数企业都按照国家统计部门和主管部门的要求建立了较为完整的人力资源统计体系，定期按照统一的格式、指标和内容填报相关人力资源信息，有的企业还根据自身发展的需要，建立了内部人力资源统计体系。这些统计信息报表都是企业人力资源信息的原始记录和直接反映，是人力资源信息调查的重要依据。需要注意的是，为了保证统计信息报表的真实性，本方法只适用于已经建立、健全了各种原始记录、台账和完整核算体系的企业。

（二）人力资源需求预测的方法

对人力资源需求进行预测的方法很多，但不外乎两大类：第一类是定性方法，包括经验预测法、微观集成法、工作研究法和德尔菲法等；第二类是定量方法，包括趋势分析法、回归分析法、比率分析法、劳动生产率分析法等。在实际预测过程中，一般将多种方法结合起来进行预测，以确保预测结果更加准确。

1. 定性预测方法

(1) 经验预测法

经验预测法是一种最为简单的预测方法，是由管理人员根据自己以往的经验和对人力资源影响因素的未来变化趋势进行判断，进而对人力资源需求情况进行预测。在实际操作中，一般先由各个部门的负责人根据本部门未来一定时期内的工作量情况，测算本部门的人力资源需求，然后再汇总到企业最高层管理者那里进行平衡，以确定企业最终需求。这种方法靠管理人员的经验，因此要求管理人员具有丰富的管理经验，而且主要适用于规模较小或经营环境稳定、人员流动不大的企业。

(2) 微观集成法

微观集成法一般通过“自上而下”和“自下而上”两种方式相结合来开展人力资源需求预测的工作。“自上而下”是指由组织的高层管理者先拟订总体用人计划和目标，然后逐级下达到各职能部门，开展讨论和进行修改，再将有关意见汇总后反馈回高层管理者，由高层管理者进行修改后，予以公布。“自下而上”是指组织各部门根据本部门发展需要预测未来人员的需求量，然后由人力资源部门汇总，最后根据企业经营战略形成总的预测方案。“自上而下”的方式主要依赖组织的高层领导者做出判断，这就要求领导者应该对组织的发展方向、各方面的情况、组织发展目标和运行情况有明确和清醒的认识。而“自下而上”的方式则依赖各部门和各层次的直线经理，靠其经验和判断对未来人力资源需求做出预测。“自上而下”和“自下而上”两种方式，往往被同时使用，以提高预测的精度。

(3) 工作研究法

工作研究法是基于工作分析的预测方法。人力资源部门在分析和确定组织未来任务和组织流程的基础上，确定组织的职位设置情况，然后根据岗位职责，计算每个职位工作量及相应的人员数量。工作研究法的关键是工作量的计算和分解，因而必须制订明确的岗位用人标准及职位说明书。

(4) 德尔菲法

德尔菲法，又称专家预测法，是邀请某一领域的一些专家或有经验的管理人员对某一问题进行预测，经过多轮反馈并最终达成一致意见的结构化方法。“德尔菲”一词，是古希腊神话中可预知未来的阿波罗神殿所在地的地名。美国兰德公司在20世纪40年代以“德尔菲”为代号，研究如何通过控制反馈更为可靠地搜集专家意见，德尔菲调查法因而得名。使用该方法的目的是通过综合专家们各自的意见来预测某一方面的发展趋势。

德尔菲法的具体做法是：专家背靠背，分别提出各自的预测；调查组织者综合专家的上述意见，并再次提供给专家（也可以是另外一些专家），如此反复，直到形成可行的、一致的预测结果（见图 2 –6）。在人力资源需求预测方面，德尔菲法具有方便、可信，能够在缺少资料，且其他方法难以完成的情况下成功进行预测的优点。

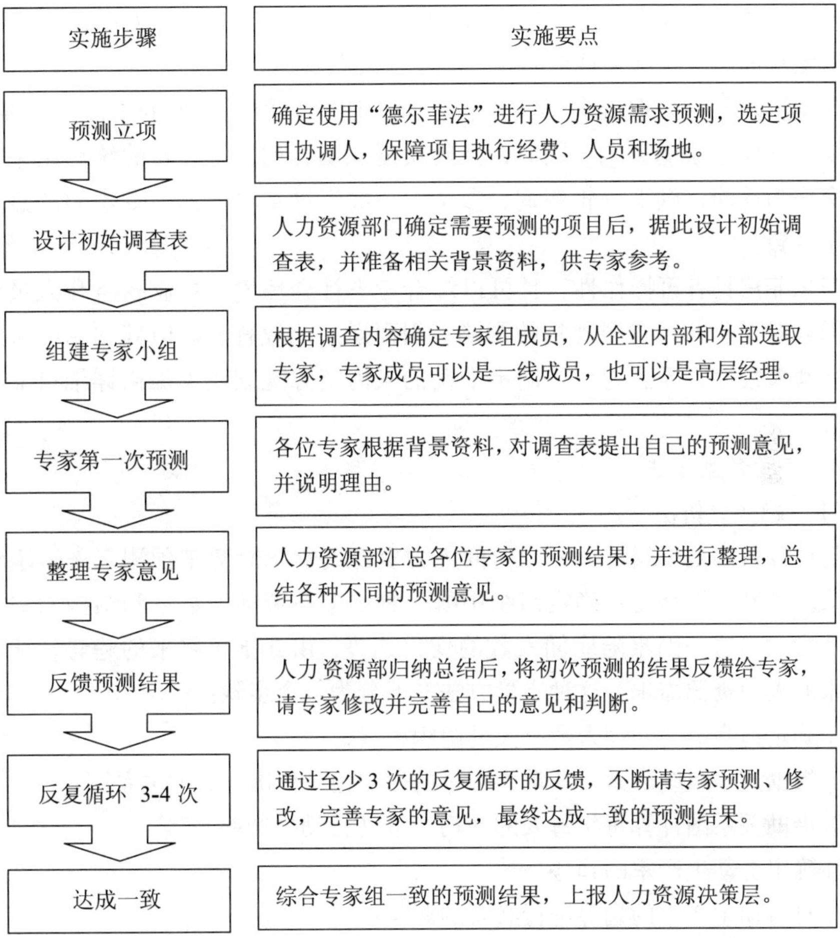

图 2 –6　德尔菲法的实施步骤和要点

运用德尔菲法，需要注意以下关键环节：

①专家选择：可以选择在计划、人事、市场、生产和销售部门任职的经理作为专家，也可以选择在高校、科研院所从事相关领域研究的专家。专家要求具有代表性，专家组的人数应根据问题重要性和复杂性确定，人数越多，片面性越小，一般以 10 ~ 15 人为宜。

②协调人选择：由于本方法需要反复和专家沟通，并及时总结归纳专家意见、修正调查问题，因此需要一个协调者在专家之间进行信息传递、归纳和反

馈。协调人本身也应当是本领域的专家，能和相关领域专家沟通，并做出科学判断和总结。

③分析资料的准备：人力资源部门应该为专家提供充分的信息，包括已经收集到的资料和有关统计分析结果，目的是使专家们能够做出比较准确的预测。

④问卷设计：问卷设计应当清晰明白，所提出的问题应该尽可能简单易懂，保证专家从同一个角度去理解问题，避免造成误解和歧义。

⑤预测环节：采取匿名形式进行咨询，使参与预测咨询的专家互不通气，避免受到其他专家的影响。同时，几轮反复发函咨询，每一轮的统计结果都寄回专家作为反馈，供下一轮咨询、参考。一般经过 4 轮咨询，专家们的意见可以趋于一致。

德尔菲法具有可操作性，且可以综合考虑社会环境、企业战略和人员流动三大因素对企业人力资源规划的影响，因而运用比较普遍。但其预测结果具有主观性和模糊性，无法为企业制定准确的人力资源规划政策提供详细可靠的数据信息。

2. 定量预测方法

(1) 趋势分析法

趋势分析法是根据过去一定时间人力资源的需求趋势来预测未来需求情况的方法。其基本思路是：确定组织中哪一种因素与劳动力数量和结构的关系最大，然后找出这一因素随雇佣人数的变化趋势，由此推出将来的趋势，从而得到将来的人力资源需求。这种定量方法一般分为六个步骤：

①确定适当的与雇佣人数有关的组织因素；

②根据这一组织因素与劳动力数量的历史记录作出二者的关系图；

③借助关系图计算每年每人的平均产量（劳动生产率）；

④确定劳动生产率的趋势；

⑤对劳动生产率的趋势进行必要的调整；

⑥对预测年度的情况进行推测。

趋势分析法这是一种定量分析的方法，选择与劳动力数量有关的组织因素是需求预测的关键一步。组织因素应该与组织的基本特性直接相关，同时，所选因素的变化必须与所需雇员数量变化成比例。通过数据分析，得出一个较准确的劳动生产率，从而估计出劳动力的需求数量。在运用趋势分析法时，可以完全根据经验进行估计，也可以利用计算机进行分析来做出预测。

作为人力资源预测的一种工具，趋势分析法有很重要的价值，但是，仅仅使用该方法还不够，因为一个组织的人力资源使用水平很少只由过去的状况决定，而其他因素（如销售额、生产率变化等）也会影响到组织未来的人力资源需求。因此，该方法得出的结果，可以作为一种趋势来参考，而不能认为是完全准确而机械地加以执行。

（2）回归分析法

回归分析法是通过绘制散点图寻找、确定某事物（自变量）与另一事物（因变量）之间的相关关系，来预测组织未来对人力资源需求数量的方法。如果两者是相关的，那么一旦组织能预测出其业务活动量，就能预测出自身的人员需求量。回归分析中，当研究的因果关系只涉及因变量和一个自变量时，叫作一元回归分析；当研究的因果关系涉及因变量和两个或两个以上自变量时，叫作多元回归分析。同时，回归分析中，又依据描述自变量与因变量之间因果关系的函数表达式是线性的还是非线性的，分为线性回归分析和非线性回归分析。通常线性回归分析法是最基本的分析方法，遇到非线性回归问题，可以借助数学手段化为线性回归问题处理。

（3）比率分析法

比率分析法是通过计算某种组织活动因素和该组织所需人力资源数量之间的比率来确定未来人力资源需求的数量与类型的方法。例如，教育部门的师生比、销售数量和销售人员数量比、单位食堂炊事人员与就餐人员比，等等。一些大企业有着严格的劳动定员管理标准，这些标准也可以用于比率分析法。长期从事员工管理工作、具有实际经验的组织领导者，在组织的工作任务与条件有所改变时，能把类似环境下类似组织的一些数据拿来作为参考，从而对本组织的人力资源需求量做出修正。一些岗位的资深人员也能够就此提出比较准确的估测值。

（4）劳动生产率分析法

这是一种通过分析和预测劳动生产率，进而根据目标生产/服务量预测人力资源需求量的方法。因此，这种方法的关键部分是如何预测劳动生产率。如果劳动生产率的增长比较稳定，那么预测就比较方便，其效果也较好。这种方法适用于短期预测。

（三）人力资源供给预测的方法

人力资源供给预测主要涉及两个方面：一是组织内部人力资源供给预测，二是组织外部人力资源供给预测。

1. 组织内部人力资源供给预测方法

组织内部人力资源供给预测常用的方法有人员接替图法、马尔可夫分析法和档案法等。

（1）人员接替图法

人员接替图法又叫作人员继任计划法，是预测管理人员内部供给的最简单的方法。这一方法的操作步骤如下。

①确定人员继任范围，即确定需要制订继任（接替）计划的管理职位；

②确定每个管理职位上的接替人选，所有可能的接替人选都应该考虑到；

③评价接替人选，主要是判断其目前的工作情况是否达到提升要求，可以根据评价的结果将接替人选分成不同的等级，如分成可以马上接任、尚需进一步培训、问题较多三个级别；

④确定职业发展需要，并结合个人的职业目标与组织目标，对接替人选进行必要的培训，使之能更快地胜任将来可能从事的工作；

⑤将上述继任计划在组织结构图上表示出来（见图2－7）。

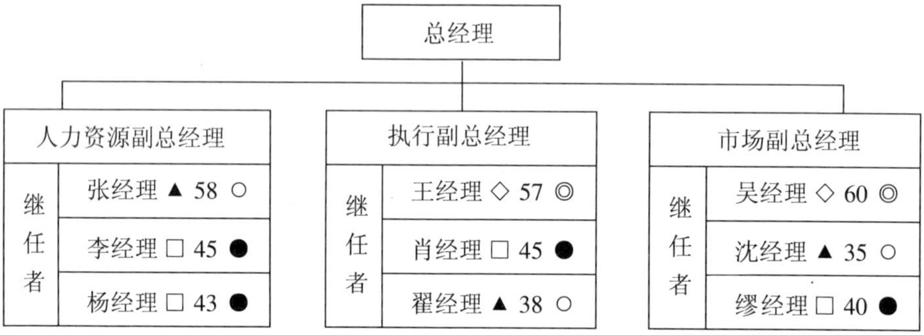

说明：每一位继任者后的三个符号分别是：目前表现、年龄和晋升潜力。目前表现：▲为优秀，□为良好，◇有待改进；晋升潜力：○为可以提升，●经过培训后可以提升，◎有问题

图2－7　人员接替图法的继任者计划图

（2）马尔可夫分析法

马尔可夫分析法（Markov Analysis）又称为马尔可夫转移矩阵法，是指在马尔可夫过程的假设前提下，通过分析随机变量的现时变化情况来预测这些变量未来变化情况的一种预测方法。

马尔可夫分析法起源于俄国数学家安德烈·马尔可夫对成链的试验序列的研究。马尔可夫分析法应用于人力资源管理领域，是组织内部人力资源供给预测的一种方法。在具体运用中，假设给定时期内从低一级向上一级或从某一职位转移到另一职位的人数是起始时刻总人数的一个固定比例，即转移率一定，在给定各类人员起始人数、转移率和未来补充人数的条件下，就可以确定出各类人员的未来分布状况，做出人员供给的预测。这种分析方法通常通过流动可能性比例矩阵来进行预测某一岗位上工作的人员流向组织内部另一岗位或离开的可能性。简言之，就是找出过去人事变动的规律，以此来推测未来的人事变动趋势。

马尔可夫分析法的第一步是做人员变动矩阵表，表中的每一个数据表示一个时期到另一个时期（如从某一年到下一年）在两个工作之间调动的人员数量的历年平均百分比（以小数表示）。一般以 5～10 年为周期来估计年平均百分比。周期越长，根据过去人员变动所推测的未来人员变动就越准确。以某会展公司为例，表 2－1 表明，在任何一年里，平均 80% 的高层领导人仍留在公司内，而有 20% 退出。在任何一年里，大约 65% 的策划师仍留在原工作岗位，15% 被提升为高级策划师，另有 20% 离职。用这些历年数据来代表每一种工作中人员变动的概率，就可以推测出未来的人员变动（供给量）情况。

表 2－1　某会展公司人员变动矩阵表

	人员变动概率				
	高层管理者	基层管理者	高级策划师	策划师	离职
高层管理者	0. 80				0. 20
基层管理者	0. 10	0. 70			0. 20
高级策划师		0. 05	0. 80	0. 05	0. 10
策划师			0. 15	0. 65	0. 20

第二步，将计划初期每一种工作的人员数量与每一种工作的人员变动概率相乘，然后纵向相加，即得到组织内部未来劳动力的净供给量（见表 2－2）。如果下一年与上一年相同，可以预计下一年将有同样数量的高层领导人（40 人），以及同样数目的高级策划师（120 人），但基层管理者将减少 18 人，策划师将减少 50 人。这些人员变动的数据，与正常的人员扩大、缩减或维持不变的计划相结合，就可以用来决策怎样使预计的劳动力供给与需求相匹配。

表 2－2　某会展公司内部供给预测

	初期人员数量	高层管理者	基层管理者	高级策划师	策划师	离职
高层管理者	40	32				8
基层管理者	80	8	56			16
高级策划师	120		6	96	6	12
策划师	160			24	104	32
预计人员供给量		40	62	120	110	68

（3）档案法

档案法主要通过对组织内人员的档案资料进行分析，来预测组织内人力资源的供给情况。档案中通常包括了员工的年龄、性别、工作经历、受教育经历、技能等方面的资料，更完整的档案还包括员工参加过的培训课程、本人的职业兴趣、业绩评估记录（包括对员工各方面成绩的评价、优点和缺点的评语）、发明创造及发表的学术论文或获专利情况等信息资料。这些信息对企业的人力资源管理具有重要作用，例如，可以用于确定晋升人选、制订管理人员继任计划、对特殊项目的工作分配、工作调动、培训人员的选择和培训需求的确定、制订，工资奖励计划、制订职业生涯规划和进行组织结构分析等。很多企业的人事档案的开发和利用率很低，远未发挥其应有的作用。目前，计算机和网络技术的飞速发展，使越来越多的会展企业采用人力资源管理信息系统，不仅大大提高了人力资源管理的效率，而且可以存储更多的人员信息，更方便地利用人员电子档案预测组织内部的人力资源供给。

2. 组织外部人力资源供给预测方法

组织外部人力资源供给预测主要是测算未来几年里外部劳动力市场的供给情况，因此，不仅要调查组织所在地域的人力资源供给情况，还要调查同行业或同地区其他组织对人力资源的需求情况，这是一项复杂的工程。但是，这个“复杂工程”对组织制订人力资源具体计划有着十分重要的作用。

组织外部人力资源供给的渠道主要有高校及技职校应届毕业生、复员转业军人、失业人员、流动人员、其他组织在职人员。其中，高校及技职校毕业生的供给相对来说较为确定，主要集中于夏季，且其数量和专业、层次、学历等数据均可以通过各级教育部门获取，预测工作相对容易。复员转业军人由国家指令性安置，也比较容易预测。困难的是对城镇待业和流动人员的预测，需综合考虑这些人员的就业心理、国家就业政策、政府对农村劳动力进城务工的限制及其他一些因素。对于其他组织在职人员的预测则需考虑诸如社会心理、个人择业心理、组织本身的经济实力及同类人员的福利、保险、工资、待遇等因素。组织应在可能提供的待遇的基础上科学地预测外部人员的可供给量。

组织外部人力资源供给预测的常用方法有资料分析法和调查法等。

（1）资料分析法

人力资源部门可以通过互联网及国家和地区的统计部门、劳动和人事部门发布的一些统计数据，及时了解人才市场信息，另外，也应及时关注国家和地区的政策法律变化。运用所掌握的最新资料信息，进行宏观分析，得出了劳动力市场供求关系较为准确的结论。

（2）调查法

人力资源部门可以就自己所关注的人力资源状况开展调查。除了与猎头公司、人才中介所等专门机构保持长期、紧密的联系外，还可以与高校保持长期的合作关系，以便密切跟踪目标生源的情况，及时了解可能为组织提供的目标人才状况。

(四) 人力资源规划评估的方法

1. 利益相关者方法

利益相关者是指任何一个影响组织目标完成或受其影响的团体或个人(包括雇员、顾客、供应商、股东、银行、政府等)。利益相关者本质上是组织内部或外部关心组织的一个集团，债权人、供应商，雇员和所有者都是利益相关者。利益相关者方法的核心是确定人力资源服务的关键使用者或相关利益者的满意度，利益相关者的满意程度正是组织人力资源规划业绩的核心评价指标。

每个利益相关者都有不同的有效性标准，因为他在组织中有不同的利益，每个利益相关集团都必须考虑了解组织是否按他们的观点完成得更好。因此，开展利益相关的调查分析，能为组织提供了一个全面的有效性评价，促使科学开展人力资源规划。

2. 绩效分析法

人力资源规划服务于组织目标，人力资源规划是否科学，直接关系到组织绩效。因此绩效分析法被广泛地应用于人力资源规划评估实践之中，通过对人力资源工作绩效的调查取样，能加强人力资源部门、规划制订者及相关从业人员的沟通，宣传组织成功的人力资源规划政策。绩效分析法是一种低成本的评估方法。

3. 成本控制法

成本控制是人力资源规划必须研究的关键问题之一，员工工资和福利的总成本的上升与企业竞争力的下降有着直接的关系。一般的人力资源成本包括雇用、培训和开发、薪酬、福利、公平雇用、劳动关系、安全和健康、人力资源整体成本等。测算人力资源成本并将其与标准成本相比较，评估人力资源规划，是提升人力资源规划质量的重要方法。

4. 离任审计法

通过离任审计方式，进行人力资源规划的评估，是一种被广泛采用的评估方法。通过离任审计，可以获得大量有价值的人力资源规划信息，了解规划中的问题与关键。

第三节　会展人力资源信息系统

一、人力资源信息系统的定义

人力资源信息系统（Human resource information system，HRIS）是指企业为了对人力资源管理的所有领域提供支持而用于收集、汇总和分析有关人力资源信息的系统。人力资源信息系统应涵盖从人力资源规划、招聘、选拔到薪酬管理、培训与开发等全部环节，并提供各种查询统计功能与报表输出功能。

一个有效的人力资源信息系统能够动态直观地反映企业人力资源的现状，并为人力资源管理提供高效的决策信息支持。一般而言，在规模较小的组织中，使用人工的档案管理和索引卡片就可以满足人员管理的基本需求；而对于规模较大的组织，人工管理人事资料的方法根本无法应对日益复杂的人力资源信息工作，而需要采用计算机化的信息系统对人力资源各方面的信息进行收集、整理、分析和评估。

在人力资源管理中，信息技术和管理技术的有机结合，使人力资源管理人员能够从烦冗的日常事务性工作中解脱出来，从而在复杂多变的环境中应对自如。因此，通过实现人力资源管理的信息化，企业的人力资源管理工作效率能够得到有效提升，人力资源管理业务流程得到科学规范地执行，在为企业决策者、管理层和员工提供增值服务等方面都能收到良好的效果。

会展项目的各个环节都离不开人的参与，人力资源是关系到项目管理成功与否的决定性因素之一。良好的人力资源管理与开发将直接改善一个项目的内外部环境，优化业务流程，提升竞争能力。引进和构建人力资源管理信息系统，针对会展产业活动开展专门化、个性化的人力资源管理活动，对于会展企业来说具有重要价值。通过开发或者引入集成性的人力资源管理系统，企业可以整合现有的管理资源，为其他管理系统提供基础平台。同时，集成性的人力资源管理系统可使企业实现电子化操作和无纸化办公，大大减少办公费用和人工费用等方面的成本支出，如员工考勤、薪资计算等。较之手工管理，信息技术的应用将大大降低例行性工作占用人力资源管理人员时间的比例，无疑会极大地提高人力资源管理部门的工作效率。

二、人力资源信息系统的内容和基本功能

（一）人力资源信息系统的内容

人力资源信息系统是从组织目标出发，对与职务和职员有关的工作信息进行收集、保存、分析和报告的整个过程。例如，记录职位和员工代码、员工的知识与技能、行业工作经验、培训方式、调职意愿、个性特征和绩效评估结果等。

一个完善的企业人力资源信息系统应当包括以下内容。

（1）企业战略、经营目标及常规经营计划信息，根据这些内容可确定人力资源规划的种类及框架。

（2）企业外部的人力资源供求信息以及这些信息的影响因素。例如，外部劳动力市场上各类人员的供求状况及未来趋势、各类需求人员的供职条件、国家政府部门对劳动用工制度的政策法规等，都会对企业人力资源规划产生影响。

（3）企业现有人力资源的信息。只有在及时、准确、客观、简明、相关、完整的人力资源信息的基础上，才能制订出最有效的人力资源规划。一般来说，人力资源信息包含下列内容：

①自然状况：性别、年龄、民族、籍贯、体重、健康状况等；

②知识状况：文化程度、专业、学位、所取得的各种证书、职称等；

③能力状况：表达能力、操作能力、管理能力、人际关系协调能力及其他特长的种类与等级；

④阅历及经验：做过何种工作，担任何种职务，及任职时间、调动原因、总体评价；

⑤心理状况：兴趣、偏好、积极性水平、心理承受能力；

⑥工作状况：目前所属部门、岗位、职级、绩效及适应性；

⑦收入情况：工资、资金、津贴及职务外收入；

⑧家庭背景及生活状况：爱人情况及偏好，家庭职业取向及个人对未来职业生涯的设计等；

⑨所在部门使用意图：提留、调、降。

根据人力资源信息系统，可综合开发一系列对企业人力资源决策的高价值信息成果，如人力分布、结构、积极性及冗员的分析报告等。

（二）人力资源信息系统的基本功能

人力资源信息系统不仅能对人力资源管理者提供强大的功能支持，而且还

具有针对企业内部人员的扩展管理功能。从宏观上看，人力资源信息系统解决方案主要包括两个方面的功能：一是面向人力资源管理者的信息收集、处理、决策功能，具体包括人力资源规划、招聘管理、人事信息管理、劳动合同管理、考勤管理、休假管理、绩效评估、培训与开发、薪资福利管理、离职管理等；第二是面向其他管理者及普通员工的信息服务和互动决策功能，具体包括总经理自助服务、直线经理自助服务、员工自助服务等。从微观上看，人力资源信息系统具体包括十个方面的核心功能（见图2－8）。

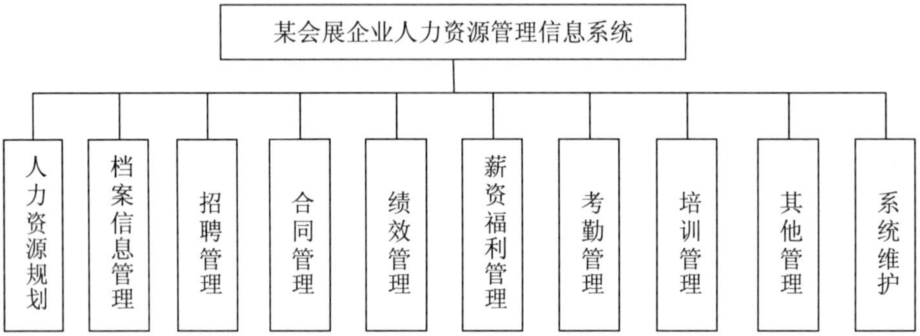

图2－8　某会展企业人力资源管理信息系统的功能框架

1. 人力资源规划与决策功能

①定义与变更企业的组织结构，并输出组织结构图；

②在工作分析的基础上，对企业设定的职位进行全面管理，可生成详细的职务说明书；

③对空缺职位进行管理，可作为招聘计划的重要参考依据；

④根据企业战略发展规划制定相应的企业、部门人力资源计划；

⑤对企业现有人力资源状况进行分析，利于优化各岗位人力资源配置；

⑥定义人力资源成本的计算方式，核算与分析现有人力资源的成本，并结合人力资源计划进行未来人力资源成本的预算；

⑦输出历史人力资源配置状况以及人力资源成本的发展趋势报告，为企业人力资源计划提供决策依据。

2. 员工档案信息管理与查询功能

①员工档案管理与查询；

②新员工注册与资源分配记录；

③对关键员工进行重点跟踪管理；

④员工的各类经历（学习经历、工作经历、培训经历）及技能进行跟踪管理，可按时间、部门等进行查询，为人力资源优化配置提供依据。

3. 人力资源招聘录用的功能

①根据年度人力资源计划，制订招聘计划；
②招聘费用测算、分析和管理；
③招聘方式选择；
④应聘人员档案查询、检索和管理；
⑤面试管理；
⑥批量发送电子邮件或打印通知单将结果通知应聘人员；
⑦录用人员和未录用人员数据管理；
⑧职位空缺信息管理；
⑨招聘活动统计分析，生成汇总报告。

4. 员工劳动合同管理功能

①建立企业劳动合同模板体系，定义各类劳动合同的基本属性及内容；
②记录员工劳动合同的签订、续订、变更与终止情况；
③合同到期自动提示；
④批量打印员工的劳动合同；
⑤提供员工合同情况查询。

5. 员工绩效管理功能

①绩效评估规则的设定、评估表的设计；
②制订评估计划，选择评估对象与评估规则，指定评估负责人与复核人；
③评估结果统计分析；
④员工绩效评估及业绩改善的数据分析；

6. 人力资源薪酬管理功能

①对不同类型员工定义不同的薪资计算公式；
②各类薪资项目及其计算方式的定义与设置；
③薪资的核算、纠错与补发；
④每位员工的企业实际负担成本统计；
⑤薪资数据的查询、输出与打印；
⑥薪资统计与分析。

7. 员工考勤管理功能

①节假日、公休日的设定与管理；
②定义上下班时间与考勤规则；
③员工考勤管理；
④休假到期预警与销假功能；
⑤自动计算和累计员工的假期，生成各类假期的积存余额记录；

⑥对休假情况进行统计与工资折算。

8. 人力资源培训管理功能

①培训实施计划的录入;

②对不同类型的培训（如公开课培训、企业内训、员工自训等）进行个性化管理;

③对常用课程、证书、培训机构与培训地点等进行定义;

④培训与劳动合同联动管理;

⑤培训费用管理;

⑥培训结果统计分析;

⑦培训评估管理。

9. 人力资源其他管理功能

①离职管理;

②CEO 自助服务;

③部门经理自助服务;

④员工自助服务。

10. 系统维护功能

①初始数据的设置与维护;

②系统数据备份;

③系统更新;

④在线维护等。

三、会展人力资源信息系统的构建与实施

（一）会展人力资源信息系统构建与实施步骤

一个有效的人力资源信息系统，其建立和实施过程主要包括以下几个步骤:

1. 可行性研究

在这一阶段，应组织有关方面的专家对开发人力资源信息系统的计划和实施步骤、具体措施进行可行性研究，对人力资源信息系统进行项目开发预算，并对实施后的可能效果进行估计。

2. 组织项目小组

若企业决定购买人力资源信息系统后，就必须组建专门的项目小组。有效的项目小组是成功地选择和实施人力资源信息系统的关键要素。这个项目小组通常包括来自企业几个不同部门的代表，如企业管理人员、人力资源专业人员、

计算机专业人员等。这个项目小组主要负责整个项目的组织协调、进度控制，总体把握人力资源信息系统使用者的需求，明确这个系统的期望功能，选择系统供应商并取得报价，了解信息系统的安装过程，以及对系统进行调试和人员培训等。

3. 确定需求

项目小组需要与高层管理者、各级部门管理者和人力资源管理人员进行充分沟通，并了解他们希望通过人力资源信息系统解决的问题，以确保人力资源信息系统的使命与管理人员对它的需要之间能够很好地匹配。

4. 选择合适的信息系统

面对众多的人力资源信息系统软件，企业在选择适合自身需要的软件时，应该注意以下几个问题。

（1）与企业现行的管理模式相适应

不同企业的组织形式、发展目标和管理模式都不尽相同，其人力资源管理水平也不一样。当企业选择软件时，首先要考虑自身的人力资源管理处于何种水平，然后再考虑哪种软件能满足其管理上的需要。

（2）与企业信息化建设的总体规划相一致

人力资源信息系统是企业管理信息系统的有机组成部分，必须与其他部分相协调，与企业信息化建设的总体规划相匹配。

（3）充分考虑软件供应商的产品服务质量

软件供应商所提供软件产品的性能、服务能力、性价比和长期发展能力等应是企业重要的考察因素。较好的人力资源信息系统应具备用户界面友好、标准兼容、简单易用、性能可靠等特点。

（4）充分考虑人力资源管理的要求

企业所选择的软件应能够满足本地区和行业相关部门对各基层组织人力资源管理的有关政策、标准和规范的要求。

（5）考虑本企业管理人员和员工的素质

软件需要由人员来进行操作和使用，相关人员的素质也直接决定软件所能发挥的作用。而软件的使用可能涉及全部管理者或全体员工，因此，提高相关人员的计算机应用能力十分重要，通常需要“软件未用，培训先行”。

5. 人员培训

要想使人力资源信息系统真正发挥效用，必须对相关人员进行有针对性的培训。培训包括三个不同的层次：一是转变观念，特别是中高层领导的思维方式和管理理念，让他们重视人力资源信息系统，了解系统与功能及运行方式，学会并习惯于通过系统来进行科学的管理；二是专业人员培训，对企业人力资源管理人员进行系统应用和维护的培训；三是对相关人员培训，对企业中所有有机会接触人力资源信息系统的员工进行系统操作方法的培训，这种培训的程度则必须以授权访问系统权限的高低来加以区别。

6. 调试系统

在系统建立完毕之后，项目小组成员就应组织有关人员对该信息系统进行试运行，针对试运行过程中所发现的问题，积极地进行修改和完善。

7. 初始信息输入

在系统调试完成并正式投入使用前，项目小组成员必须组织人力资源管理人员及有关管理部门将以往手工作业的信息逐步输入系统。

8. 正式启动

当所有基本数据和指令都输入系统并完成报告之后，人力资源信息系统项目小组的主要工作就基本结束，人力资源信息系统管理工作由人力资源管理部门根据系统的要求来进行具体的实施。

9. 维护和评价

企业应当专门安排系统维护人员，以保证信息系统的平稳运行。此外，在人力资源信息系统运行一段时间后，还应该对其进行跟踪评价，以不断提高人力资源信息系统的信息质量和管理效果。

（二）会展人力资源信息系统构建与实施的注意事项

在会展企业构建与实施人力资源信息系统的过程中，需要注意以下事项。

1. 项目需要由主要领导全力支持和推动

人力资源管理信息系统的实施不只是人事部门或信息部门的事。为了保证数据的完整、准确和及时，需要企业内各个部门和全体员工的积极配合。同时，采用人力资源管理软件，需要在充分回顾企业政策的基础上，根据先进的人力资源管理理念，从程序到操作进行全面改进。信息系统的构建本质上是对操作流程的再造，将关系到每一个员工的工作方式和方法的变革，如没有企业决策层的参与是很难实现的，因此，构建人力资源信息系统首先必须取得高层管理者的理解和包括预算、人力、时间、决策等的全力支持。

2. 成立项目小组

项目小组应由用户、开发商、咨询公司组成，项目小组中用户的成员应包括各个层面的业务骨干和企业计算机专业人员。项目小组的最高领导人应由用户方参与建设的职位最高的领导担任。该领导应具有权威性，能得到大家的认同，具有强的组织协调能力。为降低项目风险和建设成本，还要邀请有人力资源管理和人力资源信息系统建设经验的咨询公司参与，以协调开发和实施过程出现的问题，参与项目建设的各方共同制订各阶段的项目建设计划，并对计划层层落实。要由咨询公司和用户方的业务人员、计算机人员监督检查各阶段工作完成情况，共同对全过程进行监控。咨询公司还应从先进性和前瞻性上提出对项目建设的建设性意见。

3. 关键成员不能兼职

项目中的组织工作及参加人员直接影响到该项目能否成功开展，因此，项目小组的成员构成不能是一部分人员的简单组合，全体成员都要有相应的职责和权利，关键的成员不能兼职，项目负责人至少要有两个以上人员。由于人力资源信息系统是用计算机软件和硬件工具来进行企业信息的管理，不但需要项目负责人在管理上有专门研究，同时也需要在计算机方面有专门研究，还能在企业内与各个部门进行充分沟通协调。项目建设是一个庞大的系统工程，需要项目各方密切配合，随时沟通，共同商讨所遇到的难点问题。如果各方都派专人参加，就能够保证质量、保证工期。兼职表面上似乎没有耽误原来工作，但往往会由于业务人员工作繁忙，无暇顾及项目建设工作；或者因为不能及时配合和配合不到位，而影响项目建设。所有人员全身心投入，将项目安排得很紧凑，以最短的时间实现目标，才能达到事半功倍的效果。

4. 建立良好的项目组织体系和项目管理制度

项目管理要建立有效的质量保证体系，如实行有效的“问题”处理和监督流程，采用问题日报、周报并按问题分类督办等形式，坚持协调例会和简报制度，统筹安排、协调解决问题，对一些涉及全局的重要问题，召开专题研讨会，专门研究。

项目组分工必须明确，责任必须明确，项目组讨论确定的事宜、布置的任务必须保质保量地完成。为实现各阶段性目标，要有计划、有布置、有落实、有组织、有配合、有检查一环紧扣一环地开展工作。如发生问题，要责任清楚便于整改，不能推诿扯皮，无限制地拖延进度。

5. 与软件设计人员要进行充分沟通

企业自身的需求是人力资源信息系统设计的基础，企业要清楚了解自身的情况和定位，并进行人力资源系统定位。首先要对整体系统的规划有一个明确的目标，准确做好系统实施的范围和应用定位。其次要明确系统应用的重点和步骤。系统的应用需要与企业发展进程相匹配，为企业发展预留技术升级空间。由于人力资源业务的特殊性、复杂性，专业性，同时，人力资源基础管理工作中各种相关信息错综复杂，数据规模很大，对网络条件及系统的性能要求很高，会给项目建设带来很大的难度。因此，软件开发商要全面了解企业各个层次的需求，进行充分的需求调研，找出用户的共性需求和个性化的需求，以及个性需求间的差异，然后从全局的角度考虑软件的总体设计方案，找出设计思路和原理，推出符合会展公司特点和需要的方案。

6. 明确项目的实施目标，做好过程控制

在项目建设过程中，应该明确整个项目的实施计划和目标，做好每一个项目子目标的进程记录，及时反馈问题，调整方案，确保整个项目朝既定目标前进。在过程控制中，做好数据的采集、归档、规范和整理工作，为项目开展提供一手数据资料。

7. 企业要建立自己的辅助实施队伍

辅助实施队伍的组成包括企业主管人力资源工作的经理、人力资源部门的业务人员、企业的计算机专业人员。他们负责实施期间整个项目的组织协调、进度控制、数据采集和数据有效性检查等工作。实施队伍每个成员的工作职责应当明确具体，因为他们将是企业运行人力资源管理系统的主要骨干和技术支持。企业的计算机专职人员，他们要对计算机软件和硬件的维护有一定的了解，并且对企业管理中的某个方面，主要是业务流程结合计算机的应用工作比较熟悉；有一定的编程能力。这主要是考虑实施公司离开了现场，可由企业的计算机人员做技术支持，而不用事事依赖实施方。

8. 培训工作必须到位

对用户的培训应当全面展开，不能有丝毫马虎和差错。培训资料必须标准化，培训教师必须由用户等多方组成的评委确认后方可持证上岗。用户手册的编写必须详尽。一方面，人力资源管理信息系统对信息的准确性、实时性、可靠性、一致性、安全性要求较高。涉及所有与人相关的数据，信息量大且变化频繁。采集的信息与员工的切身利益密切相关，特别是工资计算不能有任何错误。如果数据出现错误，不但会导致前功尽弃，严重挫伤实施人员的工作积极性，还会导致项目的成效和工作准确性被质疑，对整个项目的可靠性产生不利的影响。

总之，人力资源信息系统的构建和实施对会展企业来说是一件十分重大的事情。企业要参与市场竞争，最核心的竞争力来自于人力资源，人力资源信息系统能为企业领导提供及时、准确的人力资源决策数据，实现企业对人力资源成本的有效控制，及时有效地激励员工，管理和提升员工绩效。当然，由于人力资源业务的特殊性、复杂性，人力资源管理的专业性、流程性又很强，所以人力资源管理信息系统的操作较复杂。因此，构建人力资源信息系统，必须关注上述注意事项，使人力资源信息系统的构建与实施万无一失，建好系统，用好系统，充分发挥它的作用，以高效规范的人力资源管理工作服务于企业的战略和发展。

第四节　会展人力资源规划文案范例

会展人力资源规划工作中，需要制作大量规范性文案，经过公司审批流程后，公开发布并执行。因此，不论是文案的形式还是内容，都是十分重要的。本节从相关文献及网络资源中选取了三份核心文案，并对文字进行了重新编辑。人力资源规划的文案需要密切结合公司的实际来做，切不可照搬，本节内容仅供参考。

一、会展人力资源规划管理规范

文案名称	××会展公司人力资源规划管理规范	编号	

××会展公司人力资源规划管理规范

第一章　总则

第一条　为了实现公司战略目标，有效推进公司人力资源规划管理工作的规范化和科学化，使公司在持续发展中获得竞争力，特制订本规范。

第二条　本规范适用于公司高层领导、人力资源部、各职能部门主要负责人。

第二章　职责分工

第三条　公司高层领导按照职责分工，负责审核批准各项人力资源规划文件。

第四条　公司人力资源部负责制定、修改人力资源规划制度，开发人力资源规划工具和方法，制订人力资源规划，并安排专职人员负责监督、指导各部门执行落实。

第五条　公司各职能部门主要负责人应当及时提供真实详细信息的规划需要信息，并及时配合人力资源部完成本部门需求的申报工作。

第三章　工作流程

第六条　人力资源部报请公司领导，按照有关规定，成立人力资源规划工作领导小组，成员由公司高管、各部门负责人、行业专家、人力资源部负责人组成。

第七条　人力资源规划工作领导小组下达人力资源规划编制任务后，人力资源部拟定工作方案。

第八条　人力资源部召集各职能部门负责人上报各部门上一年度人力资源数据和下一年度需求。同时，人力资源规划专职人员应当收集并整理公司各项人力资源规划所需的数据。

续表

文案名称	××会展公司人力资源规划管理规范	编号	

第九条　人力资源部在做好数据准备工作后，组织各部门负责人、邀请行业专家参与讨论，反复数次，达成一致意见后，撰写人力资源规划数据分析报告，并报各职能部门负责人、公司人力资源规划领导小组复核，最后报请公司总经理审核批准。

第十条　公司人力资源部人力资源规划预测人员对企业人力资源的需求和供给情况进行科学的趋势预测统计分析，制作人力资源规划供需预测报告，报请公司领导审核、批准。

第十一条　人力资源规划工作领导小组召集专门工作会议进行人力资源供需平衡决策，进行供需平衡决策。

第十二条　人力资源规划工作领导小组召集各部门召开制订人力资源规划的专项工作会议。会议内容包括：

1. 传达公司人力资源规划供需平衡决策工作组会议决策；
2. 描述公司人力资源总规划；
3. 商讨人力资源总规划，形成《人力资源总规划》（草案）；
4. 商讨人力资源各项具体计划，形成各项具体计划（草案）；
5. 分配人力资源规划各个具体项目的实施单位或工作人员。

第十三条　人力资源部汇总专项工作会议上形成的全部人力资源规划具体项目计划草案，编制年度人力资源规划，报人力资源规划工作领导小组审定，并报请公司总经理批准。

第十四条　由公司人力资源部负责组织实施年度人力资源规划，并与职员进行沟通，保障人力资源规划实施的顺利进行。

第四章　附则

第十五条　人力资源规划工作应当对各项表格和操作流程进行规范管理，及时存档，专人负责。

第十六条　公司《人力资源规划书》应当作为重要机密文件存档，并纳入公司有关商业机密和经营管理重要文件进行管理。

第十七条　本规范的解释权在公司人力资源规划工作领导小组。

编制人		审核人		批准人	
编制日期		审核日期		批准日期	

二、会展人力资源战略规划

文案名称	××会展公司20××—20××年人力资源战略规划	编号	

××会展公司20××—20××年人力资源战略规划

目录

（略）

呈送文

公司总经理：

为全面落实公司战略目标和远景规划，加强人力资源工作的战略管理功能，人力资源部在公司人力资源规划工作领导小组的领导下，组织了全面的调研和分析，依据公司整体发展规划，制定了20××—20××年人力资源战略规划（草案）。现呈报公司总经理批阅，请予以审定。

人力资源部

20××年××月××日

一、 人力资源现状与环境分析

1. 公司背景
2. 公司经营战略分析
3. 公司人力资源现状分析
4. 国内外环境分析

二、 人力资源发展目标

公司20××—20××年人力资源发展目标

指标类别	指标名称	单位	第一阶段目标 20××—20××年	第二阶段目标 20××—20××年
人力资源成本指标	薪酬福利总额	万元		
	培训与招聘支出总额	万元		
	人力资源成本总额	万元		
	人力资源成本/销售收入	%		
人力资源效率指标	人均销售收入	万元		
	人均产值	万元		
	人均利润	万元		
人力资源构成指标	职务系列员工比例	%		
	行政系列员工比例	%		
	技术系列员工比例	%		
	技工系列员工比例	%		
	通勤系列员工比例	%		
	行政及技术系列本科以上学历比例	%		
	技工系列大专以上学历比例	%		

续表

文案名称	××会展公司20××—20××年人力资源战略规划	编号	

续表

指标类别	指标名称	单位	第一阶段目标 20××—20××年	第二阶段目标 20××—20××年
人力资源可持续发展目标	中高层管理人员继任计划覆盖率	%		
	中高层管理人员主动离职率	%		
	核心岗位人才储备计划覆盖率	%		
	核心人才主动离职率	%		
	人才储备培训人次	人次		

三、 人力资源配置的原则

1. 能级对应原则
2. 优势定位原则
3. 动态调节原则
4. 内部为主原则

四、 公司第一阶段人力资源配置方案 （略）

五、 公司第二阶段人力资源配置方案 （略）

六、 公司人力资源开发与管理规划 （略）

编制人		审核人		批准人	
编制日期		审核日期		批准日期	

三、会展人力资源年度工作计划

文案名称	××会展公司20××年度人力资源工作计划	编号	

××会展公司20××年度人力资源工作计划

目录

（略）

呈送文

公司总经理：

为切实做好公司人力资源管理工作，加强人力资源工作的计划性，人力资源部依据公司20××年度整体计划和人力资源战略规划，以本部门上一年度工作情况为基础，制定了20××年人力资源工作计划。现呈报公司总经理批阅，请予以审定。

人力资源部

20××年××月××日

续表

文案名称	××会展公司20××年度人力资源工作计划	编号	

一、 20××年度人力资源管理工作总体目标

依据本年度工作情况与上年度存在的不足，并结合目前企业发展状况和趋势，人力资源部从12个方面着手开展本年度工作：

1. 对企业人员流动比率进行合理控制，协调处理好劳资双方关系，确保企业稳定发展；

2. 做好日常人力资源招聘、配置工作，以平衡人力供求；

3. 完善员工薪酬结构，推行薪酬管理，实行科学公平的薪酬制度；

4. 做好员工福利管理和激励工作，创建内部升迁制度，协助员工做好职业生涯规划；

5. 以现有绩效考核制度为基础，参考先进企业的绩效考评办法，完善并保证绩效评价体系的正常运行，并使其与薪酬挂钩，以提高绩效考核的权威性、有效性，保证考核的公平；

6. 完善企业组织结构，区分并确定各职能部门的权责，尽量保证组织结构的科学性；

7. 加强员工岗位知识、技能和素质培训，加大内部人才开发力度；

8. 完善人力资源部门自身建设和组织职能，提升人力资源从业人员专业技能和业务素质，提高部门工作质量要求；

9. 完成企业各职能部门、各职位的工作分析，为人才招募、评定薪酬与绩效考核提供科学依据；

10. 创建内部纵向、横向沟通机制，建立和谐、融洽的企业内部关系。调动公司所有员工的主观能动性，集思广益，为企业发展提供服务；

11. 发扬优秀的企业文化与传统，培养员工的主人翁精神和风险精神，增强企业凝聚力；

12. 规范职能部门内部办公秩序，监督管理并处罚违纪行为。

在执行上述工作目标时， 应注意以下事项：

1. 人力资源工作是一个系统工程，应按循序渐进的原则科学制定年度目标；

2. 人力资源工作需要公司上下通力合作，尤其是公司领导的重视和支持，是人力资源工作成败的关键所在。因此，人力资源部在制定年度目标后，在完成过程中恳请公司领导与各部门予以协助；

3. 此工作目标仅为人力资源部年度工作的基本文件，而非具体工作方案。鉴于企业人力资源建设是一个长期工程，人力资源部应当针对每项工作制订与目标相配套的详细工作方案。

二、 20××年度人力资源总体目标分类概述

1. 完善公司组织结构

（1）概述

坚持“稳定、合理、健全”的原则，通过预测和分析公司未来发展态势，制定科学的

续表

文案名称	××会展公司20××年度人力资源工作计划	编号	
公司组织结构，确定和区分每一个职能部门的权责，使每一个部门、每一个职位的职责清晰，做到无空白、无重叠、组织结构科学合理，一段时间内尽可能不再做大的调整，保证公司在既有的组织结构中运行良好、管理规范并能不断发展。 （2）实施方案 ①调查企业现有组织结构和职位编制的合理性和公司各部门未来发展趋势，预期1月底前完成； ②设计企业组织结构的草案并征求各部门意见，向董事会报请审阅修改，预期2月底前完成； ③制订企业组织结构图、各部门组织结构图及公司人员编制方案。在上年基础上，配合公司各部门的组织结构改造部门职位说明书、工作流程。结合职位分析工作成果，最后由人力资源部负责整理成册归档。预期5月底前完成。 （3）实施注意事项 ①应本着简洁、科学、务实的方针设计组织结构，并注重可行性和可操作性。 ②根据公司整体发展战略和未来一段时间内公司运营需要设计组织结构，每一个职能部门和工作岗位的确定都应经过认真论证和研究； ③组织架构的设计需注重可行性和可操作性，因为公司组织架构是公司运营的基础，也是部门编制、人员配置的基础，组织架构一旦确定，除经公司董事会研究特批以外，人力资源部对各部门的超出组织架构外增编、增人将有权予以拒绝。 （4）责任人 ①第一责任人：人力资源部经理； ②协同责任人：人力资源部经理助理。 （5）需支持与配合的事项和部门 ①公司现有组织架构和职位编制的合理性调查和公司各部门未来发展趋势的调查需各职能部门填写相关调查表格，人力资源部需调阅公司现有各部门职务说明书； ②组织架构草案出台后需请各部门审阅并必须经公司董事会最终裁定； ③本项工作需要与职位分析工作配合完成。 2. 完善职位分析 （1）概述 职位分析是公司定岗、定编和调整组织架构、确定每个岗位薪酬的依据之一，通过职位分析不但可以了解公司各部门各职位的任职资格、工作内容，使公司各部门的工作分配、工作衔接和工作流程设计更加精确，而且有助于公司了解各部门、各职位全面的工作要素，适时调整公司及部门组织架构，进行扩、缩编制。职位分析还给人力资源配置、招聘和为各部门员工提供个性化的培训提供依据。 （2）实施方案 ①3月底前完成公司职位分析方案，确定职位调查项目和调查方法，如各职位主要工作内容，工作行为与责任，所必须使用的表单、工具、机器，每项工作内容的绩效考核标			

续表

文案名称	××会展公司20××年度人力资源工作计划	编号	

准，工作环境与时间，各职位对担当此职位人员的全部要求，目前担当此职位人员的薪资状况，等等。人力资源部确保方案尽可能细化，表单设计合理有效。

②4月完成职位分析的基础信息搜集工作。由人力资源部将职位信息调查表下发至各部门每一位职员，完成调查数据汇总和分析工作；

③5月人力资源部向公司董事会提交公司各职位分析详细资料，分部门交各部门经理提出修改意见，修改完成后汇总报请公司董事会审阅后备案，作为公司人力资源战略规划的基础性资料。

（3）实施注意事项

①人力资源部在开展信息收集工作时，应注意员工的思想动员，争取各部门和每一位员工的通力配合，确保所收集的资料翔实准确，达到预期效果；

②整理后的职位分析资料必须按部门、专业分类，以便工作中查询；

③向董事会提交的公司职位分析资料必须严格参照公司组织架构对架构内所有职位进行职位分析。未能从职位信息调查中获取到的职位信息分析由人力资源部会同该职位所属部门进行撰写；

④职位分析目标达成后将与公司组织架构配合在实际工作中应用，减少人力资源工作中的重复性工作，因此，此项工作需公司各部门配合，人力资源部要注意做好部门间的协调与沟通工作。

（4）责任人

①第一责任人：人力资源部经理；

②协同责任人：人力资源部经理助理。

（5）需支持与配合的事项和部门

①职位信息的调查搜集需各部门、各职位通力配合填写相关表单；

②职位分析草案完成后需公司各部门经理协助修改本部门职位分析资料，全部完成后需请公司董事会审阅通过。

3. 人力资源招聘与配置工作

（1）概述

人力资源部严格按公司人力资源需求计划，依据各职位工作分析来招聘人才满足公司运营需求。坚持节约成本、能级对应、高效实用的配置原则，在人力资源招聘与配置工作中做到：满足需求、保证储备、谨慎招聘。

（2）实施方案

①计划采取的招聘方式：以现场招聘会为主，兼顾网络、报刊、猎头、推荐等；

②具体招聘时间、场次和人员安排；

③规范人力资源招聘与配置，实行《公司人事招聘与配置规定》；

④计划招聘费用。

续表

文案名称	××会展公司20××年度人力资源工作计划	编号	
（3）实施注意事项 ①招聘前应做好以下准备工作：与用人部门沟通，了解特定需求；招聘广告（招聘职位与要求）的撰写熟悉；公司宣传品；一些必需的文具；招聘用表单。招聘人员的形象； ②安排面试应注意：面试方法的选定；面试官的选定；面试题的拟定；面试表单的填写；面试官的形象；面试结果的反馈。 （4）责任人 ①第一责任人：人力资源部经理； ②协同责任人：人力资源部经理（人事专员）。 （5）需支持与配合的事项和部门 ①各部门应在上一年度结束之时上报本部门人力需求方案，以便人力资源部合理安排招聘时间； ②行政部应根据公司人力招聘和配置需要做好后勤保障的准备。 4. 人力资源薪酬管理工作 （1）概述 根据公司现状和未来发展趋势，人力资源部把公司薪酬管理作为本年度的重要目标之一。本着“对内体现公平性，对外具有竞争力”的原则，人力资源部将完成公司的薪酬设计和薪酬管理的规范工作。 （2）实施方案 ①4月底前人力资源部完成公司现有薪酬状况分析，结合公司组织架构设置和各职位工作分析，提交公司薪酬设计草案。即公司员工薪资等级、薪资结构（基本薪资、绩效薪资、工龄津贴、学历津贴、职务津贴、技术津贴、特殊岗位津贴及年终奖金等）、薪资调整标准等方案； ②5月底前人力资源部根据已完成的职位分析资料，结合所掌握的本地区同行业薪资状况、公司现有各职位人员薪资状况，提交公司薪资等级表，报请各部门经理审议修改后，呈报公司董事会审核通过； ③6月完成《公司薪酬管理制度》并报请董事会通过。 （3）实施注意事项 ①改革薪酬体系和管理制度，应充分体现按劳分配的公平原则，以严谨的态度和科学的方法扎实做好职位评估、技能评估、绩效评估和薪酬市场调查，做好薪酬体系的设计和薪酬管理制度的制订工作； ②在规范薪资体系管理的同时，要处理好高薪聘请的特殊人才的薪酬管理问题，要对高薪职员的工作进行适度有效的监督和评估。 （4）责任人 ①第一责任人：人力资源部经理；			

续表

文案名称	××会展公司20××年度人力资源工作计划	编号	

②协同责任人：人力资源部经理助理（或人事专员）。

（5）需支持与配合的事项和部门

《薪酬等级表》和《公司薪酬管理制度》需经公司董事会确认方可生效。现有员工薪资的最终确定需请董事会确定。

5. 员工福利与激励

（1）概述

员工福利政策是与薪酬管理相配套的增强企业凝聚力的工作之一。员工福利是企业对雇员的长期承诺，也是企业更具吸引力的必备条件。人力资源部根据公司目前状况，加强公司福利管理，使“以人为本”的经营理念得到充分体现，使公司在人才竞争中处于优势地位。员工激励是福利政策的延伸与补充，涵盖了物质激励和精神激励两大部分。做好员工激励工作，有助于从根本上解决企业员工工作的积极性、主动性、稳定性、向心力、凝聚力、对企业的忠诚度、荣誉感等问题。人力资源部在本年度工作中应一以贯之地做好员工激励，确保公司内部士气高昂，工作氛围良好。

（2）实施方案

①计划设立福利项目：员工食宿补贴、加班补贴（上述两项进行改革与完善）、满勤奖、节假日补贴、社会医疗保险、社会养老保险、住房公积金（服务满三年以上职员方可享受此项福利）、员工生日庆生会、每季度管理职员聚餐会、婚嫁礼金、厂庆礼金、年终（春节）礼金等；

②计划制订激励政策：月（季度）优秀员工评选与表彰、年度优秀员工评选表彰、内部升迁和调薪调级制度建立、员工合理化建议（提案）奖、对部门设立年度团队精神奖、建立内部竞争机制（如末位淘汰机制）等；

③第一季度内（3 月 31 日前）完成福利项目与激励政策的具体制订，并报公司董事会审批，通过后进行有组织地宣传贯彻；

自 4 月份起，人力资源部将严格按照既定的目标、政策、制度进行落实。此项工作为持续性工作。并在运行后一个季度内（6 月 30 日前）进行一次员工满意度调查。通过调查信息向公司反馈，根据调查结果和公司领导的答复对公司福利政策、激励制度再行调整和完善。

（3）实施注意事项

员工福利和激励是相辅相成的关系，工作的认真与否直接影响到员工士气、人才流动率、企业凝聚力和吸引力、公司整体人才层次、企业运作效率和公司的长期发展方向。人力资源部应站在公司长远利益的立场上，做好员工福利与激励工作。

（4）责任人

①第一责任人：人力资源部经理；

②协同责任人：人力资源部经理助理（人事专员）。

续表

<table>
<tr><td>文案名称</td><td>××会展公司20××年度人力资源工作计划</td><td>编号</td><td></td></tr>
<tr><td colspan="4">（5）需支持和配合的事项与部门
①因每一项福利和激励政策的制订都需要公司提供相应物质资源，所以具体福利的激励项目都需要公司董事会最终裁定，人力资源部有建议的权利和义务；
②福利与激励政策一旦确定，公司行政部门应配合人力资源部共同做好此项工作的后勤保障；
③各部门经理、各科主管同样肩负本部门、本科室员工的激励责任。日常工作中，对员工的关心和精神激励需各主管以上管理人员配合共同做好。
6. 完善绩效评价体系
（1）概述
本年度，人力资源部将进一步完善绩效评价体系，有效激励员工不断改善工作方法和工作品质，建立公平的竞争机制，持续不断地提高组织工作效率，培养员工工作的计划性和责任心，及时查找工作中的不足并加以调整改善，从而推进企业的发展。
（2）实施方案
①1月31日前完成对《公司绩效考核制度》和配套方案的修订与撰写，提交公司总经理办公会（或部门经理会议）审议通过；
②《公司绩效考核制度》审议通过后，按修订完善后的绩效考核制度全面实施绩效考核；
③结合上一年度绩效考核工作中存在的不足，做好绩效考核制度的执行工作；
④建立科学、合理、公平、有效的绩效评价体系。
（3）实施注意事项
①绩效考核工作牵涉到全体职员的切身利益，因此人力资源部在保证绩效考核与薪酬体系链接的基础上，要做好绩效考核根本意义的宣传和释疑。从正面引导员工用积极的心态对待绩效考核，以期达到通过绩效考核改善工作、校正目标的目的；
②绩效评价体系作为人力资源开发的新生事物，在操作过程中难免会出现一些意想不到的困难和问题，人力资源部在操作过程中将注重听取各方面各层次人员的意见和建议，及时调整和改进工作方法；
③绩效考核工作本身就是一个沟通的工作，也是一个持续改善的过程。人力资源部在操作过程中会注意纵向与横向的沟通，确保绩效考核工作的顺利进行。
（4）责任人
①第一责任人：人力资源部经理；
②协同责任人：人力资源部经理助理。
（5）需支持与配合的事项和部门
①修订后的各项绩效考核制度、方案、表单等文本需经公司各部门和董事会共同审议；
②公司需成立绩效考核推行委员会对绩效考核工作的推行、实施负责。公司至少应有</td></tr>
</table>

续表

文案名称	××会展公司20××年度人力资源工作计划	编号	

一名高层领导参加，人力资源部作为具体承办部门将承担方案起草、方法制订、协调组织与记录核查、汇总统计并与薪酬链接的职责。

7. 员工培训与开发

（1）概述

员工培训与开发是公司着眼于长期发展战略必须进行的工作之一，也是培养员工忠诚度、凝聚力的重要方法。通过对员工的培训与开发，员工的工作技能、知识层次和工作效率、工作品质都将进一步加强，从而全面优化公司整体人才结构，增强企业的综合竞争力。对员工培训与开发的投资不是无偿投入，而是回报颇丰的长期投资。人力资源部本年度计划对员工培训与开发进行有计划、有步骤、有目标地进行，使公司在人才培养方面领先一步。

（2）实施方案

①根据公司整体需要和各部门培训需求编制本年度公司员工培训计划；

②采用培训的形式：外聘讲师到企业授课；派出人员到外部学习；选拔一批内部讲师进行内部管理和工作技能培训；购买先进管理科学 VCD、软件包、书籍等资料组织内部培训；争取对有培养前途的职员进行轮岗培训；以老带新培训；员工自我培训（读书、工作总结等方式）等；

③根据各部门需求和公司发展需要设定计划培训内容，主要应重点培训以下几个方面内容：营销管理、品质管理、人力资源管理、服务管理、财务管理、计算机知识、会展专业知识、谈判与沟通、心灵激励、新进员工公司企业文化和制度培训等；

④培训时间安排：外聘讲师到公司授课和内部讲师授课根据公司服务营销的进度适时安排培训。外派人员走出去参加学习要根据业务需要和本部门工作计划安排；组织内部 VCD 教学或读书会，原则上一个月不得低于一次；

⑤培训讲师的聘请、培训课目的开发均由人力资源部全部负责；

⑥完善《公司培训制度》，培训工作严格按制度执行；

⑦培训费用：约需××万元。

（3）实施注意事项

①人力资源部平时注意培训课题的研究与开发，及时搜集国内知名顾问咨询和培训公司的讲师资料、培训课目资料，结合公司需要和部门需求，不定期地向有关部门推荐相关培训课题信息；

②培训不能形式化，要做到有培训、有考核、有提高。外派培训人员归来后必须进行培训总结和内容传达宣贯，并将有关资料交人力资源部。人力资源部应注意培训后的考评组织和工作绩效观察。其结果存入员工个人培训档案，作为员工绩效考核、升迁和调薪、解聘的依据之一；

③人力资源部在安排培训时既要考虑与工作的协调，避免工作繁忙与培训时间的冲突，

续表

文案名称	××会展公司20××年度人力资源工作计划	编号	

又要考虑重点培训与普遍提高的关系，尽可能避免某一部门某一个人反复参加培训，而其他部门却无机会参加培训的现象，综合考虑，以公司利益和需要为标准，全面提高员工队伍素质。

（4）责任人

①第一责任人：人力资源部经理；

②协同责任人：人力资源部经理助理（培训专员）。

（5）需支持与配合的事项和部门

①各部门应综合部门工作和职员素质基础在编制本年度工作目标时将本部门培训需求报人力资源部；

②鉴于各部门专业技术性质的不同，人力资源部建议各部门均应挑选一名内部培训讲师。

8. 人员流动与劳资关系

（1）概述

协调处理好劳资双方关系，合理控制企业人员流动比率，是人力资源部门的基础性工作之一。本年度，人力资源部将进一步规范劳资关系管理，把此工作作为考核本部门工作是否达到工作质量标准的项目之一。人员流动控制年度目标：正式员工（不含试用期内因试用不合格或不适应工作而离职人员）年流动争取控制在10%以内，确保不超过15%；劳资关系的协调处理目标：完善公司合同体系，除《劳动合同》外，与相关部门一些职位职员签订配套的《保密合同》、《廉洁合同》、《培训合同》等，熟悉劳动法规，尽可能避免劳资关系纠纷。争取做到每一个离职员工没有较大怨言和遗憾，树立公司良好的形象。

（2）实施方案

①元月31日前完成《劳动合同》、《保密合同》、《廉洁合同》、《培训合同》的修订、完善工作；

②全年度保证与涉及相关工作的每一位员工签订上述合同，并严格按合同执行；

③对人员招聘工作进行进一步规范管理，严格审查预聘人员的资历，不仅对个人工作能力进行测评，还要对忠诚度、诚信资质、品行进行综合考查。同时，任何部门需要人员都必须经人力资源部面试和审查，任何人、任何部门不得擅自招聘人员。人力资源部还应及时掌握员工思想动态，做好员工思想工作，有效预防员工的不正常流动。

（3）实施需注意事项

①劳资关系的处理是一个比较敏感的工作，它既牵涉到企业的整体利益，也关系到每个员工的切身利益。劳资双方是相辅相成的关系，既有共同利益，又有相互需求的差距。人力资源部必须从公司根本利益出发，尽可能为员工争取合理合法的权益。只有站在一个客观公正的立场上，才能协调好劳资双方的关系。避免因过多考虑公司方利益而导致员工的不满，也不能因迁就员工的要求让公司利益受损；

续表

文案名称	××会展公司20××年度人力资源工作计划	编号	
②人员流动率的控制要做到合理。过低的流动率不利于公司人才结构的调整与提高，不利于公司增加新鲜血液，容易形成因循守旧的企业文化，不利于公司的变革和发展；但流动率过高容易造成人心不稳，企业员工忠诚度、对工作的熟悉度不高，导致工作效率低下，企业文化的传承无法顺利持续。人力资源部在日常工作中要时刻注意员工思想动态，并了解每一位辞职员工真正的离职原因，从中做好分析，找出应对方法，确保避免员工不正常流动。 （4）责任人 ①第一责任人：人力资源部经理； ②协同责任人：人力资源部经理助理（人事专员）。 （5）需支持与配合和事项和部门 ①完善合同体系需请公司法律顾问予以协助； ②控制人员流动率工作，需要各部门主管配合做好员工思想工作、员工思想动态反馈工作。 9．本部门自身建设 （1）概述 人力资源工作作为企业发展的动力源，自身的正规化建设十分重要。因此，人力资源部将大力加强本部门的内部管理和规范，严格按照现代化企业人力资源工作要求，将人力资源工作从简单的人事管理提升到战略性人力资源管理的层次，使人力资源工作结果成为公司高层决策的参考依据之一。 人力资源部本年度自身建设目标为：完善部门组织职能，完成部门人员配备，提升人力资源从业人员专业技能和业务素质，提高部门工作质量要求，圆满完成本部门年度目标和公司交给的各项任务。 （2）实施方案 ①完成部门人员配备，将人力资源部经理助理、人事专员和培训专员配置到位； ②完善部门职能，做好公司各项人力资源工作的统筹、计划、安排、组织； ③完善公司人力资源档案管理机制和人力资源信息系统管理机制，通过人力档案和信息系统及时对公司人力资源状况，包括学历层次、服务年限、薪资水平、业绩情况、培训情况、奖惩情况、培养发展方向等各项指标进行统计和分析； ④提升本部门作业人员专业水平； ⑤实施部门目标责任制，年将部门年度目标分解到部门每个职员，做到每项工作均有责任人、完成期限、完成质量要求、考核标准。做好每项工作的跟踪落实和结果反馈工作，及时调整工作目标，不断改进工作方法，确保年度目标的完成。 （3）实施注意事项 ①人力资源部的自身建设关系到公司人力资源工作的成败，人力资源工作做得是否成			

续表

文案名称	××会展公司20××年度人力资源工作计划	编号	
功也关系到企业长远发展的方向和后劲。因此人力资源部着眼于未来发展，尽可能地将本部门建设做到公司发展的前面。只有充分超前才能有准备地应对未来公司人力资源工作的战略需要。本部门人员必须树立危机意识，把工作做细做实； ②人力资源部的人员配置要考虑公司目前所处的发展阶段，做好编制规划； ③本部门的业务培训以传帮带为主，有条件、有时间时可以考虑赴外参加国内较高层次的人力资源管理培训课程。 （4）责任人 ①第一责任人：人力资源部经理； ②协同责任人：部门所有职员。 （5）需支持与配合的事项和部门 ①部门人员编制配置需经公司批准后方可实施； ②人力资源档案的整理和人力资源信息系统的维护与资料更新需各部门及各驻外办配合。 10. 其他工作目标 （1）概述 人力资源部的工作涉及各个部门和公司工作的各个层面，日常工作中人力资源部还承担包括建立公司内部沟通机制、企业文化的塑造和宣传、办公室管理，以及一些临时应急的其他工作。 建立内部沟通机制，促进公司部门之间、上下级之间、劳资双方的了解与合作，建立健康、和谐的内部关系，避免因沟通障碍而导致人际关系紧张、工作配合度低、缺乏互信等不良倾向；企业文化的塑造与宣传，促进企业文化的形成和发展，不断累积、传承和发扬企业的核心精神与价值，增强员工的团队精神和拼搏精神。办公室的管理工作既是日常工作，也是人力资源部工作的难点之一。 （2）实施方案 ①建立内部沟通机制，加强人力资源部员工晤谈的力度，每月晤谈员工不少于5人次，并对每次晤谈进行文字记录，晤谈掌握的信息必要时应及时与员工所在部门经理或总经理进行反馈，以便于根据员工思想状况有针对性地做好工作。规范使用工作联系单，定期进行员工满意度调查，完善部门经理会议等； ②企业文化塑造与宣传。做好企业文化宣传平台和载体建设，完善《员工手册》，将企业理念、企业精神、企业发展简史、企业宗旨、企业奋斗目标等内容增加进《员工手册》；加强对优秀员工、好人好事的宣传力度，弘扬正气。对所有新进员工，做好企业文化的培训； ③办公室管理。做好考勤管理和公司礼仪规范管理，对工作服的着装、工作卡的佩戴、礼节礼貌的规范，人力资源部都将在日常工作中加强监督检查；规范并加强公司保密制度			

续表

文案名称	××会展公司20××年度人力资源工作计划	编号	

管理和其他需要规范的工作。

（3）实施注意事项

①实施内部沟通机制时，应注意所有沟通机制应以发现问题、解决问题为原则，注意操作方式的可行性。人力资源部应多观察、多聆听、多思考，找出合理有效的沟通方法。对员工的思想工作，应把握原则，不能徇私，不能因个人感情放弃公司利益，不泄露公司秘密。对发现的思想问题能解决的人力资源部负责解决，不能解决的必须及时向相关部门或上级反馈；

②企业文化的塑造不只是文字工作或文体活动。人力资源部在操作中应抓住关键工作，确定工作目的。旨在利用一切可以利用的媒介，团结广大员工，将每个员工的思想和观念统一到公司的精神、宗旨、理念上来；

③办公室管理工作必须坚持宽严相济的原则。既要一丝不苟地坚持原则，又要体现公司的人性化管理。不能因办公室管理导致员工的抵触情绪。要虚心听取员工的意见，不断修正工作方法，建立公司和谐、宽容、团结、自觉的办公室气氛。

（4）责任人

①第一责任人：人力资源部经理；

②协同责任人：人力资源部所有职员。

（5）需支持与配合的事项和部门

①沟通机制的建立需要公司领导和其他部门的通力配合；

②企业文化塑造需要公司领导提供支持；

③办公室管理需要各部门配合。

附：目标表单（略）

编制人		审核人		批准人	
编制日期		审核日期		批准日期	

第五节　本章小结

通过本章的学习，我们不难发现，人力资源规划的关键在于预测人力资源的供需，做好未来人力资源的配置工作，使人力资源在未来各个发展阶段都保持相对平衡。组织要得到长期稳定的发展，必须要有人力资源做支撑，决不能漠视人力资源供需差异的研究，而是应当加强相关工作，制订一套有效的人力资源规划，以支持组织战略目标的实现。本章的主要内容包括：

（1）人力资源规划是指组织为适应环境的变化实现长期稳定发展而开展的人力资源诊断、分析和研究，确保组织在未来的发展过程中人员供需平衡的管理活动。会展人力资源规划指的是会展产业开展的人员供需平衡的管理活动。

（2）理念是制订行动方案的决定性因素，有什么样的组织管理理念，就有什么样的执行方案和组织行为。会展人力资源规划的核心理念有：平衡、协同、双赢等。

（3）人力资源规划过程是一个人力资源部门与其他职能部门的通力合作的过程。

（4）人力资源战略不仅仅包括对人才的获取、整合、保持、开发和激励等，还包括对企业文化的调整变革和对组织结构的再造，以更好地管理和使用人力资源支持企业战略的实施。人力资源战略具体包括：①组织结构设计；②人力结构规划；③人力成本结构；④组织的发展和流动率的设定等。

（5）人力资源需求预测的方法包括定性方法和定量方法，定性的方法主要包括：经验预测法、微观集成法、工作研究法、德尔菲法等；定量方法主要有：趋势分析法、回归分析法、比率分析法、劳动生产率分析法等。

（6）人力资源供给预测包括人力资源外部供给预测和内部供给预测。内部供给预测的方法有人员接替图法、马尔可夫法和档案法等。外部供给预测应考虑人口的数量与结构、经济与技术和社会文化教育等影响因素，一般采取文献分析和调查法。

（7）人力资源规划的程序：①收集信息资料；②分析信息资料；③人力资源需求与供给预测；④编制人力资源规划；⑤实施人力资源规划；⑥人力资源规划评估。

（8）用于人力资源管理的信息系统叫作人力资源信息系统，简称 HRIS。人力资源信息系统不但能方便人力资源基本信息的管理，还能实现网络化办公，一站式服务，实现求职者网上应聘、面试，员工技能信息统计分析和个性化的员工服务等。

（9）人力资源信息收集方法包括：普查法、重点调查法、典型调查法、抽样调查法、统计分析法等，还可以通过直接观察、行为记录、档案和工作日志等方式获取信息。

（10）人力资源信息系统主要包括两个方面的功能：一是面向人力资源管理者的信息收集、处理、决策功能，具体包括人力资源规划、招聘管理、人事信息管理、劳动合同管理、考勤管理、休假管理、绩效评估、培训与开发、薪资福利管理、离职管理等；二是面向其他管理者及普通员工的信息服务和互动决策功能，具体包括总经理自助服务、直线经理自助服务、员工自助服务等。

人力资源规划是人力资源管理工作的起点，是涉及组织人力资源全局工作的核心职能，它既涉及人力资源战略布局的宏观方面，也直接涉及招聘、录用、培训、提升、绩效评估、薪酬等微观职能。组织通过人力资源规划，可以了解在某一时间段内组织需要多少员工，需要什么样的员工，有多少人可以从内部提拔，有多少人必须从外部获取，怎样才能实现人员和组织目标需求之间的平衡等关键问题。

复习思考题

1. 什么是人力资源规划？它和组织战略之间是什么关系？
2. 人力资源规划的核心理念有哪些？
3. 简述会展人力资源规划的流程。
4. 人力资源规划中信息收集的方法有哪些？
5. 人力资源需求预测的方法有哪些？
6. 简述德尔菲法的操作流程。
7. 简述人员接替图法。
8. 请描述人力资源供给预测中的马尔可夫法。
9. 什么是人力资源信息系统，它有哪些功能？
10. 在人力资源规划过程中，为什么必须获得组织高层的支持？
11. 试论述人力资源规划是怎样帮助组织实现其目标的。

应用案例

某会展公司在香港本部，公司共有全职雇员220人，经理级人员有20人，主管级人员有35人，一线员工165人。公司的人力资源运作包括人事及培训两部分，人事部分有职员2人，培训部分有职员2人。在过去的3年中，公司的利润及市场份额都保持了稳健的增长。2009—2012年，人员流动比率是30%。

（一）人力资源管理的理念

公司的董事长王先生把公司的人力资源哲学阐述为："关心每一位员工，关心每一位客户。"公司的人力资源行动纲领的焦点是对客户和员工的承诺。公司的企业文化非常强调团队精神，全方位围绕团队协作开展人力资源规划工作。公司既强调全面化，也强调专业化，每个经理既要是其所在领域的专家，又要了解其他部门在做什么。因此，经理们就能够从公司整体来考虑问题而不能只看到自己的部门。公司另一特色文化是公司管理层的分权化和本地化，管理层对下属只给予指导而不发布指令，下属可以自行制订战略计划。这种做法与公司的全球化行动纲领是一致的："在一个集中化管理的网络中的专业组织，既要跟整个组织协同工作，又要保持本地化的首创精神，及时做出适合当地特点的决策。"

公司通过定向课程行动纲领传达给员工。行动纲领被印到能装进衣袋的卡片上，在上岗培训时发给员工。因为"满足顾客需求"在公司纲领中的重要性，公司就着重于培训顾客需求驱动导向。公司开发了自己的顾客满意评价方法，这些方法成为所有员工共同学习和遵守的标准。

为激励员工的自我发展，所有员工参加的所有外部培训课程公司都提供50%资助，即使培训内容可能与工作无关。而且，公司对员工参加培训不做任何限制。

（二）公司人力资源计划

公司最成功的实践之一是人力资源计划（HRP）。这一计划是人力资源部门五年前开发的，它得到了总经理的全力支持。人力资源部门开发该计划的主要原因，是因为人力成本是公司最大的成本项目，HRP能控制支出并最大限度地促进收入增长。

HRP是一个非常综合的、互动的过程，从高级经理到主管层都参与其中，总共包括三个阶段。

1. 第一个阶段：企业计划

首先，市场部根据历史因素、总部战略、市场调查情况等提出公司的战略，并提交给由不同职能经理组成的高级管理小组，人力资源主管也是这个小组中的一员。然后，职能经理们开始共同讨论企业战略对各部门职能的影响。

这种头脑风暴式的讨论结束后，紧接着就是一个持续两天的管理层会议，会议将讨论企业战略中10个左右的关键性方面，这些方面是公司总部提出来的，它们都非常简短，各地子公司在制订自己的战略计划时都要以此为指南。与会的经理们要熟悉其中的每一个方面，并再次讨论这些问题对本部门运作的影响。

两天会议的一个特别之处是会议没有领导，大家轮流主持。某一方面对哪个部门影响最大，在讨论这个方面时，该部门的经理就自动来主持讨论。例如，如果主题是业务的增长，这个主题跟市场营销关系最大，那么，市场经理就会成为会议的主持者。另一个讨论主题是通过销售战略来实现业务增长，这时做主持的就是销售经理。在两天会议的整个过程中，总经理都只是作为一个参与者来提出建议。

人力资源部是两天会议的组织者。在会议开始前，总经理会跟人力资源部对会议的风格、议程进行充分讨论并给予全力支持。为提高会议的有效性，培训经理在会议开始前，对会议的主持者和参加者都要提出几条准则。主持人的准则包括“开放”“引起讨论”；参加者的准则包括“即使你可能不是专家，也要敢于发表意见。”

这些会议的主持者并没有受过什么培训，但它们在公司会议中已经接受了大量的训练，从而在演讲技巧、组织讨论等方面都具备了相当的经验和能力。

2. 第二阶段：一系列的专门小组会议

专门小组会议的核心成员包括总经理、人力资源主管、人事经理、培训与发展经理、财务与行政主管及首席会计经理。各部门经理要向专门小组汇报其部门的人力计划（包括人数、未来一年的人员结构）、培训计划、财务支出、设备计划等。讨论财务支出和设备计划的原因是它们直接或间接地影响到人力资源和培训资源的安排。如果有的领域跟其他部门有关系，这些部门的经理也要在座。

在制订各部门的人力计划时，部门经理要关注以下问题：

（1）本部门的特殊问题：包括即将制订的战略计划对本部门有何影响；

（2）优先级；

（3）预定完成时间；

（4）责任（包括其他相关部门）。

在会上，人力资源经理、其他核心成员和业务经理们一起讨论他们的计划并做出必要的修改。讨论的最终结果将制作成文件并由人力资源部存档，而共同讨论所通过的计划将成为各部门制订行动计划的基础。

3. 第三个阶段：行动计划

行动计划的内容包括：

（1）各单位、部门的人数；

（2）加班时间；

（3）预计人员流动；

（4）激励计划；

（5）培训计划：将要参加人力资源部组织的内部培训的人数；将要参加部门培训的人数；将要参加公司外部培训项目的人数。

每个职能经理都要保留一份本部门的行动计划，总经理则掌握全部门的行动计划。职能经理对行动计划的执行负有责任，绩效评估就以行动计划为基础，每季度和年底都要对行动计划的执行情况进行审核。

整个过程大概持续半年。这一人力资源计划过程的优点之一是所有部门的共同参与，从高级主管到最高管理层都参与其中。为了提出一个完整的、彻底的计划，部门经理需要主管和助理经理为他们提供信息。另一个优点是经理们不是只顾自己的资源和目标，而是所有部门都顾及共同目标，因而使其思考方式更富于战略性。他们可以更好地管理自己的资源，更好地处理公司需要与员工发展的关系，有的经理甚至与他们的助理及别的主管共同制订人力计划。对于人力资源部，由于它较早介入战略计划阶段，人力资源计划与企业计划保持了一致性；而且，人力资源部也通过这一过程理解了一线经理面临的困难，并了解了他们是如何工作的。

经过五年的运行，合作关系已经在经理们中间建立起来。然而，在开始的时候，来自一线经理的阻力却是非常大的。一些经理想建立自己的势力范围，不愿意人力资源部控制他们的人数。为了保证各部门提供的信息的准确性，人力资源部要反复核对。对那些不能很好地理解资源投资概念的经理，人力资源部就选做得最好的部门作为样本把他们的人力资源计划发给这些部门做参考。其他克服阻力的方法还包括在进行工作分析时吸收别的部门的经理来讨论如何进行绩效测定等。

要保证计划的成功，以下因素需特别注意：

(1) 人力资源部门要有强烈的商业意识，要了解企业是如何运作的。为提高人力资源部的商业意识，人力资源主管要经常阅读市场报告和各部门的报告。为熟悉一线部门的运作，人力资源部每年一次组织所有部门经理考察一线。另外，人力资源部还组织了一门内部培训课程来帮助员工熟悉不同部门的职能和运作。

(2) 高级管理层的支持是关键。人力资源经理在接受采访时说，她很幸运有一位开明的总经理，总经理熟悉人力资源的职能，并全力支持一线经理也要承担人力资源管理责任的思想。为了争取各部门经理的扶持，人力资源部把他们吸收为各种人力资源活动委员会的委员；他们还通过信息通报、照片、证书等形式对经理们的工作给予承认。人力资源部对职能经理们对人力资源管理活动所做的贡献给予充分的肯定。结果，经理们也鼓励他们的下属参与人力资源管理。他们把这看成员工发展的一个机会。

(3) 公司文化鼓励全面化而非专业化，每个人都要了解其他人在做什么。

思考题

结合案例，请分析人力资源部门怎样运作才能有效实现各个职能部门充分参与组织的人力资源规划？

第三章

会展组织设计与工作分析

学习目标

- 了解会展组织设计与工作分析的含义
- 了解会展工作分析的作用
- 熟悉影响会展组织设计的因素和原则
- 掌握会展组织设计和工作分析的流程
- 掌握会展工作分析的方法

关键概念

会展组织设计　工作分析　组织设计流程　工作分析流程

会展组织设计和工作分析是会展组织各项人力资源管理工作中的基础性工作之一，是建立人力资源管理系统的组织基础。人力资源管理是对人进行的管理，在会展组织内部这种管理总是以组织所承担或所从事的活动为基础来进行的，而一个组织所进行的活动最终都要落实在具体的职位上，表现为职位所对应的工作。良好的组织设计可以推动组织战略的实施，也为组织内部进行合理的人力资源配置奠定了基础。同时，在组织设计的基础上，通过工作分析，可以对每个岗位的工作状况和任职资格进行详细的说明，对于提高后续人力资源管理活动的效率，有重要影响。

第一节　会展组织设计与工作分析概述

一、会展组织设计

（一）组织与会展组织设计的含义

1. 组织的含义

组织，是指为了达到特定的目标而通过分工协作与不同的权力责任所构成的人的集合①，是一种复杂的、追寻自己目标的社会单元②。从这一定义中可以看出两点：一是诸多个体有一个共同的目的或目标，二是个体之间形成了一定关系的集合体。

会展组织是由员工根据组织战略目标，按照一定的结构关系，并且和其他生产要素组合在一起形成的集体。各个部门、工作小组也都可以看成组织。会展企业、会展行业社团、各行各业的产业组织的会展部门都属于会展组织。

2. 会展组织设计的含义

会展组织设计，也称会展组织结构设计，就是会展组织根据组织的整体发展战略目标，遵循一定的原则，将组织内部各部门进行优化组合，互相协调，

---

① 赵西萍，宋合义，梁磊. 组织与人力资源管理［M］. 西安：西安交通大学出版社，1999：39.

② 美国当代著名组织理论家本尼斯（Warren Bennis）的观点，引自《西方管理学名著提要》第271页。

以期高效地实现组织目标的要求，来精心而明确地制订组织内部结构方案。组织设计的目的是做好分工与协调工作。组织设计涉及组织内部的财产关系、利益分配关系、领导关系、组织规模等。组织结构必须有效合理地解决内部的复杂关系，才能使组织内部分工恰当，协调一致，形成拳头式的组织力量，不断扩展市场并获得发展。

会展组织设计必须做到以下三点：

（1）会展组织设计必须以组织的发展目标为向导。会展组织是由诸多目标建立起来的目标体系，发展目标不同，组织结构就应有所差别。以组织的发展目标为向导，就要求组织的规模和机构的设置与组织的目标相一致，同时，组织的总体目标还要与各部门的目标相一致。

（2）会展组织设计要达到组织整体最优化。会展行业涉及面广，组织内部协调难度大，这就要求组织部门之间、员工之间建立有效的协作沟通机制，彼此相互理解和信任，做到个别部门和个别员工的利益在必要时服从整体利益，实现组织的整体最优化，更好地完成组织的任务。

（3）会展组织设计要实现组织运作的高效化。组织设计的目的不仅是为了实现组织的经营目标，还有一个最基本的目标就是提高经济效益。缺乏高效率就丧失了组织的竞争优势。现代会展组织要求高效化，如果由于组织结构不合理而造成低效，则必须对组织结构进行调整或重新设计。所以，高效率是组织设计的一项基本要求。

（二）影响会展组织设计的因素

1. 外部环境

会展组织面临的外部环境，对组织结构中职权的划分和组织结构的稳定性有较大的影响，外部环境主要有政策和法律、人力资源市场、物质资源市场、服务市场、社会形势等。如果组织面临的环境复杂多变，有较大的不确定性，就要求在划分职权时给中下层管理人员较多的经营决策和随机处理权，以增强组织对环境变动的适应能力。如果组织面临的环境是稳定的、可把握的，则可以把管理权较多地集中在组织领导手里，设置比较稳定的组织结构，实行程序化、规模化管理。

2. 技术条件

技术条件主要包括技术复杂程度和稳定性两个内容。技术复杂程度决定着组织的分工和作业的专业化程度，进而决定着部门规模的大小及其构成，管理层次多少、管理幅度大小、管理人员比例、技术人员比例、经营活动特点等一系列因素，造成组织结构方面的很大差异。从技术的稳定性角度看，对于较少变革、比较稳定的技术，适宜采用机械式组织结构形态，组织内部的关系以垂直的上下级等级关系为主。

3. 组织的经营战略

组织是实现组织经营战略的重要工具，不同的战略目标要求不同的组织结构。它包括确定长期目标及为实现这一目标所必须实施的计划和资源分配。组织结构必须服从于经营战略，随经营战略的变化而调整。在组织的起步阶段，其战略重点是扩大规模，因此并不需要系统、完整的组织结构；进入纵向发展阶段，需要进一步扩大组织功能，提高组织效率；而到了服务多样化阶段，就可能引起组织结构的重大变革，即从集权制结构转向分权制结构。

4. 管理体制

在市场经济条件下，会展组织特别是政府主导的会展组织的管理体制对组织结构设计的制约力是不容忽视的。以行政手段为主的管理体制，强调组织结构与政府行政组织结构的上下对口，这极易带来机构臃肿、部门重叠、人浮于事、效率低下等弊端，管理成本高而市场适应能力差。随着市场经济体制的不断完善，会展企业或行业组织将逐步完善管理体制，序化组织关系，优化组织结构。

5. 组织规模

组织的规模是决定组织设计的主要因素，一般的规律是组织规模小，管理工作量小，组织结构也相应简单。规模大，管理工作量大，为了实现有效的管理，需要设置的管理机构必然要多，各机构间的关系也相对复杂。可以说，组织结构的规模和复杂性是随着组织规模的扩大而相应增长的。

（三）会展组织设计的内容

1. 职能设计

职能设计是以职能分析工作为核心，研究和确定组织的职能结构，为划分好组织的层次、部门、职务，做好岗位的分工协作提供客观依据的工作。职能设计是整个组织设计的关键一步，关系以后其他设计的成败。

2. 部门设计

部门通常是指在一个组织中，一位管理人员执行所规定活动的职权范围。部门设计建立在对组织内容各种职能加以分类的基础之上，其任务有两项，一是确定组织应该设置哪些部门；二是规定这些部门之间的相互关系，使之形成一个有机整体。

3. 管理层次和管理跨度设计

管理跨度是指管理者的职权有效控制的部门数或人数。管理跨度的大小，实际上意味着一位主管人员直接控制和协调的工作活动量的多少。管理跨度与组织的效率直接相关，管理跨度太宽，会使管理者负担过重；管理跨度太窄，又会造成管理者过多，管理费用必然增加的局面。

管理层次是从组织最高一级管理组织到最低一级管理组织的各个组织等级，它是描述组织纵向结构特征的一个概念。管理层次的产生，一是由于管理者能有效地管理的人数有限，二是由于分工不同。管理层次要适当，如果管理层次和部门过多，员工之间在工作中的沟通和就工作目标进行协调、合作就必须越过多道障碍，这必然阻碍组织目标的实现。

管理层次和管理跨度密切相关，在进行组织设计时，一般是先进行部门设计，然后选择管理跨度，最后确定管理层次。管理跨度越大，管理层次就越少；反之，管理层次就越多。

4．职权设计

职权是各个部门、各种职务在职责范围内决定和影响其他个人或集体行为的支配力，即职位范围内的管理权限，职权设计就是正确处理纵向与横向两个方面的职权关系，将不同类型的职权合理分配到各个层次和部门，建立起高度协调的职权结构。在组织设计中，职权是管理层次和部门之间的纽带，部门是通过职权关系，来确定它们在组织中所处的位置的。

（四）会展组织设计的原则

1．任务导向原则

组织结构的设置需以实现会展组织战略目标为出发点，组织设计只是实现组织战略目标的手段，这是在进行组织设计中的一条总的指导原则。在组织设计的过程中，首先考虑工作的内容、特点和需要，因事而设职、因职而用人，是目标原则的具体体现。

2．分工协调原则

组织机构设置要根据实际的工作需要，实行专业分工原则，把组织各项活动进行分类和分配，以确定各个业务部门和成员的业务活动种类、范围和职责，以利于提高管理工作的质量和效率。由于会展组织自身工作的特点，在实行专业分工的同时，又必须十分重视部门间的协调配合。组织上的协调工作包括纵向协调和横向协调两个方面，纵向协调指领导与被领导之间的沟通关系，横向协调指平行的各职能部门间的协调，其中横向协调是实现组织整体效益提高的关键。

3．集权与分权相结合原则

组织设计时，既要有必要的权力集中，又要有必要的权力分散，两者不可偏废。集权是大生产的客观要求，它有利于保证组织上层决策的贯彻执行，有利于人力、物力、财力的合理分配和使用。分权是调动各部门及员工工作积极性、主动性的必要组织条件。合理分权有利于下级各部门面对新情况、新问题时能够迅速而正确地做出决策，也有利于上层领导摆脱日常事务，集中精力抓重大问题。因此，集权与分权的事项、集权与分权的程度，应由组织根据自身条件决定，克服不分时间、地点、条件，一律一个模式的做法。

4. 有效管理幅度原则

由于受个人精力、知识、经验条件的限制，一名上级领导能够有效地指挥的直属下级人数是有限的。有效管理幅度受职务性质、领导水平、部属素质、信息沟通手段、职能机构健全与否等条件的影响，这一原则要求在进行组织设计时，管理幅度应控制在一定水平，以保证管理工作的有效性。由于管理幅度与层次是影响组织组织结构的重要因素，同时管理幅度的大小同管理层次的多少成反比例关系。因此，在会展组织设计中，两者必须兼顾，做到幅度适当，层次少而精。

二、会展工作分析

（一）会展工作分析的含义与内容

工作分析也称职务分析，它是人力资源管理的一项核心基础职能，是一种应用系统方法，收集、分析、确定组织中职位（岗位）的定位、目标、工作内容、职责权限、工作关系、业绩标准、人员要求等基本因素的过程。[①] 具体地说，工作分析就是全面收集某一职位的相关信息，对该职位的工作从以下几个方面开展调查研究：工作内容（What）、责任者（Who）、工作岗位（Where）、工作时间（When）、怎样操作（How）、为何要这样做（Why）、服务对象（For Whom）等。

工作分析概念应包含三个方面的内容：一是应首先确定工作的内涵，即岗位名称、地点、任务、权责、工作对象、劳动资料、工作环境及本岗位与相关岗位间的联系制约方式等，对这些因素的系统表达，称之为工作描述；二是岗位对员工的要求，也就是该岗位的工作人员应具备的知识、技能、身体状况、心理素质等；三是对工作分析结果的表述，即制订相应的工作规范和工作说明书。

---

① 彭剑锋. 人力资源管理概论［M］. 上海：复旦大学出版社，2003：106.

（二）会展工作分析相关概念

1. 工作要素（element）

工作要素是工作活动中不能再继续分解的最小的劳动单位。工作像一台计算机由许多元件按一定的功能和序列构成一样，也是由一系列微小单元或元素构成的。一组工作元素就组成了一项工作任务。

2. 任务（task）

任务是指为达到某种特定目的所从事的一系列活动，它由一个或多个工作要素组成。如设计一份参展商满意度的调查问卷、会场管理人员搬运相关设备等。

3. 职责（duty）

职责是指处于某岗位上的人所承担的一项或多项相互联系的任务的集合。它与职位是相联系的，什么职位对应什么职责。如会展安保人员的职责就是确保会场的秩序稳定。

4. 职位（position）

职位是指构成一个员工全部工作的任务和责任的集合，它是人与事有机结合的基本单位。一般情况下，职位与人是一一匹配的，在会展组织中，有多少个职位，就有多少人，二者数量相等。如市场部经理就是一个职位、办公室设两个秘书职位，就有两位秘书。

5. 工作（job）

工作是由一个或一组在主要或重要任务和责任上非常相似的职位所构成的事项，如会展组织人力资源管理部门对其工作人员的培训工作。工作与职位的区别是工作可以同时容纳一个以上的人，而职位不能。如培训工作可由两个或两个以上人来做，但是这些人所占据的职位是不同的。

6. 职业（occupation）

职业是在不同组织、不同时间从事相似活动的一系列工作的总称，如会展策划师、会计师等。职业与工作的区别是：职业的范围较宽且具有跨部门、跨组织的特点，而工作的范围则较窄，且通常是对某一组织而言。

（三）会展工作分析的作用

会展工作分析是会展组织人力资源管理工作的基础，它为人力资源管理的其他职能提供信息和依据，对于提高人力资源管理活动的效率有着举足轻重的作用，具体体现在以下几个方面。

1. 为组织结构设计和人力资源规划提供依据

会展组织内各项工作责任的大小、任务的轻重、时间的约束、工作条件的限制等因素决定了所需的不同人员。工作分析就是要根据组织的需要，将影响工作的因素逐一进行列举分析，通过分析可以具体确定职位数目，详细说明各个职位的特点和要求，明确纵向指挥关系和横向协调关系，从而为科学地组织结构设计奠定基础。同时，为了使组织在发展过程中适应外部环境的变化，必须通过有组织、有计划的人力资源规划来预测组织在某一时间节点上所需要的人员数量、种类和要求，以及组织在该时间节点上能从内部满足的人力资源供给，从而满足组织对人力资源的需求。在人力资源规划过程中，需要获得组织关于各种工作对人员数量和质量的要求，这类信息的获得也必须通过工作分析来完成。

2. 为员工招聘提供有效的信息

组织在进行员工招聘时需要对拟招聘岗位的职责和内容进行准确界定，明确任职资格和要求，才能准确及时地招募到满足组织发展需求的合格人才。通过工作分析，明确各项工作的要求、任职资格，在招聘过程中就有了客观的标准，可以减少主观判断的成分，有利于降低招聘成本，提高招聘录用的质量。

3. 为降低培训成本，提高培训效率提供条件

低成本、高效率的员工培训与培训的内容、方法与员工工作任务的内容及岗位所需要的工作能力和操作技能等方面密切相关，工作分析明确了任职资格、技能等条件，根据工作分析资料，对照员工的现状，可以了解员工的不足，明确员工与要求的差距，据此确定培训需求，制订出培训计划，开展各种有针对性的培训活动，可以有效降低培训成本，提高培训效率。

4. 为进行科学的绩效管理提供客观评价标准

工作分析通过对组织在不同时期、不同背景下的情况进行分析，明确了工作规范与要求，既为绩效管理提供了员工工作业绩的评定标准，也为员工工作指明了方向，从而使绩效考核公平公正，达到科学评价员工工作绩效的目的。

5. 为薪酬的内部公平性提供保证

工作分析可以明确工作岗位在组织中所处的等级、位置，工作的相对价值（可以通过技能水平、努力程度、工作条件等衡量），以及该职位员工所要承担的责任、工作数量和质量要求。通过工作分析，设计出合理的薪酬制度，使组织的薪酬水平有明确的、可解释的基础，有助于保证薪酬的内部公平性。

第二节　会展组织设计与工作分析的流程

一、会展组织设计的流程

会展组织的设计是一个动态的系统过程，它包含了众多的工作内容，科学地进行组织设计，要根据组织设计的基本规律有步骤地来开展。一般来讲，组织的设计大致发生在三种情形下：一是新建组织需要进行组织结构的设计，这是新组织能否成功的基本要素之一；二是原来的组织结构经过多年的运转，存在许多问题或经营目标发生变化，需对原有组织结构进行重新评估和改造，重新设计；三是组织结构需要进行局部调整和改变，如不同地区的会展组织根据自身业务特点和管理需要，对其组织结构加以补充调整。虽然会展组织对组织结构设计的情形是不同的，但它们在组织的设计上基本程序是相同的。

（一）确定组织设计的基本思路

会展组织首先要根据自己的战略任务、目标及组织自身的内部条件和外部条件来确定组织设计的基本思路，规定组织设计基本原则和所需考虑的各种管理具体因素。在组织的选择上，管理者是受到限制的，不能随心所欲，要依据组织目标、环境条件（如投资规模和技术）等来确定。只有根据组织目标和内外部条件确定了组织设计的基本思路，才能确定组织部门具体职能目标。

（二）进行组织的职能分析和职能分解

这个阶段是在确定了组织的具体任务和目标后，根据实际生产技术和管理的需要，具体分析组织的全部职能，明确管理职能的设置，然后把组织内部各种职能细化到可以操作的各项具体的管理业务活动，组织的全部职能便转化为管理人员的具体工作内容，最终得以落实。

（三）确定管理层次和规定岗位的权责

这个阶段是设计从事各项管理职能和业务的各管理层次、部门、岗位及其权责，这是组织设计的主体工作，可以有两种设计方法。

1. 自上而下的设计方法

自上而下的设计方法是根据组织各项基本职能及集权程度的设计原则，来确定组织的管理层次，再进一步确定各管理层次应该设置的部门，最后将每一个部门应该承担的工作分解成各个管理职位和岗位。

2. 自下而上的设计方法

自下而上的设计方法是先具体确定组织运行所需的各个岗位和职务，然后按一定的要求，将某些岗位和职务组合成多个相应独立的管理部门，再根据部门的多少和设计的幅度要求，划分出各个管理层次。由于组织结构中的职务（岗位）—部门—层次三者是相互联系和制约的，在实践中这两种方法一般是结合起来使用，相互修正，经过反复多次才能确定最后设计的组织结构框架。

（四）组织内部联系方式和管理规范设计

组织内部联系方式是设计上下管理层次之间，左右管理部门之间的协调方式和控制手段，这一步的工作对于会展组织非常重要，它是把组织的各个组成部分联结成一个整体，使整个组织结构能够步调一致，来有效地提高组织管理的整体功能。在确定了组织结构的框架和联系方式的基础上，需要进一步确定各项管理业务的管理工作程序、管理工作达到的要求标准和管理人员应采用的管理方法等，使设计出的组织结构系统化和规范化，使组织运行和管理有章可循，起到巩固和稳定组织结构的巨大作用。

（五）配备部门的主要管理人员

在完成了以上步骤之后，便需要按照关键岗位的任职条件，选拔配备相关的管理人员，并对普通职员做出相应的分配和安排，特别是限定清楚直线人员与参谋人员的配备。

（六）组织结构修正与完善

组织设计完成之后，便进入了运行状态，但是组织设计并不是一蹴而就的，它是一个动态的不断补充修正的过程。在组织结构的运行过程中，会暴露出许多漏洞和矛盾或者随着组织内外部环境变化而出现了新的问题，这就需要对原来的设计做出修改。因此，组织通过控制过程把组织结构运行中的各种信息反馈到前面的各个环节中去，根据出现的情况对组织结构做出及时调整，使组织结构在运行过程中得到不断修正和完善，只有这样才能适应已经变化了的组织经营目标和经营环境。

二、会展组织工作分析的流程

会展组织工作分析是组织各项管理的基础，是一个全面细致的评价过程。为了保证工作分析的效果，在操作过程中要遵循一定的步骤。工作分析的过程主要包括计划和设计、信息收集、信息分析、分析完成、结果运用及修正等五个阶段，这五个阶段相互联系、相互衔接、相互影响。

（一）计划和设计阶段

1．确定工作分析目的

工作分析目的在一定程度上决定了将使用哪种方法来收集资料，并会影响工作分析的设计。因此，首先需要确定其分析结果是用于人力资源管理的哪个方面，以及解决什么管理问题。工作分析的价值对于不同的使用对象是不一样的，在会展组织管理中，解决不同的管理问题，所需要的信息及其组合各不相同，如当某项工作分析是用来为新员工开发出一个专业技术培训方案时，分析者会关注于该工作的主要活动、任务，以及完成的标准和对员工在知识、技能和能力方面的要求。

2．选择工作分析方法和分析样本

根据工作分析目的，确定所要收集的工作信息内容。为了保证工作分析结果的有效性，在工作分析中应选择和限定工作分析的方法，如观察法、工作日志法、访谈法、问卷法、工作实践法、典型事例法等，对具有代表性和典型性的工作样本进行分析，确保收集的信息质量，减少信息分析的工作量。

3．成立工作分析组织机构

由于工作分析关系到组织全体成员的切身利益，因此应建立专门的或特别的工作分析领导小组等组织机构，合理分配有关工作分析的权限和职责，保证工作的顺利进行。工作分析人员应具备一定的与被分析工作相关的工作经验及专业知识，并保证其在进行工作分析时具有一定的独立性，有效提高信息分析的质量，使分析工作公正、合理、令人信服。

4．制订工作分析的规范

制订工作分析的规范主要包括规范用语、规范职能划分的标准、名称、工作信息类型的分类标准、工作分析的时间规划、工作分析的活动层次、工作分析活动经费等。制订有效的工作分析规范可以使工作分析的内容更全面有效。

5．取得高层的认同和配合

工作分析的涉及面往往很大，需要占用大量的时间和费用，必然会影响组织的正常运作，甚至会影响员工的利益。所以，分析工作在领导层中达成一致意见以后，由高层管理者推动并进行广泛地宣传，以促成工作信息提供者的合作，获得真实、可靠的工作分析信息。

（二）信息收集阶段

1. 信息收集的任务

信息收集是整个工作分析活动的基础，包括：按选定的方法、系统、程序收集信息；研究各种有关工作因素的分析活动，主要有信息描述、信息分类和信息评价等；解释、转换和编辑所获得的分类信息，使这些资料成为可以使用的条文，等等。工作分析所需要的基本数据的类型和范围取决于工作分析的目的、工作分析的时间和预算等。

2. 收集信息的内容

工作分析需要收集的信息主要包括：组织结构图、工作流程图及其说明、工作说明书等，这些资料显示出了该项工作与组织中的其他工作的关系，以及它在整个组织中的地位；还有工作日志、设备维护记录、培训记录等，这些对工作分析都有重要的参考价值，有助于更全面地了解职位情况。

（三）信息分析阶段

1. 工作名称与编号

工作名称分析是要使工作名称达到标准化，以便通过工作的名称就能使人了解到工作的性质和内容。一般要求工作的名称应准确而且规范，同时要按照科学编码的方式进行编号。

2. 工作描述分析

（1）工作任务分析。工作任务分析明确了工作的行为，包括工作的目标、工作的核心任务、工作内容，工作的多样化和独立性程度，完成工作内容所需要的方法和步骤，以及何时完成和完成的程度。

（2）工作责任分析。工作责任分析的主要目的是通过对工作在组织中的相对重要性的分析为工作配置相应的权限，以保证工作的责任与权利相互对应，同时应尽量使用定量的方法来确定工作的责任与权利。

（3）工作关系分析。工作关系分析是了解、明确该项工作的协作关系，主要包括：该工作在组织中制约哪些工作；该工作受哪些工作的制约；相关工作的协调、合作关系；在哪些工作范围内可以进行人员的升迁或调换活动等。

（4）劳动强度分析。劳动强度分析是为了确定某项工作合理的标准活动量。劳动强度可以用此项工作活动中劳动强度指数最高的几项操作来表示，如劳动定额、工作折算基准、工作循环周期等折算。

3．工作环境分析

工作环境分析是对工作所处的物理环境、劳动安全状况、社会环境所进行分析，主要包括以下三个方面的内容。

（1）工作的物理环境。工作的物理环境分析是对工作场所的温度、湿度、照明度，噪音等，以及对工作人员每日与这些因素接触的时间所进行的分析。

（2）工作的安全环境。安全环境主要指该项工作的危险性、可能发生的事故、事故的原因、事故发生后对员工身体造成的危害以及危害程度，还有劳动的安全保障和防护措施条件等。

（3）工作的社会环境。社会环境也称社会背景，它与通常所理解的“社会背景”的含义不同，它主要包括工作所在地的生活方便程度、工作环境的孤立程度、直接主管的领导风格、同事之间的人际关系、团队气氛、工作协作程度等方面的内容。

4．任职资格分析

任职资格是指员工能够有效地履行职责时所必须具备的知识、工作经验、心理素质等方面的最低资格条件。

（1）知识水平。知识水平条件在会展组织中比较常用的考察指标是学历。这是按一般经验得出的结论：具有一定学历才能对会展组织工作流程、设施设备、操作规程及操作方法、安全技术、组织管理知识等方面的理论和技术有一定的理解和掌握。知识水平还包括员工对有关政策、法规、工作准则，以及有关规定了解的最低要求。

（2）工作经验分析。员工必备经验分析是指各项工作对工作人员为完成工作任务所必须具备的操作能力和实际经验的分析。

（3）心理素质分析。员工必备的心理素质分析是根据工作的特点确定员工应当具备的一些必要心理要求。主要指员工应具备的适应能力、心理承受能力、主动性、责任感、支配性、情绪稳定性等气质倾向，这些素质往往难以测评出来，只能通过在工作实践中观察得到。

（四）分析完成阶段

完成阶段是工作分析的最后阶段与落脚点，前面的工作都是为了达到此阶段的目标。这一阶段的任务就是根据分析阶段所获信息编制可供操作使用的“工作描述”与“工作规范”，形成管理文件，即工作说明书，提交给相关部门，并对工作分析本身进行总结评述，为今后的工作分析工作提供经验与信息基础。

（五）结果运用及修正阶段

在工作分析结果运用阶段，主要解决如何促进工作分析结果的使用问题。其具体活动主要是制定各种具体应用的文件，如提供甄选录用的条件、考核标准、需进行培训的内容等。同时，在运用过程中应根据实际工作情况，对工作说明书进行不断调整、修改，使其完善。

第三节　会展组织设计与工作分析的方法

会展工作分析是一项技术性工作，工作分析过程中所使用的方法是否科学得当，在一定程度上决定了工作分析的成败。获取工作分析信息的方法有多种，可以分为两类：一类是定性分析方法，一类是定量分析方法。

一、定性分析方法

常见的定性分析方法主要有访谈法、直接观察法、问卷调查法、工作日志法和关键事件法。

（一）访谈法

访谈法又称面谈法，是一种应用最为广泛的工作分析方法，指工作分析者就某一个职务或职位面对面地询问任职者、主管、专家等人对工作的意见和看法。访谈法是收集那些脑力劳动、特殊工作环境、员工态度等方面信息的有效方法，通过访谈法主要可以了解到被访者的工作体会、工作态度和对工作环境的感受。

访谈法主要可以分为三种类型：个别访谈法、集体访谈法及主管人员访谈法。个别访谈法主要是在各职位的工作职责之间有明显差别时使用；集体访谈法则主要在多名员工从事同样的工作时使用；主管人员访谈法指与一个或多个主管面谈，因为他们对工作非常了解，有助于减少工作分析的时间。一般情况下，应用访谈法时，以标准化访谈格式记录，目的是便于控制访谈内容及同一职务不同任职者的回答相互比较。

1. 访谈法的优点

（1）应用广泛，它可广泛运用于以确定工作任务和责任为目的的职务分析；

（2）通过面谈，可以发现一些在其他情况下了解不到的工作活动和行为；

（3）能够为组织提供一个向大家解释职务分析的必要性及其功能的良好机会；

（4）访谈法相对来说比较简单，但却可以非常迅速地收集到相关的信息，同时具有较强的可控性。

2. 访谈法的缺点

（1）职务分析者对某一工作固有的观念会影响其做出正确的判断；

（2）被访问者出于自身的利益考虑有时会采取不合作的态度，或有意无意夸大自己所从事工作的重要性和复杂性，从而导致所提供的工作信息失真；

（3）会打断被访问者的工作；

（4）分析人员的问题可能会因不够明确或不够准确而造成误解，从而影响工作信息的收集。

（二）直接观察法

直接观察法是指工作分析小组在工作现场观察或运用工具观察员工的实际工作过程，并将员工正在从事的任务和职责以文字、图像或影音的形式一一记录下来，并在此基础上分析有关的工作因素、达到分析目的的一种方法。这种方法适用于大量标准化的、周期短的、以体力劳动为主的工作。

为了使直接观察法能够顺利进行，实现其目的，需要注意以下问题：

（1）观察前应预先准备好较为详细的提纲；

（2）不要引起被观察者的注意，至少应不干扰被观察者的正常工作，并取得被观察者的理解与合作；

（3）被观察的工作应相对静止，在一段时间内的工作内容、工作程序及其对工作者的要求不会发生明显的变化。

直接观察法的优点是可以了解广泛的信息，如工作活动内容、工作人员的士气等，同时采用这种方法收集到的资料多是第一手资料，排除了主观因素的影响，比较客观和正确。

其缺点是它不适用于脑力劳动成分比较高的工作和处理紧急情况的间歇性工作。另外，在观察中，被观察者的行为表现会出现与平时不一致的情况，从而影响了观察资料的信度。最后，直接观察法的工作量太大，要耗费大量的人力和财力，时间也过长。

（三）问卷调查法

问卷调查法是结合工作分析的目的和内容，事先设计好工作调查问卷，由被调查者结合工作实际填写，然后由工作分析人员根据问卷调查情况来对某项工作的内涵和要求进行归纳、总结和分析的一种方法。

运用问卷调查法的前提是问卷的设计，问卷设计做好以下工作。

1. 确定问卷的结构性程度

结构性程度是指问卷内容的细化程度。在结构性程度很高的问卷里，工作职责被细化为上百个小的职责，连完成的工作时间都要填上。结构性程度低的问卷所涉及的问题比较笼统开放，由任职人员根据自己的判断来填写。在实际操作中，多是两者结合，既有结构性较强的问题，也有开放性的问题。

2. 确定问卷的内容

问卷设计的如何，直接牵涉到搜集资料信息的质量，从而影响工作分析的效果。因此，这是一项复杂的工作。

问卷调查法的优点如下：

（1）能够迅速得到进行工作分析所需的资料、操作简单；

（2）节省时间和人力，实施费用一般比其他方法低；

（3）调查表可以在工作之余填写，不占用劳动时间；

（4）可以使调查的样本量很大，适用于需要对很多工作者进行调查的情况；

（5）调查的资料样本量大并有统计意义，还可以将部分问题量化，也可以用计算机来处理数据。

调查问卷法的缺点在于设计理想的调查问卷要花费大量的时间、人力和物力，费用较高；填写调查表是由工作者单独进行的，缺少交流；被调查者可能不积极配合与认真填写或因对问卷的理解不同而产生信息误差，从而影响调查的质量。

（四）工作日志法

工作日志法就是由职位的任职者本人按照时间顺序记录工作过程，然后通过归纳、整理，得到所需工作信息的一种信息提取方法。具体来讲，就是员工本人按照工作日志的形式，以小时或分钟为单位，详细地记录自己的工作内容、责任、权利、工作量（工作结果）、工作时间、工作关系、甚至工作感受等方面的信息，据此来进行工作分析，实现工作分析目的。显然，用此方法必须有一个前提条件，那就是所考察的工作岗位以前一直要求员工记录工作日志。

工作日志法的优点是：由于它根据岗位上的员工本人对工作最为熟悉，体会最深刻这一前提，所以，分析的结果比较可行、有效；它对于高水平和高复杂性工作的分析，显得比较经济和有效。其缺点是它也会出现偏差，特别是在工作分析开始之后才要求记录的情形，员工可能会夸大工作难度和责任，对失误避重就轻或强调客观因素。

（五）关键事件法

关键事件法，也称典型事例法。关键事件法的原创者是约翰·弗拉纳根（John. Flanagan）。它是在第二次世界大战中由军队开发出来的，当时是一种识别各种军事环境下人力绩效关键性因素的手段。在工作分析中，关键事件是指使工作成功或失败的关键行为特征或事件。该方法是借助任职者对这些关键事件进行描述性分析工作的一种方法。这种方法可以直接描述员工在工作中的具体活动，揭示工作的动态性；由于所研究的工作可以观察和衡量，所以用这种方法获得的资料适用于大部分工作。但收集归纳事例需要大量的时间，而且所描述的是具有代表性的工作者行为，忽视了一些不显著的工作行为，所以难以完整地把握整个工作实体。

尽管关键事件识别对于员工招聘、选拔、培训及制订绩效评估标准，都是极为有效的。但这种方法收集的信息量有限，不能提供有关工作职责、工作任务、工作环境等相关信息。因此，采用关键事件法进行工作分析时，应注意三个问题：调查期限不宜过短；关键事件的数量不能太少，应能够说明问题；正反两方面的事件都要兼顾，不得偏颇。尽管如此，关键事件法依然是目前最为有效、运用最广泛的工作分析方法之一。

二、定量分析方法

定性分析方法在会展组织中应用得比较多，但在许多情况下，定性方法并不适用，如在要通过对各项工作进行比较来决定薪酬和待遇高低的时候，就需要采用定量的分析方法。定量分析方法最为常用的是职位分析问卷法、功能性工作分析法、管理岗位描述问卷法。

（一）职位分析问卷法

职位分析问卷（Position Analysis Questionnaire，PAQ）是一种结构严密的工作分析问卷。它于 1972 年由麦考密克（McComick）提出，是一种适用性很强的工作分析方法。PAQ 包括 194 个项目，其中的 187 项被用来分析完成工作过程中员工活动的特征，另外 7 项涉及薪酬问题。

PAQ 的 13 个总体性维度包括：

1. 决策、沟通及一般责任；
2. 事务性活动及其相关活动；

3. 技术性活动及其相关活动；
4. 服务性活动及其相关活动；
5. 常规性工作时间表及其他工作时间表；
6. 例行的、重复性的工作活动；
7. 环境知觉性；
8. 一般身体活动；
9. 操作的机械设备；
10. 监督、协调或其他人事活动；
11. 公共关系、顾客关系及其他接触活动；
12. 令人不悦的、伤害性的、高强度要求的环境；
13. 非典型工作时间表。

尽管职位分析问卷得到了广泛运用，但也存在一些问题：一，问卷表十分复杂，普通员工如果不经过专门培训很难填写好问卷表，所以在利用问卷法进行工作分析时，最好由那些专业工作分析人员来填写问卷，而不是让任职者或其上级监督人员来填写；二，PAQ 只对体力劳动性质的工作岗位适用性较好，对管理性质、技术性质岗位适用性较差。

（二）功能性工作分析法

功能性工作分析法（Functional Job Analysis，FJA）是以美国劳工部工作分析法为基础，由美国培训与职业服务中心研究出来的。它主要是通过对人、事、信息三者之间关系的确定来进行工作描述，以员工应发挥的功能与应尽的责任为核心，列举员工要从事的工作活动，通过归纳以上信息，得出一份完整的工作分析文件。

功能性工作分析法涉及工作的任务、目的、任职资格、素质，以及工作对任职者的培训要求等。该方法不仅仅是依据信息、人、物三个方面来对工作进行分类，它还考虑以下四个因素：工作需要得到指导的程度，工作运用推理和判断能力的程度，工作的数学能力要求多高，工作要求的语言表达能力如何，可以说，这种评价方式更为全面和准确。

（三）管理岗位描述问卷法

管理岗位描述问卷法（Management Position Description Questionnaire，MPDQ）是托纳（W. W. Tomow）和平托（P. R. Pinto）于 1976 年提出来用于分析管理人员工作的工作分析法。它与职位分析问卷法相似，但它是对管理人员的工作进行量化的测试方法。

MPDQ有208项用来描述管理人员工作的问题，问题归为13类，采用6分制对项目进行评分，它由管理人员自己填写。这13种类型分别如下。

1. 产品、市场和财务战略计划；
2. 与组织其他部门和人事管理工作的协调；
3. 内部业务控制；
4. 产品和服务责任；
5. 公共关系与客户关系；
6. 高层次的咨询指导；
7. 行动的自主性；
8. 财务审批权；
9. 雇员服务；
10. 监督；
11. 工作的复杂性和压力；
12. 重要财务责任；
13. 广泛的人事责任。

在进行管理岗位工作分析时应注意管理工作的特殊性，它具有非程序化，因地制宜的特点。另外，管理人员有一定的权限去改变一些程序以适应自己的管理风格，而不是按规定的程序执行。甚至，有时管理人员较多地强调工作取得的业绩，而忘了这是他应该履行的职责。

第四节　会展工作说明书的编写

一、工作说明书概述

工作说明书指用书面的形式对组织中各类职位（岗位）的工作职责、工作权限及对该职位的考核、培训情况进行描述的文件。

工作说明书主要说明了任职者应该做什么，如何去做，其工作标准是什么，各项工作内容的时间是多少。它向任职者明确了各自的工作权限，向任职者和管理者提供了对于该职位从哪些方面进行考核。工作说明书的主要目的在于明确职位的职责，工作任务，对应的责任和权利，以及职位的培训机会。表4－1列出了美国会展职位与工作职责，可以较为清楚地看到工作职责与分工的描述和定位。

表4-1　美国会展职位与工作职责①

职位	工作职责
展览经理	主要负责指导和管理展商活动，包括销售和促销活动
展会主管	主要负责展会的策划、组织和管理工作，包括制订预算、选择场地、与场地出租者进行协商及监督展台销售
会议主管	主要负责会议计划、组织安排、开发、选址和会议预算，与场地出租者进行协商及协助演讲人
一般展会工作人员	协助展览经理的管理工作，向参展商提供服务，包括编制参展商名册和协助展会现场管理
一般行政管理人员	负责市场营销、登记和审核协会成员资格
会展策划师	从事会展的市场调研、方案策划、销售和营运管理等相关活动，负责会展项目的市场调研、进行项目立项、招商、招展、预算与运营管理等方案的策划，项目销售及现场运营管理
会展设计师	根据品牌特色和客户要求选展和布展，包括现场观察展位位置，构思展位主题、展览形式，设计制图，安排场地布局，并能现场指导安装人员及展览礼仪的企划等
会展项目经理	是行业内有多年从业经验的会展项目负责人，主要职责为承接会展项目，负责所承担项目的组织、实施，完成部门下达的创收指标等工作
会展客户/销售经理	负责国际展会的咨询、销售、后续服务及相关商务的联系接洽工作

二、工作说明书的作用

1. 明确工作职责，可以作为任职者上岗工作，了解本职位工作职责的操作手册；

2. 通过确定职位的工作标准，明确考核标准；

3. 可以用于发布招聘职位信息时，明确招聘职位的工作职责；

4. 工作评价的参考资料；

① 罗松涛. 会展管理实务［M］. 北京：对外经济贸易大学出版社，2007：27.

5. 可用于培训需求调查的参考资料。

三、工作说明书的主要内容

工作说明书主要包括两大项内容：工作职责和技能要求。

（一）工作职责

又称为工作任务，主要是对工作的具体职责、工作权限及结果进行规定。具体来说，工作职责包括以下几个方面。

1. 职责概要

又称为职责摘要，主要指用简练的语言文字阐述工作的总体性质、中心任务或是要达到的工作目标。如对人力资源经理的工作来说，其职责概要是："制定、执行与组织人力资源活动相关的政策和措施。"

2. 具体职责

主要通过对工作活动的各项内容逐条进行说明，按工作活动内容说明各项工作所占的时间百分比以及各项活动所要达到的标准。

3. 工作权限

主要是对任职者在工作活动内容上的权限范围进行界定，包括决定的权限，对他人实施监督管理的权限等。

4. 注意避免的过失

主要是对任职者在工作活动中容易发生的过失进行描述，旨在提醒任职者在实际工作中尽量避免造成这样的过失。

5. 考核

考核主要针对任职者的工作结果，其标准最好能够定量。

（二）技能要求

技能要求主要是针对各岗位的情况，确定该岗位需要哪些技能，具体分为岗位核心技能、一般技能。

工作分析不仅涉及对工作内容的分析，也涉及对分析结果的报告，这些通常以工作说明书和工作规范的形式呈现出来。表 4－2 概括了工作说明书中通常包含的信息（包括工作规范）。

表 4－2 工作说明书的内容

• 编写日期
• 工作状况
• 职位名称
• 工作概要（工作职责提要）
• 工作职责和责任的详细清单
• 所受监督
• 重要联系
• 要参加的有关会议和要归档的报告
• 能力或职位要求
• 所需的教育和经验
• 职业流动（工作承担者以后可以胜任的职位）

四、工作说明书编写注意事项

工作说明书是从“工作”和“人”两方面来考虑人力资源管理工作的。因此工作说明书的编制必须遵循以下准则。

（一）逻辑性

以符合逻辑的顺序来描述工作职责。一般说来，一个职位通常有多项工作职责，在工作说明书中罗列这些工作职责的时候并非杂乱无章的、随机的，而是要按照一定的逻辑顺序来编排，这样才有助于理解和使用工作说明书。较常见的组织工作职责的次序是按照各项职位的重要程度和所花费任职者时间的多少进行安排的，将最重要的职责、花费任职者较多时间的职责放在前面，将次要的职责、花费任职者较少时间的职责放在后面。

（二）准确性

（1）工作说明书应当清楚地说明职位的工作情况，描述要准确，语言要精练，一岗一书，不能雷同，不应“千岗一面”“一岗概全”。

（2）尽量避免选用最专门化的词汇来表示：如工作的种类、复杂程度、技能要求程度、可能出现的部门的标准化程度、任职者对工作的各方面所负责任大小、责任的程度与类型等。职位说明书要让大家能理解，而不仅仅是少数技术专家才能理解。

（3）当遇到技术性的问题时，应尽量转化成较为通俗的语言。在运用表示动作的词汇，如分析、搜索、召集、计划、分解、引导、运输、转交、维持、监督，以及推荐等时，力图写明其标准，避免用词含糊。通常情况下，组织中较低级职位的任务最为具体；而较高层次的职位则处理涉及面更广一些的问题。

（三）实用性

任务明确好上岗，职责明确易考核，资格明确好培训，层次清楚能评价。与此同时，还应该表明各项职责所出现的频率。表示各项职责出现的频率高低可以通过完成各项职责的时间所占的比重来表示，因此，可以在各项工作职责旁边加上一列，标明各项职责在总的职责中所占的百分比。

（四）完整性

完整性是指在编写工作说明书的程序上要保证其全面性。工作说明书的编写一般由现职人员自我描述，主管领导审定，专家撰写主要职位，人力资源部及其他部门工作人员协助完成其他工作描述。

（五）统一性

文件格式统一，可参照典型工作说明书编写样本。

五、工作说明书模板

工作说明书模板

说明书编号：__________批准日期________

<table>
<tr><td>职位名称</td><td></td><td>职位编号</td><td></td><td>编制人数</td><td></td><td>编制日期</td><td></td></tr>
<tr><td rowspan="2">部　门</td><td rowspan="2">事业部</td><td>任 职 人</td><td colspan="2"></td><td>任 职 人签字</td><td colspan="2"></td></tr>
<tr><td>直接主管</td><td colspan="2"></td><td>直接主管签字</td><td colspan="2"></td></tr>
<tr><td colspan="4">下属人员</td><td colspan="4">下属人员职位及其编制人数</td></tr>
<tr><td colspan="4">直接：________人</td><td colspan="4"></td></tr>
<tr><td colspan="4">间接：________人</td><td colspan="4"></td></tr>
<tr><td colspan="4">总计：________人</td><td colspan="4"></td></tr>
<tr><td colspan="8">沟通关系</td></tr>
<tr><td rowspan="2">内部</td><td colspan="7"></td></tr>
<tr><td colspan="7"></td></tr>
</table>

续表

<table>
<tr><td rowspan="2">外部</td><td colspan="5"></td></tr>
<tr><td colspan="5"></td></tr>
<tr><td>职位概要</td><td colspan="5"></td></tr>
<tr><td></td><td colspan="2">职责范围</td><td>负责程度</td><td>建议考核内容</td><td>占用时间</td></tr>
<tr><td>序号</td><td colspan="2">按重要顺序依次列出每项职责及其目标</td><td>负责/部分/支持</td><td>考核指标</td><td>100%</td></tr>
<tr><td>1</td><td colspan="2"></td><td></td><td></td><td></td></tr>
<tr><td>2</td><td colspan="2"></td><td></td><td></td><td></td></tr>
<tr><td>3</td><td colspan="2"></td><td></td><td></td><td></td></tr>
<tr><td>4</td><td colspan="2"></td><td></td><td></td><td></td></tr>
<tr><td>5</td><td colspan="2"></td><td></td><td></td><td></td></tr>
<tr><td>6</td><td colspan="2"></td><td></td><td></td><td></td></tr>
<tr><td>7</td><td colspan="2">处理外、本部门其他临时事项</td><td></td><td></td><td></td></tr>
<tr><td rowspan="5">责任范围</td><td>汇报责任</td><td>直接上报________人</td><td colspan="3">间接上报________人</td></tr>
<tr><td>督导责任</td><td>直接督导________人</td><td colspan="3">间接督导________人</td></tr>
<tr><td>培育责任</td><td></td><td colspan="3"></td></tr>
<tr><td>成本责任</td><td></td><td colspan="3"></td></tr>
<tr><td>保密责任</td><td></td><td colspan="3"></td></tr>
</table>

<table>
<tr><td rowspan="6">工作权限</td><td>权力项目</td><td>主要内容</td></tr>
<tr><td>审批权</td><td></td></tr>
<tr><td>核查权</td><td></td></tr>
<tr><td>建议权</td><td></td></tr>
<tr><td>用人权</td><td></td></tr>
<tr><td>考核权</td><td></td></tr>
</table>

续表

<table>
<tr><td rowspan="20">任职资格条件</td><td rowspan="3">生理要求</td><td>性　别</td><td></td></tr>
<tr><td>年　龄</td><td></td></tr>
<tr><td>健康状况</td><td></td></tr>
<tr><td rowspan="5">知识技能水平</td><td>外语水平</td><td></td></tr>
<tr><td>计算机水平</td><td></td></tr>
<tr><td>资格证书或专业背景</td><td></td></tr>
<tr><td>业务知识</td><td></td></tr>
<tr><td>使用的设备和工具熟练程度</td><td></td></tr>
<tr><td rowspan="2">教育及培训</td><td>教育水平</td><td>□硕士以上　□本科　□大专　□高中　□初中</td></tr>
<tr><td>需经过相关的培训</td><td></td></tr>
<tr><td rowspan="2">工作经验</td><td colspan="2">□否</td></tr>
<tr><td colspan="2">□6 个月及以下　□6 个月 ~1 年　□1 年 ~2 年　□3 ~4 年　□5 年以上</td></tr>
<tr><td rowspan="6">能力素质要求</td><td>能力项目</td><td></td></tr>
<tr><td>决策能力</td><td></td></tr>
<tr><td>领导能力</td><td></td></tr>
<tr><td>协调能力</td><td></td></tr>
<tr><td>沟通能力</td><td></td></tr>
<tr><td>创新能力</td><td></td></tr>
<tr><td>个性特质要求</td><td colspan="2"></td></tr>
<tr><td>职位晋升</td><td colspan="2"></td></tr>
</table>

第五节　本章小结

人力资源管理是对人的管理，但是人都是组织体系中的一分子，履行岗位职责，完成组织目标，组织管理总是以组织所承担或所从事的活动为基础来展开的，组织的任务和目标最终都要落实在具体的职位上，表现为职位所对应的工作。因此，结构合理和有效运转的组织是组织运营的关键，也是组织人力资源管理工作。在会展人力资源管理中，必须掌握工作分析的方法，对会展组织组织机构设置及组织内部各个职位的工作活动进行充分的了解。本章梳理了会展组织组织设计与工作分析的含义、作用，介绍了会展组织设计和工作分析的流程，同时，还介绍了会展组织工作分析的主要方法。

本章的要点包括以下内容：

（1）会展组织设计，也称会展组织结构设计，就是会展组织根据自身整体发展战略目标，遵循一定的原则，将组织内部各部门进行优化组合，互相协调，以期高效率地实现组织目标的要求，科学制订组织内部结构方案。

（2）影响会展组织设计的因素主要有：外部环境、技术条件、管理体制、组织规模、组织的经营战略等。其主要内容包括职能设计、部门设计、管理层次和管理跨度设计、职权设计等。

（3）会展组织设计应坚持任务目标原则、分工协调原则、集权与分权相结合原则、有效管理幅度原则。

（4）会展工作分析也称会展职务分析，它是人力资源管理的一项核心基础职能，是一种应用系统方法，收集、分析、确定组织中职位（岗位）的定位、目标、工作内容、职责权限、工作关系、业绩标准、人员要求等基本因素的过程。

（5）会展工作分析是会展人力资源管理工作的基础，它为人力资源管理的其他职能提供信息和依据，对于提高人力资源管理活动的效率有着举足轻重的作用，具体体现在：为组织组织结构设计和人力资源规划提供依据；为员工招聘提供有效的信息；为降低培训成本，提高培训效率提供条件；为进行科学的绩效管理提供客观评价标准；为薪酬的内部公平性提供保证。

（6）会展组织设计的流程包括：确定组织设计的基本思路、进行组织的职能分析和职能分解、确定管理层次和规定岗位的权责、组织内部联系方式和管理规范设计、配备部门的主要管理人员、组织结构不断修正与完善。

（7）会展工作分析的过程主要包括：计划和设计阶段（确定工作分析的目的、选择工作分析方法和分析样本、成立工作分析小组、制订工作分析的规范、取得认同和配合）—信息收集阶段—信息分析阶段（工作名称分析、工作描述分析、工作环境分析、任职资格分析）—分析完成阶段—结果运用及修正阶段，这五个阶段相互联系、相互衔接、相互影响。

（8）会展工作分析是一项技术性工作，工作分析过程中所使用的方法是否科学得当，在一定程度上决定了工作分析的成败。获取工作分析信息的方法有多种，可以分为两类：一类是定性分析方法（访谈法、直接观察法、问卷调查法、工作日志法、关键事件法)；一类是定量分析方法（职位分析问卷法、功能性工作分析法、管理岗位描述问卷法)。

复习思考题

1. 什么是会展组织设计？会展组织设计包括哪几个方面的内容？
2. 会展组织设计应坚持哪些原则？
3. 什么是会展工作分析？它有哪些作用？
4. 试述会展组织设计与工作分析的流程。
5. 试述会展工作分析的主要方法。

应用案例

案例分析一 会展组织机构的设定规律与原则①

由于会展项目的差异性、项目的性质、组织机构的复杂性等，到目前为止全球并没有形成统一的会展组织机构设定标准。政府主导型会展组织结构设定与商业型会展组织结构设定不同，展览组织设定与会议组织结构也各有偏重。因此要根据具体的会展活动属性，来设计符合需求的会展组织。

通用的会展组织机构设定有以下几种。

1. 组织委员会

组织较为复杂的大中型会议或者规模较大的展览会，以主办单位为主体成立组织委员会（简称组委会）作为最高管理组织，负责会展活动的组织建设、标准制订、立项决策等相关工作。

2. 筹备委员会

筹备委员会简称筹委会，规模较小的会展活动则称之为筹备工作领导小组，简称筹备组。筹委会常见于以下两种情况：一种是为筹建某一组织而成立的筹备工作机构，另一种则为会展活动的临时性管理组织。

3. 执行委员会

执行委员会是会展活动执行工作的具体实施部门，负责会展活动相关

① 张强．会展实务操作：角色扮演训练法［M］．长春：东北师范大学出版社，2007：41—43.

决策任务的具体实施。

4. 秘书处

秘书处是会展活动组织负责信息传输、指令发布、资料收集与整理，以及日常事务协调的机构。秘书处通常与会展组织委员会设在一起，以方便对相关决策的发布与信息反馈。

5. 学术委员会

会展活动中会有一些专业的大型学术课题论坛，此类活动通常会单独设立学术委员会，作为学术方面的权威顾问机构。学术委员会可以有效地体现会议的学术性和权威性，由专家组成。

6. 资格审查委员会

政府高级会议或企业保密性会议，通常会设立资格审查委员会负责对会议正式代表的资格进行审查。代表性会议，尤其是法定性代表会议，为了保证出席会议的代表符合会议规则的要求，须设立专业的资格审查机构，按照组织章程和会议规则中有关代表资格的规定，对与会者中的正式代表进行资格审查，并向全体大会报告。如我国的人民代表大会及企业的股东大会等都设立资格审查机构。

通常组委会下设宣传部、财务部、会务部等具体部门。政府主导型会展项目，组织结构设定上通常较复杂，企业经营型商业会展活动，组织结构设定通常较简单。

无论是按照经营任务决定组织设定，还是根据项目规模设定组织结构，都应当把握以下几个原则。

1. 目标原则

组织是实现会展活动目标的有机载体，组织的结构、体系、过程、文化等均是为完成会展活动组织目标服务的，达成目标是组织设计的最终目的。通过组织结构的完善，可以使每个人在实现会展活动目标的过程中做出更大的贡献。

2. 适应创新原则

组织结构设计应综合考虑会展活动的内外部环境、组织的理念与文化价值观、组织的当前及未来的发展战略、组织使用的技术等，以适应组织的现实状况；并且，随着组织的成长与发展，组织结构应有一定的拓展空间。

3. 效率原则

组织的目标是追求效益最大化，同时降低风险与成本，效率原则是衡量任何组织结构的基础。组织结构如果能使会展活动组织者以最小的失误或代价来实现目标，就是有效的。

4. 专业化原则

专业化是建立会展组织分工的基础，组织分工是会展活动发展的基石，组织分工充分体现会展活动的现状与资源及市场、客户、产品特点等。明确权限与责任应充分考虑劳动分工与协作，包括战略规划、人力资源、控制、审计、资源配置等。以事业发展、提高效率、监督控制为首要任务的业务活动，应以此原则为主，进行部门划分。

5. 管理层级原则

管理层级与幅度的设置受到组织规模的制约。在组织规模一定的情况下，管理幅度越大管理层级越少。组织管理层级的设计应在管理有效的控制幅度之下，尽量减少管理层级，以利精简编制，促进信息流通。

6. 有效控制原则

在组织设计时，应注意命令统一，权责对等，制订规范可行的政策、制度。职能部门要加强计划、预算、核查等工作，业务部门要加强事前的协调、事中的过程控制、事后的经验总结。

7. 边界缓冲与跨越原则

会展活动发展不能脱离基本市场，会展活动总是在与基本市场（资本、产品、人才、客户、技术、原材料等市场）的互动中，不断地适应、调整、拓展新的发展空间，因此，组织应采取相应的措施，配置相应的人员对基本市场信息进行采集与整理，以便会展活动决策之用，提高组织对环境变化的应对能力。

8. 整体运作原则

会展组织运作整体效率是一个系统性过程，组织设计应简化流程，有利信息畅通、决策迅速、部门协调，充分考虑交叉业务活动的统一协调、过程管理的整体性。

9. 分工协调原则

会展活动的整体行为并不是孤立的，各职能部门既明确分工，又协调一致。分工通常以专业任务与技能特点去区分，简化权力。

一般而言，会展组织机构的框架图如下。

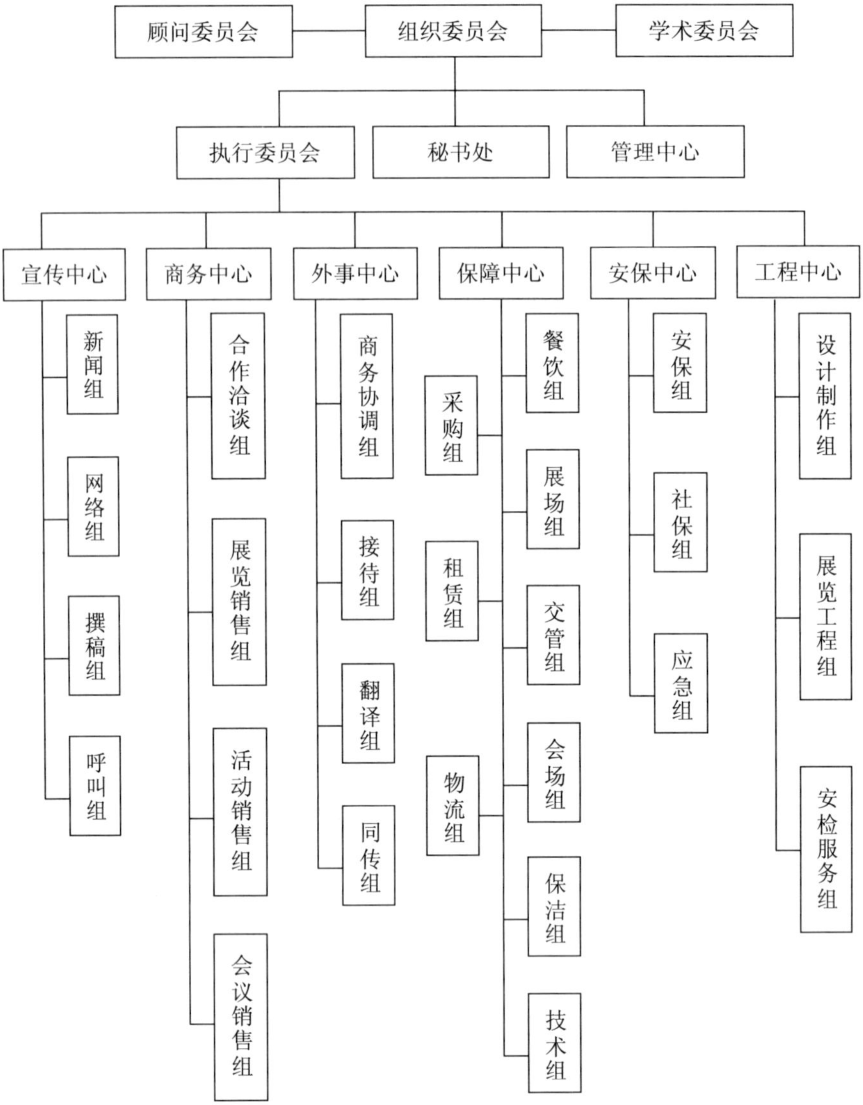

思考题

请结合上述材料，分析会展组织体系的特点与设计原则。

案例分析二　S 公司工作分析案例①

S 公司是我国中部省份的一家会展公司，近年来，随着当地经济的迅速发展，展会项目需求强劲，公司有了飞速的发展，规模持续扩大，随着公

① 李冰，李维刚. 人力资源管理［M］. 北京：清华大学出版社，2009：75－77.

司的发展和壮大，员工人数的增加，人力资源治理问题逐渐凸显出来。

公司现有的组织机构，是基于创业时的公司规划，随着业务扩张的需要逐渐扩充而形成的，在运行的过程中，组织与业务上的矛盾已经逐渐凸显出来。部门之间、职位之间的职责与权限缺乏明确的界定，扯皮推诿的现象不断发生；有的部门抱怨事情太多，人手不够，任务不能按时、按质、按量完成；有的部门又觉得人员冗杂，人浮于事，效率低下。

公司的人员招聘方面，用人部门给出的招聘标准往往含糊，招聘主管往往无法准确地加以理解，使得招来的人大多差强人意，同时目前的许多岗位不能做到人事匹配，员工的能力不能得以充分发挥，严重挫伤了士气，并影响了工作效果。在激励机制方面，公司缺乏科学的绩效考核和薪酬制度，考核中的主观性和随意性非常严重，员工的报酬不能体现其价值与能力，人力资源部经常可以听到大家对薪酬的抱怨和不满，这也是人才流失的重要原因。

面对这样严重的形势，人力资源部开始着手进行人力资源治理的变革，变革首先从进行职位分析、确定职位价值开始，职位分析、职位评价究竟如何开展、如何抓住职位分析、职位评价过程中的要害点，为公司本次组织变革提供有效的信息支持和基础保证，是摆在公司面前的重要课题。

首先，他们开始寻找进行职位分析的工具与技术，在阅读了国内目前流行的基本职位分析书籍之后，他们从中选取了一份职位分析问卷，来作为收集职位信息的工具。然后，人力资源部将问卷发放到了各个部门经理手中，同时他们还在公司的内部网上也上发布了一份关于开展问卷调查的通知，要求各部门配合人力资源部进行问卷调查。

据反映，问卷在下发到各部门之后，一直搁置在各部门经理手中，而没有发放下去。许多部门是直到人力部开始催收时才把问卷发放到每个人手中。同时，由于大家都很忙，很多人在拿到问卷之后，没有时间仔细思考，而是草草填写完事。还有很多人在外地出差，或者任务缠身，自己无法填写，而由同事代笔。此外，据一些较为重视这次调查的员工反映，大家都不了解这次问卷调查的意图，也不理解问卷中那些生疏的专业术语。很多人想就疑难问题向人力资源部进行询问，可是也不知道具体该找谁。因此，在回答问卷时只能凭借自己个人的理解来进行填写，无法把握填写的规范和标准。一个星期之后，人力资源部收回了问卷。但他们发现，问卷填写的效果不太理想，有一部分问卷填写不全，一部分问卷答非所问，还有一部分问卷根本没有收上来，辛辛苦苦调查的结果却没有发挥问卷应有的价值。

与此同时，人力资源部也着手选取一些职位进行访谈，但在试着谈了几个职位之后，发现访谈的效果也不好。因为，在人力资源部，能够对部门经理访谈的人只有人力资源部经理一人，主管和一般员工都无法与其他部门经理进行沟通。同时，由于经理们都很忙，能够把双方凑在一块，实在不容易，因此，两个星期过去之后，只访谈了少数几个部门经理。

人力资源部的几位主管负责对经理级以下的人员进行访谈，但在访谈中，出现的情况却出乎意料，大部分时间都是被访谈的人在发牢骚，指责公司的治理问题，抱怨自己的待遇不公平，而在谈到与之为分析相关的内容时，被访谈人往往又言辞闪烁，顾左右而言他，似乎对人力资源部这次访谈不太信任。访谈结束后，访谈人都反映对该职位的熟悉还停留在模糊的阶段。这样持续了两个星期，访谈了大概 1/3 的职位。王经理认为时间不能拖延下去了，因此决定开始进入项目的下一个阶段——撰写职位说明书。

可这时，各职位的信息收集却还不完全，怎么办呢？人力资源部在无奈之中。不得不另觅他途，于是，他们通过各种途径从其他公司收集了许多职位说明书，试图以此作为参照，结合问卷和访谈收集到一些信息来撰写职位说明书。

在撰写阶段，人力资源部还成立了几个小组，每个小组专门负责起草某一部门的职位说明，并且还要求各组在两个星期内完成任务。在起草职位说明书的过程中，人力资源部的员工都颇为为难，一方面不了解别的部门的工作，问卷和访谈提供的信息又不准确；另一方面，大家又缺乏写职位说明书的经验，因此，写起来都感觉很费劲。规定的时间快到了，很多人为了交稿，不得不急急忙忙、东拼西凑了一些材料，再结合自己的判定，最后成稿。

职位说明书终于出台了，人力资源部将成稿的职位说明书下发到了各部门，同时，还下发了一份文件，要求各部门按照新的职位说明书来界定工作范围，并按照其中规定的任职条件来进行人员的招聘、选拔和任用。但这却引起了其他部门的强烈反对，很多直线部门的经理人员甚至公开指责人力资源部，说人力资源部的职位说明书是一堆垃圾文件，完全不符合实际情况。

于是，人力资源部专门与相关部门召开了一次会议来推动职位说明书的应用。人力资源部的经理本来想通过这次会议来说服各部门支持这个项目。但结果却恰恰相反，在会上，人力资源部遭到了各部门的一致批评。同时，人力资源部由于对其他部门不了解，对于其他部门所提的很多问题，也无法进行解释和反驳，因此，会议的最终结论是，人力资源部重新编写职位说明书。后来，虽经过多次重写与修改，职位说明书始终无法令人满意。最后，职位分析项目不了了之。人力资源部的员工在经历了这次失败后，对职位分析彻底丧失了信心。

思考题

1. 该公司为什么决定从职位分析入手实施变革，这样的决定正确吗？为什么？

2. 在职位分析项目的整个组织和实施过程中，该公司存在着哪些问题？

3. 该公司所采用的职位分析工具和方法主要存在着哪些问题？

第四章

会展人力资源获取

学习目标

- 了解会展人力资源获取的重要性
- 熟悉会展人力资源获取的流程
- 掌握会展人力资源获取的主要方法
- 掌握如何进行有效的人力资源获取项目运作

关键概念

人力资源获取　招聘计划　招募　甄选　笔试　面试　评价中心

会展产业作为现代新兴服务业之一，从业人员多是从其他相关产业转移而来，素质良莠不齐，而且高等学校的会展人才培养又相对滞后，因此，会展人力资源获取工作显得十分迫切和重要。怎样才能从相关行业人才中慧眼识英才？怎样才能有效地获取符合组织需要的会展专门人才？如何建立科学的人力资源获取流程，选用科学的方法，进行有效的人力资源获取的运作和实施？这些都是目前会展人力资源获取工作的核心研究内容。本章将分析会展人力资源获取的关键概念、基本原则、工作流程、方法和文案的编制等内容。

第一节　会展人力资源获取概述

一、会展人力资源获取的含义

会展人力资源获取是指会展组织为达成组织目标，通过制订招聘计划，开展招募、甄选、录用、配置、评估等一系列活动，以获取合适的人选补充组织内的职位空缺，实现内部人力资源的合理配置的过程。招募、甄选、录用、配置、评估等一系列活动共同构成了不可分割的整体。

人力资源招聘计划的制订与审批是人力资源获取的第一步。①

招募是组织为了吸引更多更好的候选人来应聘而进行的若干活动，主要包括招募实施方案的制订、信息的发布、求职者申请登记等。

甄选是组织从“人”和“事”两个方面出发，挑选出最合适的人来担当某一职位的过程。“甄”就是审查，“选”就是选拔。甄选包括资格审查、初选、面试、考试、测验、体检等环节，是人力资源获取的最关键的一步，也是技术性最强的一环，难度最大的环节。

录用是对甄选出的合格人员做出聘用决策的环节，主要涉及员工的初始安置、试用、正式录用和配置。

评估是对整个人力资源获取活动的效益与录用人员质量的评估。

---

① 在实践中，“招聘”的概念使用标准并不统一，有的学者把“招聘”等同于人力资源获取，涵盖了从制订计划、发布信息、收集简历、组织笔试面试、选拔录用的全过程；有的则仅仅指发布信息到收集简历的环节。根据人力资源管理的实践，本书采用前一观点，所提到的“招聘计划”指的就是人力资源获取计划，而“发布信息到收集简历的环节”则统一使用“招募”的概念。

准确地理解人力资源获取的含义，需要把握以下几个要点：

（1）人力资源获取是一个由招聘计划的制订与审批、招募、甄选、录用、配置和评估等一系列活动组成的整体，任何一个环节的疏失都可能引起整体活动的失效。

（2）人力资源招募环节的目的是为了吸引人员，把那些能够从事空缺职位工作的人员吸引过来，这是对招募工作质量方面的要求；同时，吸引人员的数量应当是适当的，并不是说吸引的人员越多越好，而是应当控制在适当的范围内，这是对招募工作数量方面的要求。至于如何从这些应聘者当中挑选合适的人员，并不是招募环节的内容，而是甄选需要完成的任务。

（3）人力资源的获取有两个前提。一是组织人力资源规划。会展人力资源能否合理配置和有效利用取决于是否拥有科学的人力资源规划。二是工作分析。由其得出的工作描述与工作说明书，为录用配置提供了主要的参考依据，同时也为应聘者提供了关于该工作岗位的详细信息。

二、会展人力资源获取的一般原则

对于会展组织而言，人力资源的获取既是搜寻到符合岗位要求的人员的专业活动，也是一项经济活动，同时还是社会性、政策性较强的一项工作。因此会展人力资源获取工作应主要遵循以下原则。

（一）公平原则

人力资源的获取活动必须遵守国家的法律、法规和政策，面向全社会，公开招聘条件，对应聘者进行全面考核，公开考核结果，通过竞争、择优录用。这种公平公正原则是保证会展组织获取到高素质人员和实现人力资源获取活动高效率的基础。

在人力资源获取的过程中，不公平的问题是很容易出现的。例如，对应聘者不能一视同仁，对某些类别的人员歧视（如不管职位是否需要，只招聘男性35岁以下人员）等，明显违反了公平原则，应当加以避免。

（二）效率原则

效率原则是会展组织获取人力资源的重要原则。会展组织不管采取何种方式进行招募和甄选，都需要支付相关的费用，例如，招聘广告费用、组织费用、对应聘者进行初步审查、评价和考核的费用、选拔的费用，等等。效率原则要求尽可能以最小的成本招聘到适合会展组织发展需要的人员。

既节约成本又能有效获取人员的常用方法有两种：一种依靠“证书”进行筛选。一般来说，拥有证书的人群比没有证书者工作技能要强，但仅仅依靠“证书”特征来获取人员是不够的，容易录用了差的员工，拒绝了好的应聘者。另一种是利用内部晋升制度获取人员。这种做法比用证书来筛选人员更加可靠，因为内部晋升制度可以根据员工在职位上的表现来确定员工的去留与升降，给组织一个观察员工实际工作能力的机会和时间，确保职位能够由胜任者补充。但是并非组织所有的岗位都可以由内部晋升来获得，大多数基层岗位仍然需要面向社会招聘。

（三）双向选择原则

双向选择原则是指组织根据自身的发展需要自主选择人员，同时应聘者又可根据自身的能力和意愿，结合市场劳动力供求状况自主选择职业，它是人力资源科学配置的基本原则。人力资源的获取活动中遵循双向选择原则，可以促使会展组织不断提高效益，改善自身形象，增强自身吸引力。同时，可以增强会展组织中员工的归属感，将个人自身利益和企业的整体利益有机联系起来，提升组织的竞争力。

（四）保证质量原则

要按照空缺岗位的要求去招聘员工，做到“人尽其才”“才尽其用”“职得其人”，保证所获取的人员能够真正适合岗位需要，使得整个会展企业的人员结构更趋合理，从而达到组织整体效益的最优化。一般来说，保证质量原则体现为“宁缺毋滥”，即宁可暂时空缺某个职位，也不要让不合适的人占据不恰当的职位，以免对企业的经济效益和人力资源开发与管理的各环节造成不利影响。

（五）因事择人原则

因事择人原则是以企业的工作需要和岗位空缺为出发点，根据岗位对员工的（任职）资格要求来选用人员。坚持因事择人的原则，从实际的“事”（工作）的需要出发去选用合适的人员，才能达到“事得其人、人适其事”和“企业得其才”的状态。相反，如果盲目地录用人，然后再找岗位进行安排，就很难做到事得其人，人适其事，不是大材小用，就是小材大用，甚至出现用非所学的现象。

（六）人职匹配原则

每个岗位都有特定的工作内容、岗位规范和对从业者的素质要求，每个应聘者也都有自身的文化、技能条件和生理心理特征，也有个人的意愿。企业在招聘人力资源时应当尽量达到二者之间的匹配，从而提高人力资源投入产出比率。为了使人力资源获取决策的正确，决策负责人必须掌握必要的信息，如关于工作岗位空缺的信息，空缺岗位的工作内容及工作规范，对岗位空缺与申请者比例的了解，关于申请者的信息等。

（七）用人所长原则

重视用人所长原则，注重员工现有能力的有效利用，注意挖掘人的内在能力，为人才的潜能发挥提供舞台。坚持用人所长原则，在人力资源获取活动中要注意克服“求全责备”的错误观念，如果要寻觅完美无缺的人来任职，选来找去恐怕也找不到合适的人选，应树立“多看人的长处、优点”的观念，通过员工的个体差异，取长补短，形成整体优势，实现会展企业目标最优化。

三、会展人力资源获取的价值和复杂性

会展组织的发展需要一支优秀的员工队伍，员工是会展组织不断壮大的基础。人力资源的获取是会展组织补充员工的重要渠道，有效的人力资源获取工作对于会展组织来说具有非常重要的意义。

（1）为组织不断充实新生力量，实现人力资源的合理配置，为组织发展提供人力资源方面的保障；

（2）为组织获得一些高素质的人员；

（3）增加人员稳定性，提高人员保持率，减少人员流失；

（4）降低员工岗前培训和能力开发的费用；

（5）提高会展组织的效率；

（6）是组织进行对外宣传的一条有效途径。

很多管理者已经认识到，招募和甄选产生的营销效果有时远远超过广告等宣传活动。因为招募和甄选是从全方位的企业形象、企业文化、人力资源制度等方面开展的宣传，它对受众的影响也是全方位的，而且这种影响也往往是潜移默化的，效果要好于单纯宣传的广告效果。

会展人力资源获取是一项复杂的工作，其复杂性主要源于以下几个因素。

（1）环境因素。会展组织获取人力资源的数量与质量受所处环境的制约。目前会展高层次人才培养平台只能提供少量的高端研究型人才，大量高职高专的应用型人才的培养无法缓解会展产业对核心人才的紧迫需求。会展组织构成复杂，涉及政府部门、企业部门和社团组织，对人才的需求也呈现多元化特点，因此，要用动态的观点看待人力资源的构成和可用性。要立足本组织，面向国内和国际的人力资源市场，树立大范围的人力资源调配观。

（2）产业发展的因素。会展产业作为新兴产业，在各地的发展很不均衡，准入门槛低，而且人才需求缺口大，导致了大量非专业人士从事会展产业活动，而且产业发展受到政府公共服务的制约，会展品牌化和专业化尚需时日，这无疑加大了会展人力资源获取的难度。

（3）法律法规与政策因素。首先，会展人力资源获取涉及第一部门（政府）、第二部门（企业）和第三部门（非政府组织）的会展人力资源获取问题，都必须依据相关的法律法规与政策开展工作；其次，组织职能目标的转变，对人员的获取具有重要影响；最后，组织文化、管理方式的变革也会对人力资源获取产生影响。

（4）人为因素。甄别一个人的素质和能力不是一件简单的事情，由于社会利益错综复杂，裙带关系、政府干预、人情私利等多方面人为因素都影响着人力资源获取工作的展开。能否获取到合格的，尤其是优秀的人力资源，是衡量人力资源管理部门业绩的主要依据之一。

第二节　会展人力资源获取的流程与内容

人力资源获取的流程包括人力资源招聘计划的制订与审批、招募、甄选与录用、评估等一系列子流程。流程的设计直接关系到工作的成败，本节所提供的流程设计仅仅是从一般意义上提出来的，在具体的人力资源获取实践中，应当结合本单位的实际开展针对性研究，进行科学设计。

会展人力资源获取的一般流程包括：制订人力资源招聘计划、招募、甄选、录用和评估等基本步骤（如图 4-1 所示）。其中，制定招聘计划是人力资源获取和人力资源规划两项专职活动的交汇点，需要各部门与人力资源部合作，根据人力资源盘点、人力资源规划文件和各部门的具体人员需求，制订人力资源招聘计划，报请领导审批，审批通过后，正式部署人力资源的招募和甄选等环节的工作。人力资源招聘计划应明确招聘的人数、质量、人才标准、范围、经费预算、策略、人员安排等关键内容。确定好人力资源招聘计划之后，应安排相关人员进行必要的专业培训，确定工作日程安排，并着手制作发布招聘信息，开始招募和甄选的工作。甄选环节结束后，要进行录用决策，并安排试用，试用期满符合岗位要求，就进入配置和评估的环节。评估的结果作为下一个周期的人力资源招聘计划制订的参考。

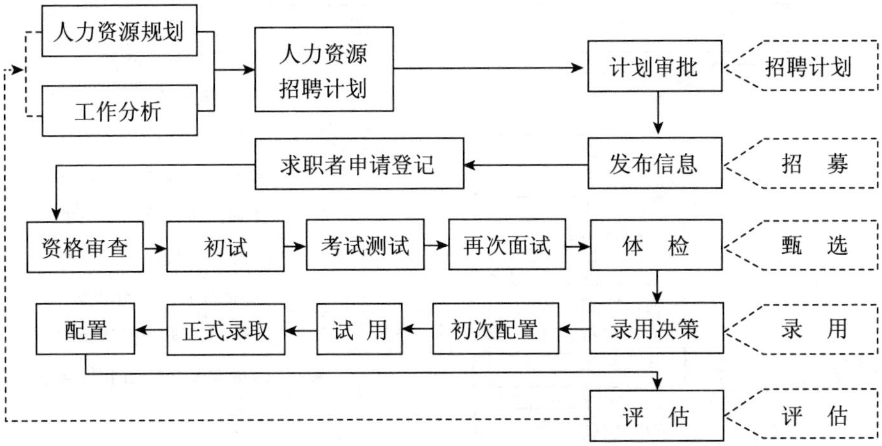

图 4－1　人力资源获取的一般流程

一、会展人力资源招聘计划的制订

（一）会展人力资源招聘计划制订的流程

人力资源招聘计划的制订是人力资源获取的首要环节，是根据人力资源获取的目的，对招募、甄选、录用和评估等一系列工作进行安排和部署的工作计划。它主要包括招聘的目的、招聘的对象、招募渠道、招聘流程、招聘成本预算、策略、工作机构与人员等内容。制订一个好的人力资源招聘计划，是人力资源获取成功的关键。招聘计划制订的流程图如图 4－2 所示。

在招聘计划制订的流程中，需要注意以下几点。

第一，招聘计划的制订流程中参与主体必须明确。人力资源部主持制订招聘计划，各个用人相关部门应全力配合和参与。人力资源部根据上级下达的招聘目标，需要及时安排和部署招聘计划的制订事宜，召集各个相关由用人需求的部门负责人进行沟通，各个部门应及时根据本部门实际把用人需求情况报至人力资源部，由人力资源部进行汇总和修订。另外，工作说明书文件也需要请用人部门审核修订，成立招聘工作组的时候也需要各用人部门负责人参与。

第二，工作说明书是招聘计划中需要重点参考的文件，因为工作说明书中对岗位所需人才进行了质的规定，根据工作说明书和用人部门的实际，确定招募渠道和相关方法。

第三，招聘计划在编写过程中，应充分和用人部门沟通，避免出现时间、人员安排等方面的冲突。编写好招聘计划以后，应报上级审批，审批通过后按照计划执行。

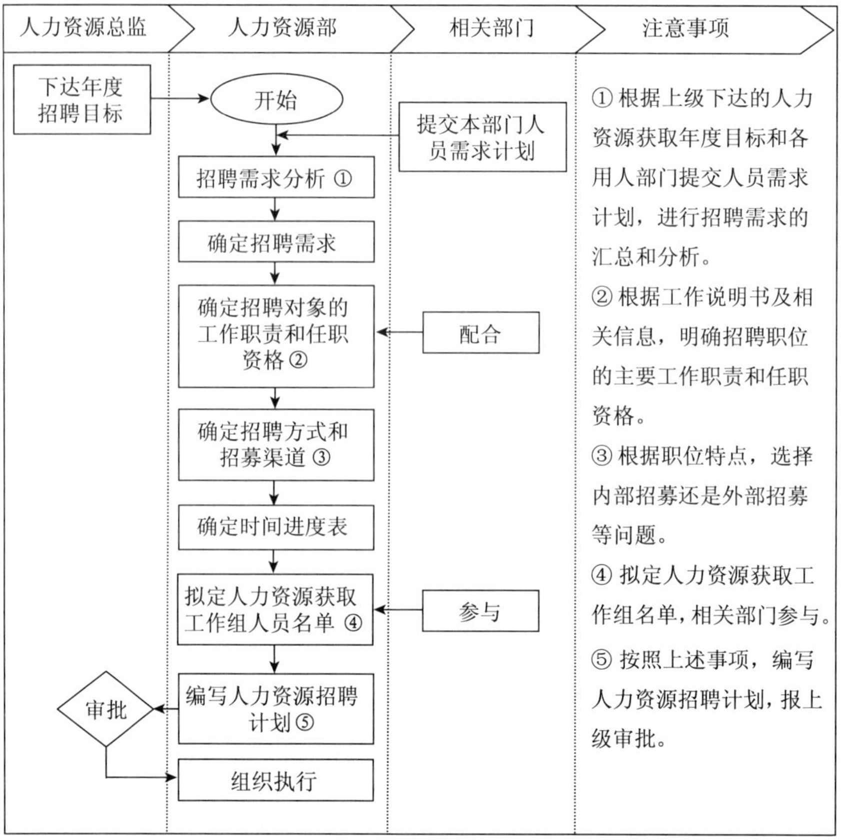

图 4－2　人力资源招聘计划制定流程①

（二）会展人力资源招聘计划的内容

会展人力资源招聘计划的内容主要包括以下几点。

1. 人力资源获取的目标

根据人力资源年度计划和各用人部门的用人需求，经过反复研究，确定人力资源获取数量和质量的目标要求，包括空缺岗位的数量、名称、初选指标标准和评价标准、初试人员数量、质量要求。

2. 录用标准

录用标准是人力资源招聘计划的重要内容，只有在招聘前明确录用标准，才能有的放矢地工作。结合整个企业的战略规划和人力资源规划，通过工作分

① 黄成日．业务流程管理咨询工具箱［M］．北京：人民邮电出版社，2010：151．有改动．

析得出岗位对人员的任职资格要求，通过胜任特征模型得出工作优秀的标准，然后分析企业现有员工素质特点，综合企业、部门、工作等各方面的信息，得出人员的录用标准。录用标准一般包括：组织对计划录用人员的基本素质要求，各部门中不同职位对录用人员的具体素质方面的要求，还包括企业文化和胜任特征对录用人员的素质要求。录用标准是整合企业所有信息的结果。

3. 费用预算

人力资源获取工作要以最低的费用获取到规定数量的符合选录标准的应聘者，完成人力资源获取任务。人力资源获取的费用主要包括：招募活动的费用、人工费用、甄选的费用、评估的费用等。一般来说，由于内部招募工作可以看作是人力资源部门的日常工作，内部招募除非举行较大规模的活动需要突破日常管理费用的限制，一般不列入招募活动费用预算，因此，招募活动费用预算主要指外部招募活动预算。预算主要包括活动费用和人工费用。

（1）活动费用：广告费用、资料费用（公司宣传手册、招聘材料、甄选材料、应聘人员初选标准评分表）、中介服务费用（委托中介公司招聘费用）、通信办公费用等。

（2）人工费用：工作人员的出差费用、部分应聘人员的交通费、第三方评估费用、加班费用和出差补贴等。

4. 招募渠道

（1）内部招募：启动员工继任计划、员工晋升计划、员工转岗计划。查询员工继任计划中管理职位继任人名单；查询员工晋升计划中晋升员工名单和他们所晋升的职务及晋升时间表；查询员工转岗计划中关键业务岗位的类别、可转岗员工数量和名单。将这些计划中能够补充到空缺岗位上的员工列入内部招募计划。如果不能满足空缺岗位需求，发布内部招募公告，鼓励员工自荐。

（2）外部招募：选择外部招募渠道，如校园招聘、媒体招聘、委托中介公司、参加招聘会。

5. 信息发布内容和方式

确定企业简介、空缺岗位的名称、工作内容、工作职责和任职资格等信息发布的内容，使求职者能够获得充分的信息，以便做出是否参加应聘判断。招募渠道不同，信息发布方式也不同。内部招募以内部招募公告形式发布。外部招募，如果是通过媒体，则以广告的形式发布；如果参加招聘会议，则要以企业宣传手册、岗位工作介绍、应聘人员资格要求等文字资料形式发布。

6. 时间表

（1）招聘计划从制订到审批的时间周期；

（2）收集信息到发布信息的时间周期；

（3）从信息发布到招聘活动结束的时间周期；

（4）从通知应聘者初次面试到甄选结束的实践周期；

（5）从试用到录用的时间周期；

（6）评估的时间周期。

7. 甄选方案

甄选方案包括：选拔方式、选拔流程、选拔方法等。

8. 人力资源录用决策方案

9. 人力资源获取评估方案

10. 人力资源获取的工作机构与人员推荐名单

拟定人力资源获取工作领导小组的名单和工作人员名单，报请领导审批。

会展人力资源招聘计划在内容上要尽可能全面，如有上面十项以外的需要列入计划的内容，可以根据实际工作需要列入，一并报请领导审批。领导审批通过后，即可着手部署人力资源获取的执行工作。

二、会展人力资源招募

（一）会展人力资源招募的流程

会展人力资源招聘计划制订后要严格按照计划执行，各个环节都应根据计划制订具体的执行工作方案。人力资源招聘工作组按照计划所确定的招募渠道，发布招聘信息，通过各种方法来收集应聘者的简历，并做分类汇总。人力资源招募流程图如图 4－3 所示。

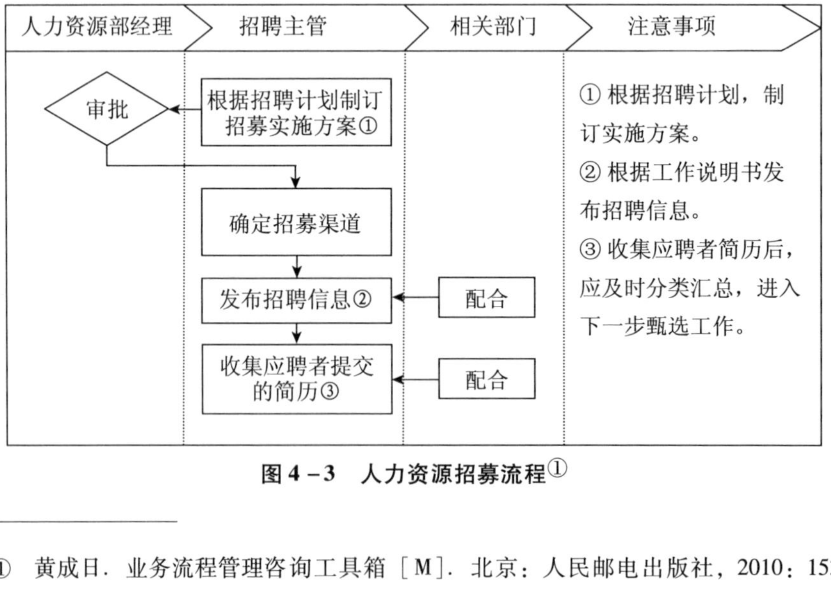

图 4－3　人力资源招募流程[①]

① 黄成日．业务流程管理咨询工具箱［M］．北京：人民邮电出版社，2010：153．有改动．

在招募流程中，需要注意以下几个方面。

第一，人力资源管理中的招募概念是指发布信息、收集简历的这一阶段性工作，收集好简历，分类汇总，就进入了人力资源甄选的阶段。这与日常生活中的招聘概念是有区别的。

第二，招募实施方案的编写并不是人力资源招聘计划的重复，而是具体落实招聘计划中的招募环节工作的执行方案。

第三，招募渠道的选择是人力资源招聘计划里确定的，并不是实施方案审批后再确定招募渠道。

第四，招募的环节属于收集应聘人员信息的环节，收集简历的质量决定了招募环节的效率和质量，从理论上讲，参与应聘的人越多，越有利于开展人力资源获取的工作，但是相应的又会增加成本。

（二）招募渠道

1. 内部招募

内部招募是指从本组织内部的员工中晋升或调职。有调查显示，成功企业70%以上的管理职位均来自于内部招募。

（1）内部招募的优点。内部招募具有以下五个突出的优点。

①对员工产生激励作用，增加员工对组织的忠诚和归属感，为基层员工树立榜样，激励基层员工努力工作，从而有利于员工队伍的稳定；

②所获得的人员的素质比较可靠。因为组织对晋升者或调职者以前的素质和表现有比较深入的了解，任用时能够减少用人方面的失误；

③晋升者或调职者能在较短的时间内熟悉工作。由于他们对组织目标和组织结构有所了解，对内部人事情况与工作环境熟悉，对新工作的磨合期短，能够很好地降低成本；

④内部招募有利于对管理岗位员工的激励。管理岗位的业绩比较难于测量，内部招募更有利于调动管理类员工和愿意从事管理岗的技术人员的积极性；

⑤可以降低激励成本。因为内部提拔不仅是工资的提高，同时也意味着拥有更大的权力。晋升不仅可以起到货币无法达到的激励效果，而且可以相对降低激励的货币成本。

（2）内部招募的缺点。内部招募的不足之处主要体现在以下方面。

①内部提拔容易造成“近亲繁殖”。内部招募所获得的人才往往容易形成小圈子，在观念、思维方式和眼界上比较狭窄，缺乏活力，更容易因循守旧；

②内部招募容易加剧组织内部的权力斗争。员工容易把更多的时间和精力用在表现个人能力上，而不是用在互相合作上，加大组织内耗；

③内部提拔具有向外部市场传递人才信息的效应，使能力强的人增加“跳槽”的资本；

④选择范围较小，往往不能满足组织的需要。

（3）克服内部招募缺点的途径。克服内部招募的缺点，可以从以下五个方面入手。

①建立公开透明的内部招募机制，让员工了解内部招募的系统是怎样运作的，甄选与录用的标准是公开和公平的；

②明确职位的内容，有关职位胜任能力的描述应全面准确，同时应由专人负责回答相关问题；

③明确申请人的资格要求和岗位申请规范；

④时间上确保全体员工能有充足时间了解空缺职位的招聘信息；

⑤人力资源部门应保持和职位申请人的密切联系，不论岗位竞聘是否成功，都应该及时和申请人进行沟通。

2. 外部招募

外部招募是指从组织外部招募符合岗位要求的人员进入组织。对一个组织而言，仅有内部招募是不够的，必须借助于劳动力市场，采用外部招募的渠道来获取组织所需的人力资源。

（1）外部招募的优点。

①候选人员来源广泛，挑选余地大，人才市场具备各类条件和不同年龄层次的人才，有利于组织选择合适人选；

②外部招募的新员工能够带来不同的价值观以及新观点、新思路、新方法，有利于组织吸收外部先进的经营管理观念、管理方式和管理经验，给组织带来新的活力，促进组织创新；

③外部招募新员工，不但能在某种程度上缓解内部候选人竞争的矛盾，还能为组织补充没有复杂背景的员工，避免组织形成小圈子；

④外聘人才可以在无形中给组织原有员工施加压力，形成危机意识，激发斗志与潜能，形成“鲶鱼效应”；

⑤外部招募是一种有效的信息交流方式，企业可以借此宣传企业文化，树立积极进取、锐意改革的优良形象。

（2）外部招募的缺点。

①由于信息的不对称，对应聘者的甄选难度大、成本高，应聘者实际水平和能力很难准确判别。因此，不称职者会占有一定比例；

②应聘者带来的文化可能与企业文化有冲突，即出现所谓的“水土不服”现象，无法融入企业文化的潮流中，可能使本企业成为外聘人员另谋高就的

“中转站”；

③应聘者入选后对组织的各方面情况需要有一个熟悉的过程，需要花费较长的时间来进行培训和定位，不能迅速进入角色开展工作，培训成本高；

④如果组织中有胜任能力的人未被选用或提拔，外部招募的做法会挫伤组织内部员工的积极性。

（3）克服外部招募缺点的途径。

①在招聘人员时，采取内外部相结合的办法。对于需要保持相对稳定的组织中层管理人员，可能更多地需要从组织内部选拔，而高层管理人员在需要引入新的风格、新的竞争时，可以从外部引进合适的人员；

②采用科学严谨的甄选方法选取和录用应聘者；

③对新进员工开展入职培训与教育，加快员工的组织社会化过程。

3. 招募渠道的选择

内部招募倾向于“培养”人力资源，外部招募倾向于“购买”人力资源。两种招募渠道各有优缺点，其比较如表4－1所示。

表4－1　内部招募与外部招募的比较

招募渠道	优　点	缺　点
内部招募	• 奖励绩效，有利于调动员工的积极性 • 组织对候选人能力认识清晰，用人可靠 • 候选人了解工作要求和组织，能够较快适应工作 • 成本较低	• 选择范围较小 • 会导致“近亲繁殖” • 会导致为了晋升的“政治性行为” • 增加员工“跳槽”的资本
外部招募	• 候选人多，促进人才合理流动 • 会把新技能和想法带入组织 • 可以缓解内部候选人竞争的矛盾 • 鼓励老员工保持竞争力，发展技能 • 宣传企业，树立企业的良好形象	• 招募和甄选的成本高、风险高 • 新员工需要有企业文化的适应期 • 需要更长的培训时间 • 可能挫伤内部员工的积极性

在招募渠道的选择上，会展组织应权衡内外部渠道的利弊，综合考虑组织战略与文化、会展行业及特点、业务特点、业务部门的要求、职位特点、人才战略、招聘部门的资源状况、招聘预算与劳动力市场供给状况等限制性因素，确保招聘的有效性与经济性。

三、会展人力资源甄选与录用

甄选和录用是会展人力资源获取过程中最核心的环节。能否科学地测量人才素质和能力，从候选人中选拔出符合会展组织需要的人才，这是甄选环节的关键。因此，一般而言，甄选与录用的环节会采用多种测试方法，坚持原则，按照流程来进行（见图4－4）。

在会展人力资源甄选和录用过程中，除了要重视前文所提到的工作说明书等人力资源文件之外，还需要重视组织文化及空缺职位所在的团队对员工的要求，注意所招聘的人员要与组织文化及团队文化相一致。这样可以有效缩短新员工的文化适应期。

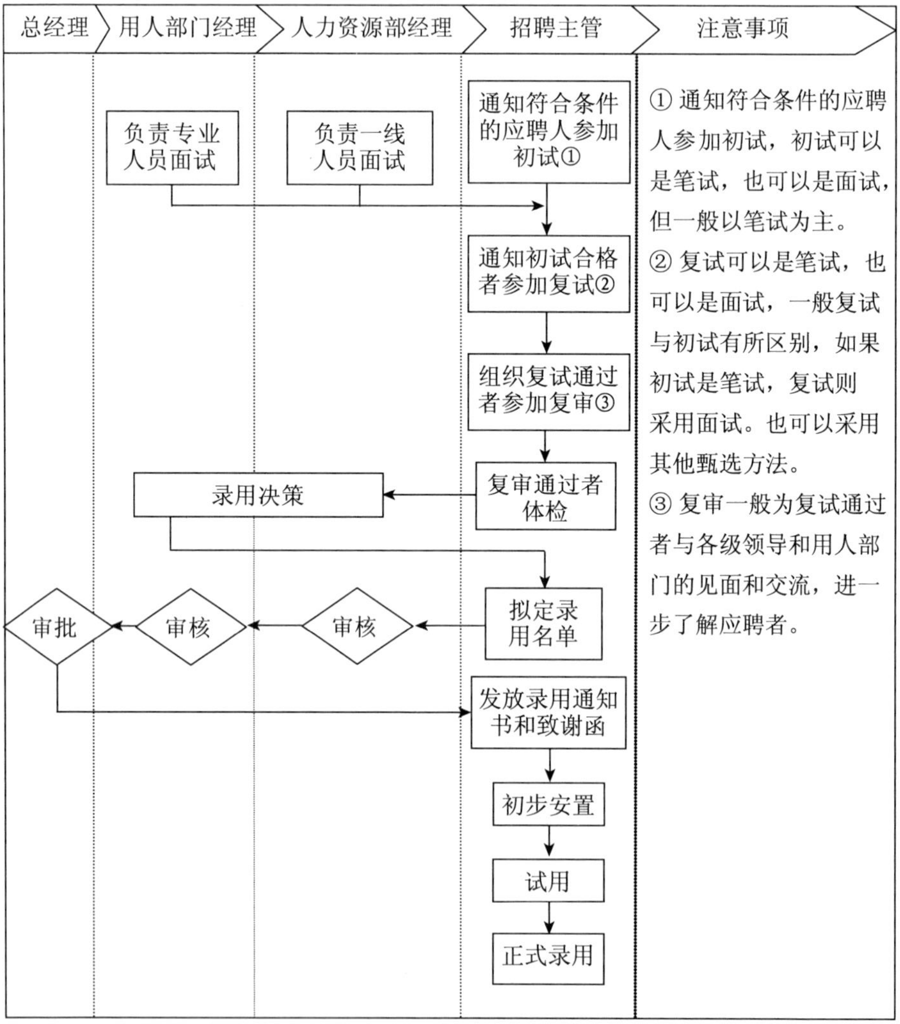

图4－4　人力资源甄选与录用流程[①]

① 黄成日. 业务流程管理咨询工具箱［M］. 北京：人民邮电出版社，2010：154. 有部分改动.

四、会展人力资源获取的评估

评估是人力资源获取过程必不可少的一个环节。一般来说，包括对获取结果、成本和方法等方面的考察，具体可考察三个方面：数量、质量、时间及需要关注的其他内容。

首先是数量上的评估，对录用员工数量的评估是检验人力资源获取工作有效性的一个重要方面。可通过分析在数量上满足或不满足需求的原因，找到各招募环节上的薄弱之处，提出改进建议；同时，通过人员录用数量与计划招聘数量的比较，为会展人力资源规划的修订提供依据。

其次是质量上的评估，质量评估是对所录用的员工入职后的工作绩效行为、实际能力、工作潜力的评估，它既有利于改进人力资源获取方法，又为员工培训、绩效评估提供了必要的信息，实际上是人员选拔过程中进行的能力、潜力、素质等各种测试与考核的延续，也可根据招聘要求或从工作分析中得出的结论，对录用人员进行等级排列来确定招聘质量，其方法与绩效考核方法相似。

再次是时间上的评估，时间评估也就是人力资源获取的及时性评估，或者叫招聘周期评估。招聘周期是指从提出招聘需求到新聘员工实际到岗之间的时间，也就是岗位空缺时间。一般来说，岗位空缺时间越短，招聘效果越好。但不同类型和层次的岗位，因劳动力市场上的供求情况不同，其招聘的难易程度和招聘周期也往往有很大差别，需要结合实际情况进行分析。

一个比较好的做法是以岗位的分类分层为基础，参考当地同行的标准，结合本企业实际情况和过去不同职位的实际招聘时间为每个类别每一层级的职位确定一个合适的职位平均空缺时间，并将其作为考察招聘及时性的标准，以反映各职位平均空缺时间多长才能补缺到位。该指标越小，说明人力资源获取的效率越高。

另外，还要考虑到获取成本的问题，获取总成本即人力资源的获取成本，包括两个部分：一是直接成本，即可以直接计算和记账的、以金钱的形式花费的成本，包括招聘费用、甄选费用、录用员工的家庭安置费用和工作安置费用、其他费用等；二是间接成本，指不能直接计入财务账目的，通常以时间等形式表现的成本，包括企业内部招募专员工资、福利、其他参与招聘工作的有关人员的时间花费和其他管理费用。成本效用评估是对招聘成本所产生的效果进行分析，主要包括：总成本效用分析、招聘成本效用分析、人员甄选成本效用分析和人员录用成本效用分析等。

最后是人力资源获取收益的成本比，收益成本比既是一项经济评价指标，也是考察人力资源获取工作有效性的一项指标。收益成本比越高，说明招聘工作越有效。一般来说，企业应该根据自身实际情况和历年招聘成本的实际数据，在参考当地同行相关数据的基础上制订招聘的标准成本制度，并依据该制度在每次开始招聘前，制订相应的招聘预算，作为招聘成本控制的依据。

总之，在做人力资源获取评估时，应该由人力资源部经理、招聘工作人员及用人部门的负责人组成的评估小组负责进行。尤其要重视用人部门的意见，因为从营销角度看，招聘工作是为用人部门服务的，用人部门对招聘工作的满意度应该是衡量招聘工作有效性的重要指标。

第三节　会展人力资源获取的方法

会展人力资源获取的各个环节都有方法运用的问题，本部分主要介绍人力资源获取的招募与甄选两个核心环节的方法。

一、会展人力资源招募的方法

（一）内部招募方法

1. 工作公告

工作公告法是通过将岗位空缺信息张贴在公告牌上、公司通讯上或张贴在公司的内部办公网上等方式，对内部员工实施招聘的常用方法。工作公告的目的在于使全体员工都了解到哪些职务空缺，需要补充人员，使员工感觉到招聘人员方面的透明度与公平性，并有利于提高员工士气。

工作公告法经常用于非管理层人员的招聘，特别适合于普通职员的招聘。其优点在于让更为广泛的员工了解到此类信息，为员工职业生涯的发展提供更多的机会，可以使员工脱离原来不满意的工作环境，也促使主管们更加有效地管理员工，以防止本部门员工的流失。

工作公告法在应用中也存在一定的不足。员工们为工作岗位而竞争会将上司置于一个压力非常大的处境之中，花费时间较长，可能导致岗位较长时间的空缺，影响组织的正常运营，也可能导致员工盲目地变换工作而丧失原来的工作机会。

2. 主管推荐

主管推荐在内部招募中的常用方法。当发生岗位空缺时，由本单位的主管人员根据员工的工作表现及能力素质推荐填充新职位的人选，上级部门和人力资源管理部门对被推荐员工进行分析，选择可以胜任这项工作的优秀人员。

主管推荐的优点十分明显：主管一般比较了解潜在候选人的能力，具有一定的可靠性，而且主管觉得他们具有所辖岗位的用人决策权，满意度也会比较高。这种方式一般用于员工晋升，给予员工以升迁的机会，这样会使员工感到有希望，有发展的机会，对于激励员工非常有利。同时，推荐的人员对本单位的业务工作比较熟悉，能够较快适应新的工作。主管推荐法的缺点在于容易受个人因素的影响，主管们提拔的往往是自己的亲信而不是一个胜任的人选，而且主管们通常并不希望自己很得力的下属调到其他部门，这样会影响本部门的实力。

3. 档案法

档案法是利用员工档案发掘并推荐岗位候选人的内部招募方法。员工档案的内容包括姓名、教育水平、培训、当前岗位、工作经验、相关工作技能等，以及其他资格证明。利用这些信息，可以帮助人力资源管理部门获得有关职位应聘者的情况，发现那些具备了相应资格但由于种种原因没有申请的合格应聘者，通过组织人力资源信息系统信息查询，在组织与员工达成一致意见的前提下，选择合适的员工来担任空缺或新增的岗位。

档案法的优点是可以在整个组织内发掘合适的候选人，同时档案可以作为人力资源信息系统的一部分。如果经过适当的准备，且档案包含的信息比较全面，采用这种方法能较好地做到节省时间和经费。

4. 内部晋升和工作轮换

内部晋升是指用现有的员工填补高于他原级别职位空缺的方法。晋升是组织内部招募的重要方法，能够促进组织人力资源的垂直流动，激发组织内其他员工的士气，保持组织的工作效率不断提高。工作轮换主要是组织内人员的横向流动，一般是指职务级别不变的情况下，在组织内轮换工作岗位。工作轮换有助于员工扩展自己的知识面，得到更多实际经验。

内部晋升和工作轮换是建立在系统有序基础上的内部职位空缺补充的方法。实行内部选拔时，首先需要建立一套完善的职位体系，明确不同职位的关键职责、职位级别及职位的晋升与轮换关系，指明哪些职位可以晋升到哪些职位，哪些职位之间可以轮换；其次，要在对员工绩效考核的基础上建立员工的职业生涯管理体系，建立员工的发展档案，了解员工的职业发展愿望，帮助员工建立个人的职业发展规划，根据员工的发展愿望和发展可能性进行有序的岗位轮换。

5. 人才库和继任计划

许多组织都有一个相对完善的人才库，当出现职位空缺时，组织可以利用人才库进行招聘。大型的组织还会有继任计划，为组织中的一些重要岗位培养接班人。

（二）外部招募方法

外部招募可以利用广告招聘（包括报纸、杂志、广播电视和网络等），可以采取校园招聘，也可以利用各种人才市场和劳务市场等招聘，还可以委托猎头公司招聘等。

1. 广告招聘

广告是人力资源外部招募的最常见的方法之一，它可以比较容易地从劳动力市场中招聘到所需的人才。其传播媒体可以是大学校园里的布告栏、专业技术杂志、报纸、电视、电台、网络等。广告一方面可将有关工作的性质、要求、资格条件等信息提供给潜在的申请人，另一方面可以向申请人宣传企业。

随着现代社会对人才竞争的愈演愈烈，为了吸引更多高素质的应聘人员，招聘广告的设计是十分重要的。一份优秀的招聘广告要充分显示出组织对人才的吸引和组织的魅力：要有使人过目不忘的广告词；突出企业徽标；应使用鼓励性、刺激性用语等。

招聘广告一般要涵盖以下内容。

①企业介绍：应说明企业的性质、业务经营范围、发展形势相关情况；

②详细的职位说明：应包含岗位职责、工作环境、条件、入职条件等；

③福利待遇：应包括工资水平、福利项目；

④申请方式：亲自申请、电话申请还是投递简历；

⑤联系方式：注明企业的联系电话或是邮编、地址。

随着广告招聘发展日趋成熟，还出现了网络广告招聘的方法。不同的广告媒体优缺点和适用范围各有不同，如表 4 – 2 所示。

表 4 – 2　各种广告媒体比较表

媒体类型	优　点	缺　点	适用范围
报纸	• 造价低廉，制作简便 • 便于自由选择阅读 • 便于保存和查阅 • 信息量大	• 缺乏生动性和直观性 • 对广告设计有限制	• 特定地区的招聘 • 短期内需要得到数量较大的职位 • 较高流失率的行业或职位

续表

媒体类型	优　点	缺　点	适用范围
杂志	• 具有保存价值 • 阅读的有效时间长，重复阅读率高 • 指向性最为明确	• 出版周期较长 • 发行量和发行区域受到限制 • 受众范围的限制	• 专业性职位的招聘 • 所需要的候选人的地区分布较广 • 非急需职位的招聘
广播	• 受众面广 • 传播速度迅速 • 成本低廉 • 使用方便	• 信息的储存性差，难以记录和查询 • 只能传送声波信号	• 迅速扩大组织影响 • 引起潜在的应聘者的注意
电视	• 传真性强 • 受众面广、影响面大 • 比广播更能够吸引受众	• 制作成本高、技术复杂 • 受到时间和空间的限制 • 储存性差	• 迅速扩大影响 • 用于引起潜在的应聘者的注意，起到告知性的作用
网络	• 费用低 • 传播速度快、范围广 • 信息量大	• 受上网条件的制约 • 信息量大，容易被忽略	• 大范围的招聘

广告招聘应注意的事项有以下几点：

①广告内容不能有对种族、性别、年龄的偏见，或把这些因素作为一种工作资格的倾向；

②广告的内容应该真实，不能使用虚假的广告信息；

③应依据职位分析给出岗位职责、工作环境、条件、入职条件等岗位信息，方便应聘者判断自己是否适合该岗位；

④一定要选择合适的专业媒体，以达到预期的目的。如要招聘一名计算机业务人员，将广告登在电子或计算机类报刊上，就比登在农业或机械报上的效果好得多。

2. 人才招聘会

人才招聘会是一种比较传统，也是一种最常用的招聘方法。招聘会搭建了求职者和用人单位沟通的桥梁，通过这种直接见面交流的方式，实现了人才和用人单位的双向选择。招聘会一般分为两类，一类是专场招聘会，这类招聘会是组织面向特定群体或者需要招聘大量人员而举办的；另一类是非专场招聘会，这类招聘会往往是某些中介机构组织（如人才交流中心等）及用人单位参加的招聘会。组织参加非专场招聘会，需要了解招聘会的档次、对象、组织者、影响力等信息。这种方法的优点是避免了信息传递过程中的失真现象，达到了初步了解的目的；不足之处在于费用比较高，需要投入大量的人力、物力和财力，时间也要受到招聘会召开时间的限制。

3. 校园招聘

对于大多数组织来说，面向校园招聘员工也是一种普遍的招聘方法。高校和各类职业学校日益成为各用人单位招聘足够数量高素质人才的广阔市场。在校园招聘的过程中，大型组织可以通过举办大型招聘会的方式进行招聘，而一般组织会选择校园广播、网络、公告栏或学院推荐等方式进行招聘。组织为了能吸引更多的优秀毕业生，往往会在第一时间内到学校宣传、举办招聘会。有些组织为了扩大其知名度，和学校建立长期的稳定关系，还会采取赞助学校的各种文艺、学术活动，设立奖学金等形式，加强和学校的联系。

校园招聘的不足主要表现在：招聘受时间的限制，一般一年只能招聘一次，当组织急需人才时，这种方法难以满足其需要。学生普遍缺乏实际的工作经验。一般来说，校园招聘的对象主要是应届的毕业生，他们在学校学习的主要是书本的理论知识，相对缺乏实践环节的培养，需要经过一定的培训才能真正发挥作用。

4. 利用猎头公司招聘

猎头公司是指为组织寻找高级人才的服务机构。猎头公司一方面为组织搜寻有经验和特殊才能的高级人才信息，另一方面也为各类高级人才寻找合适的工作。猎头公司一般都拥有自己的人才数据库，他们掌握求职和招聘的信息，熟悉各类组织对特殊人才的需求，因此，利用猎头公司进行招聘的成功率较高。猎头公司在接受客户委托以后主动接触候选人，对候选人进行面谈或其他方式的测评，并通过各种途径对候选人进行背景调查，向客户提供候选人的评价报告。猎头公司主要是为企业服务的，无论企业最终是否聘用猎头公司所提供的候选人，企业均需支付相应的费用。

猎头公司在中国还是一个新兴的行业，还有许多地方需要进一步规范和完善。组织在选择猎头公司时一定要小心谨慎。要注意考察猎头公司的资质，看它是否有严谨的操作规范、优秀的专业水准及强烈的服务意识，并且深刻了解客户所处的行业，自觉遵守法律法规；明确双方的责任和义务。在与猎头公司合作时，一定要在开始就约定好双方的责任和义务，并就一些可能发生异议的问题达成协议，如费用、时限、候选人的标准、保证期的承诺、后续责任等。

5. 网络招聘

随着网络的普及和计算机技术的发展，利用网络进行招聘已经越来越广泛地被企业采用。同时，互联网不仅仅是一个在网上发布招聘广告的媒体，而是一个具有多种功能的招聘服务系统。用这种招聘方法传递的信息快捷而准确，影响的范围很广，费用低廉。通过互联网招聘的途径以下三种。

第一，专业招聘网站。专业招聘网站同时为企业和个人服务，提供大量的招聘信息，并且提供网上的招聘管理和个人求职管理服务。

第二，搜索网上人才库。人才招聘网络上的简历库能够提供大量的求职者信息。因此不通过发布招聘广告而直接搜索网络上的简历库，成为招聘单位检索感兴趣的候选人的一种非常有效的方法。

第三，企业网站的招聘专栏。无论从效益还是从费用的角度，组织在自己的网站上制作精美的招聘网页，都是极具优势的。

6. 就业中介机构招聘

就业中介机构是随着我国市场经济体制的建立和完善而产生和发展起来的。它作为职业供需双方的中介，承担着双重角色：既为组织择人，也为求职者择业。目前，我国就业中介机构的主要种类有：劳务市场、人才交流中心或人才市场、人才咨询公司、高级人才咨询公司等。组织可以利用这些就业中介机构所提供的信息和条件扩大招聘范围，直接面对应聘者对其进行评价和筛选，从而大大提高招聘工作的效率。通过就业中介机构进行招聘，通常先要根据组织需要招聘职位的具体要求，选择相应的中介机构，由组织派出人力资源部门人员及相关部门经理，利用就业中介机构提供的信息和设施，直接对应聘者进行考核及评定，从而更好地完成招聘工作。

二、会展人力资源甄选的方法

（一）笔试

笔试是让应聘者在试卷上笔答事先拟好的试题，然后由主考官根据解答的正确程度予以评定成绩的一种测试方法。这种方法可以有效地测量应聘者的基本知识、专业知识、管理知识、相关知识、综合分析能力和文字表达能力。笔试包括客观性考试、论述式考试和论文式考试等类型。

1. 客观性考试

客观性考试是以客观性试题为主要试题形式的考试，试题覆盖面广、信息量大，可控制考试过程中的误差。客观性考试主要采用标准化的方法来控制考试过程中的主观因素。考试标准化具体包括试题编制的标准化、测试过程的标准化、评分记分的标准化、分数合成的标准化及分数解释的标准化等。优点是评分公正、抽样较广、免除模棱两可的答案，可以测出应聘者的记忆力和知识面，试卷易于评阅。其缺点在于不能测出应聘者的推理能力和创造力。

2．论述式考试

论述式考试是以论述型试题为主要试题形式的考试，特点是试题灵活、考查内容层次比较深，但是评分比较困难。根据答题范围的不同，可分为限制性论述题和扩展性论述题。限制性论述题对试题答案的形式及范围、长度都做了非常具体的限制，较适合于考查理解、应用和分析能力，而不适合于考查综合评价的能力；扩展性论述题对考生的作答方式和范围不限制，给应聘者以很大的自由，允许应聘者自己决定答题的形式，适合考查应聘者的综合评价能力。

3．论文式考试

论文式考试以论文型试题为主要试题形式，要求应聘者自己计划、构思，以长篇的文章表达对某一问题的看法，并侧重从理解与应用的角度测评考生所具有的知识、才能和观念，以及应用知识解决问题的能力等。优点是易于编制试题，能测验书面表达能力，易于观察应聘者的推理能力、创造力及材料概括力；缺点在于评分缺乏客观的标准，命题范围不好把握，不能测出应聘者的记忆能力。

笔试法的优点主要是：适用面广，费用较少，考试的取样较多，对知识、技能和能力考核的准确性较高，可以大规模运用，应聘人员的心理压力较小，较易发挥水平，成绩评定比较客观。缺点是不能考察人员的价值观、责任心、积极性、品德、工作态度，以及组织管理能力、口头表达能力和操作技能等。因此，笔试法虽然有效，但还必须结合其他甄选方法，如心理测验、技能测试、面试等，以补其短。

一般来说，在人力资源获取工作中，笔试作为对应聘者的初次选拔，成绩合格者才能继续参加下一轮选拔。

（二）面试

面试是一种要求应聘者用口头语言来回答考官提问，以便了解应聘者心理素质、潜在能力及求职动机的甄选方法。它直观、灵活、深入，能通过考官与应聘者之间面对面的交流，了解和观察到应聘者的仪表风度、求职动机、工作期望、专业知识、工作经验、工作态度、语言表达能力、自我控制能力、人际交往能力和兴趣爱好等。同时，可以利用面试的机会传达组织信息，宣传组织，使应聘者了解组织的文化与价值等信息。

1．面试的分类

面试有很多种，从不同的角度划分，可以把面试分为不同的类型。

（1）按提问内容的结构化程度分类。

①结构化面试：又称为标准化面试。这种面试按预先确定的内容、次序、评分标准对被试者进行提问，它由一系列连续向被试者提出的与工作相关的问题构成，一般包括四类问题：情境问题、工作知识问题、工作样本模拟问题和工作要求问题。由于这种面试使用相同的题目、提问方式和评分标准，所以，它客观、公平，面试的信度和效度较高。

②非结构化面试：非结构化面试没有固定的面谈内容和程序，随机提问，不同的应聘者所回答的问题可能不同，这种面试的灵活性、综合性强，但耗费时间长，随意性大，不利于对面试进程的有效控制，难以保证面试的一致性和统一性，难以对被试进行比较。这种面试主要用于从事服务性和事务性的工作岗位。

③混合式面试：混合式面试是将上述两种结合起来的面试类型。对于面试的部分程序或内容做出规定或准备，并且考官可以根据被测对象的回答进一步追问。这种方法部分内容可以根据被测对象的不同而灵活变化，可以充分发挥考官的主观能动性，结合被测对象的不同深入挖掘其各方面的情况，具有一定的深度，兼顾了前两种方法的优点，是目前较流行的方法。

（2）按面试的组织形式分类。

①个人面试：个人面试包括一对一面试和主试团面试两种形式。

一对一面试是主试者与被试者之间一对一的交流。多用于小规模的招聘及低职位员工的招聘，这种形式的面试对被试者没有太大的压力，更便于提问，但面试结果易受主试者偏见的影响。

主试团面试通常是由 2～3 人组成面试小组对各个应聘者分别进行面试。面试小组可由人力资源部门及其他专业部门的人员组成，从多个角度对应聘者进行考察，提高判断的准确性。但它可能会导致难以达成一致意见，而且可能需要更多专家级别的人物参与进来。主试团的出现可能会给应聘者带来更多的压力，主试团中角色分工要明确定义，除非有规定指出团队的最终决定由谁来确定，否则，面试结果就由团队共同商定。主试团面试能有效克服个人偏见的影响。

②集体面试：集体面试是多个应聘者同时面对一个或多个主试者的面试形式，主要在于考察应聘者的社交能力、自信心、领导力、团队合作和竞争意识。集体面试节约时间，明显优势是能同时给多个应聘者展示组织信息，而不需要对每一个应聘者分别讲解，应聘者同时在主试面前展示自己的特点，压力相对较大。

在人力资源甄选的实践中，可以根据应聘人数的多少确定面试的组织形式，可以是个人面试，也可以是集体面试，还可以把面试分成若干环节，目的就是选出符合会展组织需要的人才。

（3）按面试的气氛分类。

①压力面试：压力面试是将被面试者置于一种人为的紧张气氛中的一种特殊的面试技术，由主试者提出一系列使被试者难以回答甚至难堪的问题，且发问者穷追不舍，以考察被测试者的应变能力、灵活性、判断能力、压力承受能力、情绪的稳定性等。通常在压力面试下，考官的问题密度大，不给被面试者以思考时间，有时甚至会逼得被面试者疲于应付。一般而言，除非岗位需要比较强的情绪稳定性和应变能力，除了高级管理人员的测试外，大多数岗位都不适合采用压力面试。

②非压力面试：非压力面试即面试考官在和谐的面试氛围中对被面试者进行的面试，大多数岗位需要在无压力的状态下进行面试，这有助于考察被面试者的真实能力和素质。

（4）按面试的内容划分。

①情境式面试：情境式面试指通过向被测对象提供一种情景，通过观察其在这一情境下的行为表现，发现其内容的特质，预测其未来的工作行为。

②行为式面试：行为式面试指采用专门设计的面试题目来了解被测对象过去在特定的情况下、特定任务下所体现出的行为，从而了解其处事的特点和具备的素质。

2. 面试考核的要素

（1）综合能力部分。

①举止仪表：这是面试最容易观察到的要求，从被试者的体型、穿着举止、精神状态等方面都可以感知到其仪表的优劣；

②言语表达：言语表达的考查贯穿面试的整个过程，测评要点包括受测者言语表达的流畅性、清晰性、组织性、逻辑性和说服性等；

③综合分析能力：主要考查受测者能否对所提出的问题抓住其本质和要点，并且充分、全面、透彻而有条理地加以分析；

④动机与岗位的匹配性：主要考查被试者对职位的选择是否源于对事业的追求，是否有奋斗目标，积极努力，兢兢业业，尽职尽责；

⑤人际协调能力：主要考查被试者是否有人际交往方面的倾向与技巧，善于处理复杂人际关系，调和各种利益冲突；

⑥计划、组织、协调能力：主要考查被试者能否合理制订和安排完成工作的步骤和程序，妥善处理工作中各方面的关系，协调工作中各方面的力量；

⑦应变能力：主要考查被试者能否妥当地解决各种突发性事件，能否快速、

妥当地解决棘手问题；

⑧情绪的稳定性：主要考查被试者能否自我控制情绪、语速和语调，能否有理智和节制地表达自己的不满和愤怒，是否有耐心和韧性，以及是否对压力、挫折和批评有承受能力。

（2）专业知识和技能部分。

①专业性知识水平和培训经历：被试者的教育背景和学历水平，以及曾参加过的进修、培训的时间和水平；

②实践经验：查询被试者的相关背景及过去的工作情况，以考查证实其所具有的实践经验。如是否具有相似的工作环境或相等的工作级别等；

③专业应用水平和操作技能：如对专业化仪器的功能和使用的了解和掌握程度，或对相关专业项目的程序设计、组织和监控等方面的经验和技术熟练度；

④一般性技术能力：在工作中可能用到的一些最常用的技术能力，如写作能力、计算机应用水平等；

⑤外语水平：所掌握的外语语种和数量，在听、说、读、写方面可达到的熟练水平，以及已获得的有关等级证书等。

3. 面试考官的注意事项

（1）熟悉工作说明书。查阅拟招聘岗位的工作说明书，明确招聘工作的性质和职责及岗位任职资格条件等，以保证面试提问的问题有的放矢。

（2）认真阅读应试者相关的个人资料审查求职者的个人相关资料（如个人简历、求职申请表），注明比较模糊或者求职者突出的地方，考官可以据此与求职者进一步的沟通。

（3）准备好名片。

（4）告知应试者面试的程序及时间。

（5）面试考官应注意个人仪容仪表的规范，尊重每一位应试者。

4. 面试应避免的误区

由于面试带有很大的主观色彩，因此在实施过程中，会受到一些人为的因素影响。面试应避免以下误区。

（1）晕轮效应。晕轮效应是指当认知者对一个人的某种特征形成好或坏的印象后，还倾向于据此推论该人其他方面的特征。在面试过程中，面试考官应从多方面考察应试者，而不能根据应试者的某一优点或缺点对其做出整体的判断。

（2）首因效应。首因效应又称第一印象。在面试之初考官就可能会对应试者有一个比较固定的印象，并且可能根据这个固定的印象对应试者在整个面试过程中的表现给予包容或是做出不好的评价。

（3）个人偏好。在面试过程中，考官可能会对某一现象或者行为感兴趣，例如，倾向于毕业于重点大学的应试者，或者是对自己的校友比较偏爱等，这些都是应该避免的。

（4）以偏概全。考官根据应试者的某一点或是某一个行为做出评价，而不是根据应试者的整体表现做出评价。

（5）经验主义。考官根据自己的经验对应试者做出评价，却忽略了应试者在面试中的具体表现。

（三）心理测验

心理测验是通过一系列的科学方法测量被试者的智力水平和个性方面差异的一种科学方法。根据测验的内容，可把心理测验分为能力测验、人格测验和职业兴趣测验等。

1. 能力测验

能力测验主要包括：智力测验、能力倾向测验和成就测验。

（1）智力测验：主要用于测验人的一般能力。在选拔过程中常常先确定所需的最低能力分数，用智力测验做初筛。智力测验方法主要有：奥蒂斯独立管理心理测验、旺德利克人员测验、韦斯曼人员分类测验、韦克斯勒成人智力测验等。

（2）能力倾向测验：主要用于测量一个人从事某种职业的潜能或能力。测验方法主要有：办事员能力倾向测验、机械能力倾向测验、运动能力测验等。

（3）成就测验：用于测定一个人所获得的知识和技能，一般分为学力测验和操作测验两类。学力测验着重于知识或教育程度测验，通常用笔试方法进行。操作测验着重于实际技术或工作能力的测试，如电工操作、驾驶技术和打字速度。

2. 人格测验

人格测验是用标准化的测验工具，引发被试者陈述自己的看法，然后对结果进行统计处理、研究分析，从而对人的价值观、态度、情绪、气质和性格等素质特征进行测量与评价的一种心理测试方法。人格测验主要有两大类：自陈法和投射法。

自陈法是按事先编制好的人格量表，由应试者本人挑选适合于描写个人人格特质的答案，然后从量表上得到分数，判断应试者个人人格类型的一种方法。

投射法就是让被试者通过一定的媒介，建立起自己的想象世界，在无拘束的情景中，显露出其个性特征的一种个性测试方法。投射法的最大优点在于真实性强，比较客观，心理活动了解得比较深入；缺点是分析比较困难，需要经过专门培训的主试人。适用于高层管理人员的选拔。

3．职业兴趣测验

职业兴趣测验是将个人兴趣与那些在某项工作中较成功的员工的兴趣进行比较分析的测试方法。如果选择那些与现职成功的员工的兴趣相似的候选人，那么他们很可能在新的岗位上也能取得成功。兴趣测验有许多用途，最典型的是用于员工的职业生涯规划，因为一个人总是把自己感兴趣的事情做得很好。但是兴趣不等于才能或能力，此外，人们很容易在兴趣测验问题的回答上做假。常用的职业兴趣测验技术方法有：斯特朗－坎贝尔兴趣调查表、库德职业兴趣测验、爱德华个人兴趣量表（EPPS 量表）等。

（四）评价中心

评价中心是一种包含多种测评方法和技术的综合甄选方法。评价中心法一般针对特定的岗位来设计、实施相应的测评方法与技术。通过对目标岗位的工作分析，在了解岗位的工作内容与职务素质要求的基础上，事先创设一系列与工作高度相关的模拟情境，然后将被试纳入到该模拟情景中，要求其完成该情境下多种典型的管理工作，如主持会议、处理公文、商务谈判、演讲、处理突发事件等。在应聘者按照情境角色要求处理或解决问题的过程中，主考官按照各种方法或技术的要求，观察和分析应聘者在模拟的各种情境压力下的心理、行为表现，测量和评价应聘者的能力、性格等素质特征。

评价中心方法具有以下特征。

第一，综合性。评价中心不是一种单独的测验方法或技术，而是多种测评方法与技术的综合应用。单个的心理测验、面试或工作情景模拟都不能称为评价中心法。

第二，针对性。评价中心是通过对目标岗位的工作分析所获得的工作内容和职务素质要求作为出发点来设计测评技术的方法，因此具有很强的针对性。

第三，模拟性。评价中心方法主要通过应用与目标岗位工作具有高度相关的情境模拟练习来测量应聘者的能力与素质。评价中心一般包括一组情境模拟练习，模拟性是评价中心的最为显著的特点。

第四，公平性。评价中心在测试应聘者的素质与能力的过程中，要求有多名评价员共同对测试结果作出评价。每一位应聘者的评价结果都要由数名评价员经过多次讨论共同得出，因此能较好地避免评价的主观性，确保测试的公平。

从理论上讲，评价中心法可以从人力资源测评的所有方法中选择数个适合于岗位职业能力评价的方法组合来对应聘者进行测试和评价。因此，评价中心法从广义上讲，包括笔试、面试、心理测验、公文筐、演讲、角色扮演、情境模拟、小组讨论、管理游戏、案例分析等等在内的全部的人力资源测评方法。但是，作为方法的组合，本质上还是以情景模拟为核心的系统化的测评技术。因此，根据被试应聘的或在职的工作岗位设计的各类相关情景模拟技术也就被认为是评价中心最主要的技术与方法。本部分主要介绍与情景模拟技术密切相关的内容，包括公文筐、无领导小组讨论、管理游戏、角色扮演等方法。

1. 公文筐（In－basket）

公文筐的方法又叫文件筐方法，是对实际工作中管理人员掌握和分析资料、处理各种信息，以及做出决策的工作活动的一种情景模拟测验方法，被认为是评价中心中应用最广且最为有效的一种测评形式。

该方法一般模拟一个组织所发生的实际业务、管理环境，提供给受测人员的信息包括涉及财务、人事备忘录、市场信息、政府的法令公文、客户关系等十几份甚至更多的材料。这些材料通常是放在公文筐中的，公文筐测验因此而得名。测验要求受测人员以管理者的身份，模拟真实工作情境中的想法和行为习惯，在规定条件下（通常是较紧迫困难的条件，如时间与信息有限、独立无援、初履新任等），对各类公文材料进行处理，形成公文处理报告。处理完毕后，一般还要求受测被试填写行为理由问卷，说明处理的理由、原则或依据，对于不清楚的地方或想深入了解受测被试时，主考官还可以与被试进行深入面谈，以澄清模糊之处。通过观察受测被试在规定条件下处理公文过程中的行为表现，以及分析被试的处理理由说明，评估其计划、组织、授权、决策和问题解决能力等多方面的管理潜质。

在评价中心施测过程中采用公文筐测验的一般程序是，主试事先根据被评价者所应聘的岗位设计好各种公文，这些公文是指与目标岗位工作有关的各种材料，它们是根据该岗位经常会遇到的，分别来自上级和下级、组织内部与组织外部的各种典型问题而设计的，包括日常琐事和重大事件的处理，如电话记录、请示报告、上级主管的指示、待审批签发的文件、统计材料和报表、备忘录、商业函件、建议、投诉等；接着把设计好的公文（一般有十多份）装入一个公文筐中，交给受测被试，并向被试提供有关组织及其相关岗位等背景资料；测验过程就是要求被试以该岗位的负责人（如经理）身份，全权负责处理文件筐里的所有公文材料。

2. 无领导小组讨论

无领导小组讨论（Leaderless Group Discussion，LGD），是指将数名被评价者集中起来组成小组，要求他们就某一问题开展不指定角色的自由讨论，主试（评价者）通过对被评价者在讨论中的言语及非言语行为的观察来对他们做出评价的一种测评形式。所谓“无领导”就是说参加讨论的这一组被评价者，他们在讨论问题的情境中地位是平等的，其中并没有哪一个人被指定充当小组的领导者。LGD 可以用来考察被评价者的语言表达能力、组织协调能力、决策能力、沟通能力、应变能力等多方面的能力特质。

该方法的操作要求：将被评价者按一定人数编成小组（一般 6 ~ 8 人），要求他们按照便于交流讨论的位置坐好（为了便于评价员观察，一般要求组员按照椭圆形就座）；主试事先设计准备好讨论的背景材料，测评时主试通过清晰的指导语指示被试以小组为单位就指定的主题进行小组内的自由讨论，要求小组能在规定的时间内（一般 1 小时）达成解决问题的一致性意见。背景材料一般是与工作情境相关的（为避免被试专业背景对测评成绩的影响，一般采用假设的材料），用于讨论的主题应该富于讨论空间，保证被试能够在给定的时限内进行充分的交流讨论，在指导语中一般不确定讨论会的主持人，不指定发言的先后，也不提出诸如积极主动、观点清晰之类的其他具体要求，只是强调指出要求被试以小组为单位进行讨论，通过讨论来解决问题。在这个过程中，主试及评价员按照事先拟定的测评因素及其评分标准对被试的行为表现进行观察评价。

与无领导小组讨论比较接近的另一种评价中心技术是指定角色的小组讨论。该技术也是要求受测被试成员以小组为单位就某一指定主题在给定的材料背景下进行小组内的自由讨论，它与 LGD 的最大区别是被试在测验过程中必须按照事先指定的不同角色要求参与讨论。

3．管理游戏

管理游戏是一种以完成某项或某些“实际工作任务”为基础的标准化模拟活动，通过活动观察和测评被试实际的管理能力。因为模拟的活动大多要求被试通过游戏的形式进行，并且侧重评价被试的管理潜质，因此而得名。

在管理游戏测评中，受测被试置身于一个模拟的工作情境中，面临着一些管理中常常遇到的各种现实问题，要求想方设法加以解决。管理游戏中涉及的管理活动范围相当广泛，可以是市场营销管理、财务管理，也可以是人事管理、生产管理等。在测评过程中，主试常常会以各种角色身份参与游戏，给被试施加工作压力和难度，使矛盾激化、冲突加剧，目的是全面评价被试的应变能力、人际交往能力等素质特征。

4．角色扮演

角色扮演是一种主要用以测评被试人际关系处理能力的情景模拟活动。在这种活动中，主考官设置一系列尖锐的人际矛盾与人际冲突，要求受测被试扮演某一角色并进入角色情境，去处理各种问题和矛盾。主考官通过对被试在不同人员角色的情境中表现出来的行为进行观察和记录，测评其相关素质。

在角色扮演中，主试对受测被试的行为表现一般从以下几个方面进行评价。

第一，适应性，被试是否能迅速地判断形势并进入角色情境，按照角色规范的要求采取相应的对策行为。

第二，应变性，包括被试在角色扮演过程中所表现出来的行为风格、人际交往技巧、对突发事件的应变能力、思维的敏捷性等。

第三，协调性，包括被试在扮演指定的角色处理问题的过程中所表现出来的决策、问题解决、指挥、控制、协调等管理能力。

第四节 会展人力资源获取的文案范例

会展人力资源获取的文案涉及人力资源招聘管理办法和各种招聘甄选的工作表格等。人力资源管理工作的规范化通过各种工作表格集中体现出来，反映了公司的运营管理水平，因此，制订规范的制度和规范的工作样表对于人力资源管理工作来说是十分重要的。本部分的相关范例和样表来自网络与相关文献，笔者在此基础上进行了改动，仅供参考。

一、人力资源招聘管理办法

<table>
<tr><td>文案名称</td><td>××会展公司人力资源招聘管理办法</td><td>编号</td><td></td></tr>
<tr><td colspan="4">××会展公司人力资源招聘管理办法
第一章 总则
第一条 为规范本公司人力资源招聘录用程序，充分体现公开、公平、公正的原则，保证公司各部门各岗位能及时有效地补充所需要的人才，促进公司得以快速稳定发展，特制订本办法。
第二条 本办法适用于公司所有员工。
第三条 人力资源部门负责本制度的制订、修改、解释、废止等工作，总经理负责本办法制订、修改、废止等的核准。
第四条 公司招聘工作坚持公开招聘、平等竞争、因岗择人、择优录用、人尽其才的原则。
第二章 招聘小组成员构成
第五条 公司成立招聘小组负责对人员进行筛选，小组成员至少由 3 人组成，分别来自人力资源部、用人部门、企业领导或聘请的外部人力资源专家。
第六条 中高层管理人员及公司所需的特殊人才，面试考官一般由人力资源部经理、总经理、外部聘请的专家组成，总经理拥有录用决策的最终决定权。</td></tr>
</table>

续表

<table>
<tr><td>文案名称</td><td>××会展公司人力资源招聘管理办法</td><td>编号</td><td></td></tr>
<tr><td colspan="4">
第三章　招聘需求
第七条　招聘工作一般是从招聘需求的提出开始的，招聘需求由各用人部门提出，主要内容包括：需要人员数量、质量、招聘时间等。
第八条　各部门、下属子公司根据业务发展、工作需要和人员使用状况向人力资源部提出员工招聘需求，并填写人员需求申请表，报人力资源部审批。
第九条　临时的人员需求。公司因新增加业务，导致内部此工种人才不足时，各部门需及时将人员需求上报人力资源部。
第十条　储备人才。为了促进公司目标的实现，公司需储备一定数量的各类专门人才，如大学毕业生、专门技术人才等。
第四章　招募渠道
第十一条　公司招聘分为内部招募和外部招募。内部招募是指公司员工在获知内部招募信息后，按规定程序前来应聘，公司对应聘员工进行选拔并对合适的员工予以录用的过程；外部招募是指在出现职位空缺而内部招募无法满足需要时，从社会中选拔人员的过程。
第十二条　内部招募。所有公司正式员工都可以提出应聘申请，且公司鼓励员工积极推荐优秀人才或提供优秀人才的信息，对内部推荐的人才，公司可以在同等条件下优先录取，但不降低录用标准。
第十三条　外部招募。外部招募的方式主要有通过招聘媒体（报纸、电视、电台、网络）发布招聘信息、参加人才招聘会、校园招聘等。
第五章　人员甄选
第十四条　筛选简历。招聘信息发布后，人力资源部工作人员对收集到的简历进行初步审核，挑选出合格的应聘者，以电话或信函的方式（面试通知书）告知他们来公司参加初试。
第十五条　初试。根据招聘情况的实际需要，公司对应聘者进行初试，初试一般以笔试的形式进行。笔试一般包括以下内容：智力测验、专业知识技能、领导能力测验（适用于管理人员）、综合能力测验和个性特征测验。
第十六条　复试。复试一般以面试的形式进行，公司中高层人员的招聘或公司所需特殊人才的招聘可以采取多轮面试或其他甄选方法。
第六章　背景调查
第十七条　背景调查是对应聘者与工作有关的一些背景信息进行查证，以进一步确定应聘者的任职资格。
第十八条　经公司甄选合格的人员，在公司决定录用之前，视情况可对其作相关的背景调查，调查的主要内容包括：员工学历水平、工作经历、综合素质等，这样可以在一定程度上降低公司的招聘风险。
</td></tr>
</table>

续表

文案名称	××会展公司人力资源招聘管理办法	编号	

第七章　人员录用

第十九条　员工录用通知。通过初试、复试环节的选拔，经公司考核合格的应聘人员，在做出录用决策后的3个工作日内向其发出录用通知；对未被公司录用的人员，人力资源部也应礼貌地以电话、邮件或者信函（主要是以员工录用通知书的形式告知）的形式告知对方。

第二十条　员工报到与试用

1. 报到。被录用员工在接到公司的录用通知后，必须在规定时间内到公司报到。若在发出录用通知的15天内不能正常按时报到者，公司有权取消其录用资格，特殊情况经批准后可延期报到。

2. 试用与转正。

（1）公司新进人员到人力资源部办理完相关报到手续后，进入试用期阶段，试用期为1~6个月不等。若用人部门负责人认为有必要，也可报请公司相关领导批准，将试用期酌情缩短。

（2）用人部门和人力资源部对试用期内员工的表现进行考核鉴定，考核主要从其工作态度、工作能力、工作业绩三个方面进行。

（3）员工试用期即将结束时，需填写员工转正申请表，公司根据员工试用期的表现做出相应的人事决策。

（4）为员工办理转正手续，同时用人部门和人力资源部要做好为转正员工定岗定级、提供相应待遇、帮助员工做好职业发展规划等工作。

第八章　招聘总结与评估

第二十一条　招聘工作的总结与评估主要包括如下三项。

1. 招聘工作的及时性与有效性

2. 招聘成本评估

3. 对录用人员的评估

第九章　附则

第二十二条　本规定从××××年××月××日开始执行。解释权归人力资源部。

编制人		审核人		批准人	
编制日期		审核日期		批准日期	

二、人力资源年度招聘计划

文案名称	××会展公司20××年度人力资源招聘计划	编号	

×××会展公司20××年度招聘计划

一、 招聘的目的及意义

为全面提升公司的核心竞争力，获取公司发展所需的专业人才，为公司发展提供强大的人力支持为宗旨，结合公司上一年度发展战略及相关计划安排，特制定公司20××年度招聘计划。

二、 上年度招聘情况回顾及总结 （略）

三、 本年度岗位需求状况分析

经反复统计与核算，本年度岗位需求涵盖各部门现有人员空缺、离职补缺、新上项目人员配备等方面，具体分析如下：（略）

四、 本年度招聘需求

1. 招聘需求表

20××年度招聘需求（人员需求）表

职能中心	部门	现员数	定编数	计划需求人数
营销中心				
运营中心				
服务中心				
合计				

2. 录用标准（略）

五、 招聘政策

1. 招聘策略（略）
2. 招聘原则（略）
3. 选人原则（略）
4. 招聘方式（略）

续表

文案名称	××会展公司20××年度人力资源招聘计划	编号	

六、 招聘费用预算

序号	渠道	分类明细	收费项目	费用（元）	合计（元）
1	网络招聘	58同城			
		智联招聘			
2	招聘会	××招聘会			
		××招聘会			
3	校园招聘	××大学			
		××大学			
4	媒体招聘	电视			
		报纸			
5	其他方式	传单			
		海报			
6	其他费用				
合计：					

七、 招聘组织架构及成员名单 （略）

八、 招聘的实施

1. 第一阶段：2月中旬至4月初，招聘高峰阶段，以现场招聘会为主，高度重视网络招聘，具体方案如下：（略）

2. 第二阶段：4月中旬至7月，此阶段现场招聘会逐渐冷淡，应以校园招聘会为主，具体方案如下：（略）

3. 第三阶段：7月底至10月底，此阶段整体求职人员数量较少且分散，故此段时间，以网络招聘为主，具体方案如下：（略）

4. 第四阶段：11月初至12月底，此阶段各大高校都将陆续举办校园招聘会，此阶段主要以校园招聘会为主，主要招聘各部门的储备性人才，具体方案如下：（略）

5. 第五阶段：12月底至次年1月，此阶段，以下年度人力资源规划、总结报告，及统计分析为主要工作，非紧急新增岗位，不重点做招聘工作，具体方案如下：（略）

九、 录用决策 （略）

十、 入职培训 （略）

十一、 招聘效果评估与改进 （略）

十二、 招聘注意事项 （略）

续表

文案名称	××会展公司20××年度人力资源招聘计划			编号	
编制人		审核人		批准人	
编制日期		审核日期		批准日期	

三、人力资源获取工作样表

（一）工作申请表

一、个人情况						
姓　名		性　别		民　族		照片
曾用名		出 生 日 期				
籍　贯		身 份 证 号				
职称及执业资格情况						
政治面貌			入党（团）时间			
最高学历						
最高学位						
户口所在地						
档案所在地						
家庭住址、邮编						
个人联系电话及手机						
二、家庭成员情况						
与本人关系	年　龄	学　历	工作单位及职务			
个人性格特征及专长：						
你认为在工作中积累了哪些经验，它们对你应聘现岗位有何优势：						

续表

<table>
<tr><td colspan="4">三、教育（培训）经历（从高中起填写）</td></tr>
<tr><td>起始年月</td><td>学校、专业</td><td>毕、肄业</td><td>证明人及电话</td></tr>
<tr><td></td><td></td><td></td><td></td></tr>
<tr><td></td><td></td><td></td><td></td></tr>
<tr><td></td><td></td><td></td><td></td></tr>
<tr><td colspan="4">四、工作经历</td></tr>
<tr><td>起始年月</td><td>工作单位</td><td>职 务</td><td>证明人及电话</td></tr>
<tr><td></td><td></td><td></td><td></td></tr>
<tr><td></td><td></td><td></td><td></td></tr>
<tr><td></td><td></td><td></td><td></td></tr>
<tr><td colspan="4">五、获得证书及奖励（含外语水平）</td></tr>
<tr><td>证书名称</td><td>获得时间</td><td>证书编号</td><td>备注说明</td></tr>
<tr><td></td><td></td><td></td><td></td></tr>
<tr><td></td><td></td><td></td><td></td></tr>
<tr><td></td><td></td><td></td><td></td></tr>
<tr><td colspan="4">六、请回答以下问题</td></tr>
<tr><td colspan="4">1. （略）
2. （略）
3. （略）</td></tr>
<tr><td colspan="2">原薪金水平：</td><td colspan="2">期待月薪水：</td></tr>
<tr><td colspan="4">除以上信息外，其他需说明情况：</td></tr>
<tr><td colspan="4">本人承诺：
我在此承诺：本申请表中我所提供的信息真实。我同意并接受“××公司”对表中内容进行审核。如发现虚假信息，贵公司可随时与我终止劳动合同及其他一切书面协议，由此造成一切后果均由本人承担。
填表人签名：　　　　年　月　日</td></tr>
<tr><td>人力资源部
初审意见</td><td colspan="3">年　月　日</td></tr>
</table>

（二）××××年×××公司部门增员计划表

部门			计划编制日期		负责人	
工作岗位	职务	类别	工作职责	现有人数	增加人数	小计
合　计						
部门主管审批：						

注：表中类别一栏为

A. 正式员工　　B. 临时人员　　C. 兼职

（三）×××公司面试通知书

尊敬的______________先生/女士：

您好！

感谢您应聘本公司______________职位。

您的学识、经历给我们留下了良好的印象，为了增进彼此的了解，请您于________年____月____日____时至________________________参加：

□面试

□笔试

□专业考试

□____________

请您携带以下证件或材料：

1. ____

2. ____

3. ____

4. ____

如您时间上不便，请您提前打电话和____________（先生/女士）联系，联系电话：________________________。

祝

成功！

×××公司人力资源部敬启

年　　月　　日

（四）×××公司录用通知书

尊敬的____________先生/女士：

您好！

您应聘本公司______________职位，经复审，决定录用，请您于_______年___月___日（星期_____）_____时，携带以下资料，到本公司人力资源部报到。

☐居民身份证

☐个人资料卡

☐体检表（三级甲等以上医院）

☐学历、学位证正本及复印件

☐一寸免冠照片_______张

☐其他：______________

按照公司规定，新进员工必须试用_______个月，试用期间暂付月薪_______。报到后，本公司将为您提供为期_______天的岗前培训，为您介绍本公司制度、待遇、工作规程、服务守则和其他注意事项。

此致

×××公司人力资源部敬启

年　　月　　日

（五）×××公司员工转正申请表

日期：　　　年　　月　　日

<table>
<tr><td colspan="3">姓　名</td><td colspan="2"></td><td colspan="2">部　门</td><td colspan="2"></td><td>职　务</td><td></td></tr>
<tr><td colspan="3">学　历</td><td colspan="2"></td><td colspan="2">专　业</td><td colspan="2"></td><td>到岗日期</td><td></td></tr>
<tr><td colspan="3">试用期间</td><td colspan="6">年　月　日—　年　月　日</td><td>工资级别</td><td></td></tr>
<tr><td rowspan="2">评核内容</td><td colspan="2">试用期间主要工作表现</td><td colspan="8"></td></tr>
<tr><td colspan="2">对公司或主管有何建议</td><td colspan="8"></td></tr>
<tr><td rowspan="9">考核内容</td><td colspan="2" rowspan="2">评　分
项　目</td><td colspan="2">优秀（95%）</td><td colspan="2">良好（85%）</td><td colspan="2">一般（75%）</td><td colspan="2">差（60%）</td></tr>
<tr><td>自评</td><td>初核</td><td>自评</td><td>初核</td><td>自评</td><td>初核</td><td>自评</td><td>初核</td></tr>
<tr><td>专业知识</td><td>20</td><td></td><td></td><td></td><td></td><td></td><td></td><td></td><td></td></tr>
<tr><td>工作能力</td><td>20</td><td></td><td></td><td></td><td></td><td></td><td></td><td></td><td></td></tr>
<tr><td>工作效率</td><td>15</td><td></td><td></td><td></td><td></td><td></td><td></td><td></td><td></td></tr>
<tr><td>协调能力</td><td>15</td><td></td><td></td><td></td><td></td><td></td><td></td><td></td><td></td></tr>
<tr><td>责任感</td><td>15</td><td></td><td></td><td></td><td></td><td></td><td></td><td></td><td></td></tr>
<tr><td>品德</td><td>10</td><td></td><td></td><td></td><td></td><td></td><td></td><td></td><td></td></tr>
<tr><td>上进心</td><td>5</td><td></td><td></td><td></td><td></td><td></td><td></td><td></td><td></td></tr>
<tr><td colspan="3">自评人</td><td colspan="3"></td><td colspan="3">自评分数</td><td colspan="2"></td></tr>
<tr><td colspan="3">初核人</td><td colspan="3"></td><td colspan="3">初核分数</td><td colspan="2"></td></tr>
<tr><td colspan="3">初核评语</td><td colspan="8"></td></tr>
<tr><td>考勤状况</td><td colspan="2">迟到　次
—　分</td><td colspan="2">早退　次
—　分</td><td colspan="2">病假　天
—　分</td><td colspan="2">事假　天
—　分</td><td colspan="2">旷工　次
—　分</td></tr>
<tr><td colspan="2">考核结果</td><td rowspan="2">结论</td><td colspan="4" rowspan="2">□提前转正，晋（　）级，从　年　月　日起正式聘用。
□按期转正，不予晋级
□试用期不合格，不拟聘用</td><td colspan="4" rowspan="2">□按期转正，晋（　）级
□延长试用期　个月
（到　年　月　日止）</td></tr>
<tr><td colspan="2">分</td></tr>
<tr><td colspan="3">部门经理审批</td><td colspan="3"></td><td colspan="3">人力资源部主管审批</td><td colspan="2"></td></tr>
</table>

第五节　本章小结

一个企业、一个集体、一个团队，如何才能找到自己所需要的人才呢？对于作为现代战略性新兴服务业的会展产业来说，这个问题显得尤为迫切和重要。本章梳理了会展人力资源获取的概念、原则、流程与方法，并提供了部分文案范例。

本章的要点包括以下内容。

（1）会展人力资源获取是指会展组织为达成组织目标，通过制订招聘计划，开展招募、甄选、录用、配置、评估等一系列活动，以获取合适的人选补充组织内的职位空缺，实现内部人力资源的合理配置的过程。招募、甄选、录用、配置、评估等一系列活动共同构成了不可分割的整体。

（2）会展人力资源获取工作应遵守公平、效率、双向选择、保证质量、因事择人、人职匹配、用人所长等原则。

（3）会展人力资源获取的一般流程包括：制订人力资源招聘计划、招募、甄选、录用和评估等基本步骤，其中，制订招聘计划是人力资源获取和人力资源规划两项专职活动的交汇点，需要各部门与人力资源部合作，根据人力资源盘点、人力资源规划文件和各部门的具体人员需求，制订人力资源招聘计划，报请领导审批，审批通过后，正式部署人力资源的招募和甄选等环节的工作。

（4）会展人力资源招募主要有内部招募和外部招募两种渠道。内部招募的主要方法有：工作公告法、主管推荐法、档案法、内部晋升和工作轮换法、人才库和人员继任法等；外部招募的主要方法有：广告、人才招聘会、校园招聘、猎头公司招聘、网络招聘、就业中介等。

（5）会展人力资源甄选的主要方法有：笔试、面试、心理测试、评价中心等方法。其中，评价中心的方法是一种以情景模拟为主要形式的综合性的人力资源甄选方法，该方法综合了公文筐、角色扮演、无领导小组讨论、演讲、管理游戏等多种方法，评价具有很强的针对性，有效避免了主观性。

（6）会展人力资源获取的专业活动不但是会展组织补充员工的重要渠道，为组织不断充实新生力量，实现人力资源的合理配置，而且，还是会展组织进行对外宣传的一条有效途径。越来越多的管理者已经认识到，招募和甄选产生的营销效果有时远远超过广告等宣传活动。因为招募和甄选是从全方位的企业形象、企业文化、人力资源制度等方面开展的宣传，它对受众的影响也是全方位的，而且这种影响也往往是潜移默化的，效果要好于单纯宣传的广告效果。

总之，人力资源获取是会展组织人力资源资源管理最有挑战性的核心职能之一，是组织成功的保障。一个优秀的会展管理者，应全面掌握人力资源获取的理念、流程与方法，并做好文案工作。

复习思考题

1. 试述会展人力资源获取的含义。
2. 会展人力资源获取的一般原则有哪些？
3. 简述会展人力资源获取的一般流程。
4. 简述会展人力资源招聘计划的要点。
5. 简述会展人力资源的招募渠道与方法。
6. 笔试的类型有哪些？各自的优缺点是什么？
7. 面试的类型有哪些？各自的优缺点是什么？
8. 面试过程中，人力资源管理者和主试官都应注意哪些事项？
9. 面试时可能会犯哪些错误？
10. 试述评价中心的方法及其特点。

应用案例

案例（一） 谁应当沮丧？①

某会展公司刊登了百万年薪招总经理的活动，一外地候选人，准备了精美的应聘材料，衣着打扮得体地乘飞机来到招聘活动现场，但现场却只有人力资源部门的一些专员、文秘等在，他们漫不经心地告诉该候选人说，您留下简历，我们将会呈报给招聘办公室，具体后面的事宜，招聘办将另行通知您。该候选人沮丧地丢下简历，回去了。

思考题

1. 结合案例，请分析案例中的哪些做法对公司造成了损失？会展公司招聘高层管理者应当注意哪些问题？

2. 如果你是该招聘项目的负责人，你怎么运作并高质量地完成这次总经理招聘任务？

① 童媛媛．人力资源棘手问题解决方案［M］．北京：企业管理出版社，2010：175.

案例（二）　招聘奇招①

招聘符合公司需要的员工是所有公司所追求的目标。为了寻找到能传承公司价值与文化的优秀人才，各大公司都绞尽脑汁，开发出各种不同的招聘“奇招”。

日产公司：请客吃饭

在人力资源招聘中，都要进行一项专门的“用餐速度”考试——招待应聘者一顿难以下咽的饭菜。一般主考官会“好心”叮嘱你慢慢吃，吃好后再到办公室接受面试，那些慢腾腾吃完饭者得到的都是离开通知单。

壳牌石油：开鸡尾酒会

壳牌公司组织应聘者参加一个鸡尾酒会，公司高级员工都来参加，酒会上由这些应聘者与公司员工自由交谈，酒会后，由公司高级员工根据自己的观察和判断，推荐合适的应聘者参加下一轮面试。一般那些现场表现抢眼、气度不凡、有组织能力者会得到下一轮面试机会。

假日酒店：打篮球

假日酒店认为，那些喜爱打篮球的人，性格外向，身体健康，而且充满活力，富有激情，假日酒店作为以服务至上的公司，员工要有亲和力、饱满的干劲，朝气蓬勃，一个兴趣缺乏、死气沉沉的员工既是对公司的不负责，也是对客人的不尊重。

美电报电话公司：整理文件筐

先给应聘者一个文件筐，要求应聘者将所有杂乱无章的文件存放于文件筐中，规定在10分钟内完成，一般情况下不可能完成，公司只是借此观察员工是否具有应变处理能力，是否分得清轻重缓急，以及在办理具体事务时是否条理分明，那些临危不乱、作风干练者自然能获得高分。

统一公司：扫厕所

统一公司要求员工有吃苦精神及脚踏实地的作风，凡来公司应聘者公司会先给你一个拖把叫你去扫厕所，不接受此项工作或只把表面洗干净者均不予录用。他们认为一切利润都是从艰苦劳动中得来的，不敬业，就是隐藏在公司内部的“敌人”。

通用电器：木板过河游戏

公司将应聘者分为两组，开展“木板过河”游戏比赛，内容为每组有一个“病人”需要送到“河”对岸，要求用手中的木板搭成“桥”将“病

---

① 陈秀峰，潘敏. 人力资源管理问题研究［M］. 北京：中国工商出版社，2007：284－285. 有改动.

人”送到河对岸，谁先送到“河”对岸则录用谁。实际上“桥”的长度不可能达到“河”对岸，公司设计此考题的目的就是观察此两组应聘者是否有团队意识，因为只有当两组木板合并起来才能过“河”，如果两组应聘者都只想着自己过“河”，则没有达到公司所应具备的人才要求，都将不予录用。

思考题

结合案例，请分析上述公司的人力资源招聘“奇招”有哪些共同点？对会展公司的人力资源招聘有什么启示？

案例（三） 松下公司的一场招聘实录①

松下公司的一场招聘会正式开始了。主考官经过一小时的单独面谈后，大家都聚集在大会议室内。

第一回合：简介

坐在会议室里大概有20个应聘者，他们正在进行着自我介绍，每个人以最简短的语言介绍自己，结束以后，主考官提出一个问题：“谁能记住其中三个人的名字?”这个时候，就两个人举手，然后把三个人的名字报了出来。“谁能记住两个?”此时又有三个人举手。“谁能记住其中五个?”没有人再把手举起来。这一回合结束了。

第二回合：组织团队

下个环节开始，大家被分为两组，在规定时间内，每个组要为自己团队起一个名字，选一个队长，为自己谱一曲队歌，还要定出自己队伍的口号。第一小组有两个女生，第二组是清一色男生。

第一组按照分工，开始了行动，先是选出自己的团队的领导，然后讨论团队的名字，完全忘记了自己这个团队的人是来跟自己竞争职位的，而是融在了一起。一切定论后，开始探讨自己的队歌和口号。为了能够让自己的队歌和口号更动人，这个组的队长先让一个人负责开始思考，口号大家一起来商谈。一切定局后，他们还扯开了嗓子练习自己的队歌。在这里，他们好像就是同事，在做自己团队应该做的事情。

但是第二组似乎就有些令人诧异，他们两个一组，三个一伙的在探讨着各自的话题，也许他们讨论的是同样的话题，但是大家不是共同讨论，而是分散。直到主考官提醒他们为止。

---

① 刘秋华. 企业管理［M］. 大连：东北财经大学出版社，2009：159－162. 有改动.

正当第一组的人忘我地进行自己的队歌排练时，主考官拿出一张残缺的纸，问大家："你们有谁注意到我的这张纸缺了一角?"

"我注意到了。"有几个人回答。

"我知道，因为你在面试我的时候把纸撕掉一角的。"其中一个男士说。

"那你们有没有注意在你们面试坐的椅子的腿边有个纸团，直到面试结束，都没有人把它捡起来。"

鸦雀无声。

"好了，你们继续吧。"

整个会场被第一组的歌声给渲染了，第二组的人也开始亮开了自己的嗓门。会场的气氛欢快愉悦，谁也不会想到这是在招聘，外面的人会以为这是在开文艺座谈会。

第三回合： 建立团队

工作在主考官的带领下，紧张有序且乐趣盎然地进行着。

随后进入的现场模拟是建立自己的市场部结构。根据市场的需求，制订出所需要的职位和职位功能，以及适合这个职位的人所具有的素质。

这个模拟需要大量的纸，这时工作人员把纸分发到两个桌上，但被主考官阻止了，说，"今天的工作，都需要我来做，谁要什么东西也要跟我说，其他人不能多做。"

纸被收了回来。

主考官在题板上写了几个字：资源是有限的，资源是无限的。

讨论完毕，需要每个组的队长把自己的结构图画到题板上。但是他们不知道的是，只有一支笔，谁先走到题板前，谁就先得到在题板上板书自己结构图的机会。靠近题板最近的第一组却错过了机会。只好退下来。

第一组的队长只好口述自己的结构图。但是二组的人似乎并没有认真地听着对手的方案，他们也许认为是说给主考官听，跟他们没有任何关系。但是却不料，每一个细节都是主考官要考的内容，今天的场景完全打乱了他们的阵脚。其中一个面试的人说，以前没有这样的场面，没有想到是一种做游戏的方式。而且，这个模拟游戏里，处处充满杀机，而且这些不经意的细节却关系到他们的命运。

"你们对第一组的结构有何问题?"主考官终于问到了他们没有想到的问题。

众人无言。

第四回合： 挑选产品

主考官把三种产品给了两个团队，让他们选择自己的产品，他们用自己的市场眼光，挑选出一种对市场更有冲击力的产品。结果他们挑选的产品都是相同的。

随之让他们制订产品的方案。

两个组马上进入工作状态。当他们聚精会神地做事时，主考官发布了一条新闻：翰林汇经过潜心研究，向市场推出一款软件，市场价是1000元，但是不久，清华同方推出同样功能的产品，市场价只有725元，所以，翰林汇的市场受到了重挫。为什么呢？

他的话让大家停顿了一下，但是他的话一结束，他们又回头研究自己的方案。

第五回合：市场推广

一套具体的市场推广方案，能体现一个市场人员应该具备的最基本的素质。也许今天的方案并不是很优秀，但是可以看出这个人的市场基本功。对他们来说，是最重要的一个环节。

在他们策划方案的时候，两个组谁都没有去注意对方的动态，更别说主考官的行为了。

主考官在题板上写了一行字：游戏规则——制订者、执行者。而且把这行字圈了起来。但是这行字在那里默默地被挂了半个小时，都无人问津，更别说看它一眼。

主考官实在看不下去了，就问了他们一个问题："你们当中有谁做过公关？"这个时候就有人零星地站起来说"我做过"。

"在公关当中，有没有人做过政府公关？"

"政府公关是要做的。"但是似乎底气不足。然后又开始了谋划。

主考官无奈地摇摇了头，自言自语地说了一声："我尽力了。"

观察细节，不只是某个行业的从业人员应该具有的素质，而是在我们的生活中时刻要使用的，更何况是在应聘。难道这样轻松的环境使他们放松了警惕？

在这个游戏开始时，规则是由主考官制订的，可是却没有人理会主考官想要的是什么，他的规则是什么。做方案时依然，如果不知道这个市场的规则是什么，即使再漂亮的方案，如果不符合游戏的规则，照样行不通。

主考官的意旨不完全在漂亮的方案上，重要的是这个方案的思路和可执行的程度。

不管怎么样，直到上午的活动结束，都没有人去注意到竞争对手在做什么？也没有人关心松下这个外来企业在进入中国市场时所面临的政府公关。

第六回合：　等待

时间在快乐且有压力的氛围中进行了一半。

12点到了，是大家午餐和休息的时候。主考官对他们说："12:00－13:00是午餐时间，13:00正式开始。"

但是他对下面的服务人员说："13:00－14:30之间，不允许给他们水喝，谁问都说不知道。就让他们等。"

午饭回来后，看着一屋子坐着的人，一个都没有动，好像在等待着抽奖号码的公布。

第七回合：　逐一面谈

14:30终于到了。等待的结果是再等待。当别的人被主考官叫去面谈时，他们剩下的还是等待。直到下午5点才结束招聘。

气氛仍然很热烈，一整天的面试估计是前所未有的，但是这么长的时间，却没有任何一个人感到劳累，如果有的话，应该是这个主考官。

"这样招聘会是我第一次遇到，感到在里面学到了很多东西，而且还交了这么多朋友。很幸运参加这样的招聘会。"一个即将离开现场的应聘者说。

思考题

1. 松下公司采用的是什么招聘方法？这种方法有哪些特点？
2. 松下公司的此次招聘考察的是应聘者的哪些素质？
3. 请结合会展产业特点分析本案例对会展人力资源招聘有哪些启示？

第五章

会展绩效管理

学习目标

- 了解绩效、会展绩效管理的概念和内容
- 了解会展绩效管理的原则和意义
- 掌握会展绩效管理的流程
- 掌握关键绩效指标法、平衡记分卡法、360 度考核法

关键概念

绩效　会展绩效管理　绩效评估　关键事件　平衡记分卡　360 度考核　目标管理

随着全球经济一体化的发展，在未来一段时期内，我国会展业将呈现全球化、信息化、集团化、品牌化、专业化、创新化、生态化和多元化的发展趋势。中国会展产业要在知识经济和经济全球化时代获得生存空间，从人力资源方面来说，需要充分利用绩效杠杆，实施公平合理和富有竞争力的绩效管理来吸引、激励和留住优秀的人才，使他们的能力得以充分和持续的发挥。

会展绩效管理是会展人力资源管理的重要职能，是管理者根据已制订的工作目标与员工实际完成工作的情况对员工及进一步修订的工作目标进行管理的过程，从而确保员工在工作中能够取得良好的工作绩效，提高企业整体的运营效率。这是一个包含绩效计划、绩效沟通、绩效考核、绩效反馈与改进环节的系统过程。有效的绩效管理有助于整合企业内部不同群体之间的工作目标和利益冲突，实现目标一致性，产生协同作用，推动企业持续、健康发展。

第一节 会展绩效管理概述

一、绩效与会展绩效管理

（一）绩效

1. 绩效的含义

绩效是人力资源绩效管理的基本的概念。从管理实践来看，人们对于绩效的认识经历了一个不断发展的过程：从单纯地强调结果到强调行为，强调数量到强调质量再到强调满足顾客需要；从强调“当下”发展到强调“未来”等。因此，应该以综合的、发展的眼光来认识和理解绩效的含义，包括综合考虑绩效产生的过程、方式、时间及结果等。

绩效的含义可以从以下几个方面来理解。

第一，绩效反映的是组织及其人员在履行职能或职责过程中，在一定时间内以某种方式实现某种结果，即组织及其人员在组织目标的指引下取得的工作结果，不仅包括组织整体绩效，也包括员工个人绩效和项目绩效。

第二，从绩效的产生过程来看，具有“投入—中期结果—最终结果”的周期性发展过程，是员工在完成工作过程中表现的一系列行为的集合体。墨菲（Murphy，1990）指出，“绩效是一个人在其工作的组织或组织单元的目标有关的一组行为”。坎贝尔（Cam Pell et al，1993）等人指出，“绩效是行为的同义词，它是人们实际的行为表现，并且能观察到的，它只包括与组织目标有关的行动或行为，能够用个体的能力（即贡献程度）进行测量”。①

第三，从绩效质与量的属性来看，绩效不等于产出本身，也不等于任务或产品本身，是投入所得及其所产生的社会效果，是员工或团队工作态度和价值观的反映。

综合学术界的观点，绩效是指组织及其员工个体或群体的工作能力、工作态度、价值观在一定环境下表现出来的程度和效果，以及在实现预定的目标过程中所采取的行为及其取得的成就和贡献。理解绩效的概念，需要注意以下几个方面：

（1）绩效是客观存在的有效的行为结果，是组织目标的实现程度。

（2）绩效是在工作过程中产生的效用。

（3）绩效应当体现投入与产出的对比关系。

（4）绩效应当有一定的可度量性。

2. 绩效的特征

根据绩效的定义，绩效可以理解为组织中员工素质（工作能力、工作态度、责任心、协作意识等）与工作对象、工作条件等相关因素相互作用、有效互动在一定的环境下，采取相应行为的基础上，实现组织目标的程度。因此，绩效会因时间、空间、工作任务和工作条件（环境）等相关因素的变化而不同，从而呈现出明显的多因性、多维性与动态性。

（1）多因性。绩效的多因性是指绩效的好坏并不仅仅取决于一种因素，而是要受制于主观、客观等多种因素，其中技能、激励、环境与机会这四种因素起主要作用。这就要求我们在绩效管理过程中，抓住影响绩效众多因素中的关键因素，实施高效的绩效管理。

（2）多维性。绩效的多维性是指需要从多个角度或方面去分析与评价绩效。通常，我们在进行绩效考核时要综合考虑员工的工作能力、工作态度和工作结果三个维度的情况，并不需要全面考虑所有可能的评价维度。根据不同的考核目的，选择不同维度的考核标准和考核体系时其权重各不相同，这就要求我们在设计绩效考核体系时要根据企业战略、岗位分工等多方面情况设计出由多重指标构成的指标体系。

（3）动态性。绩效的动态性指随着时间的推移，绩效的好坏会发生变化，原来较差的绩效有可能变好，反之亦然。员工的绩效只是一段时间内工作情况的反映，它会随着时间的推移而发生变化。这就要求在评价员工的绩效表现时应充分注意绩效的动态性，而不能用一成不变的眼光来对待绩效问题，要用发展的观点来看待绩效。

绩效的多因性、多维性、动态性是相互关联、相互影响、不可分割的，在

---

① 理查德·威廉姆斯. 业绩管理［M］. 赵正斌，胡蓉. 译. 大连：东北财经大学出版社，1999.

绩效考核与绩效管理中需要通盘考虑。绩效的多因性、多维性为进行绩效考核与绩效管理提出了多角度、系统化的绩效考核思路，而绩效的动态性解释了绩效考核和绩效管理中存在周期性的问题。在确定绩效考核周期时，应当充分考虑绩效的动态性特征，确定哪些指标适合长期考核，哪些适合短期考核，做好绩效周期和绩效指标的科学设置工作，保证组织能够充分掌握员工绩效状况，公正客观地对员工绩效做出评价。

（二）会展绩效管理

绩效管理是以绩效考核制度为基础的人力资源管理的子系统，通俗地讲就是对绩效进行管理。对绩效管理的概念理解，主要有两大类观点。

（1）Rogers 和 Bredrup 认为绩效管理是管理组织绩效的过程（理查德·威廉姆斯，1999）。这种观点认为绩效管理通过决定组织战略以及通过组织结构、技术、事业系统和程序等来加以实施。其主要从组织的角度来考虑目标制定、绩效改进和考察，如通过商业过程重组、持续过程改进、基准化和全面质量管理提高员工绩效。在这个过程中员工虽然会受到影响，但不是主要的考虑对象。

（2）Ainsworth 和 Smith 则持另一种看法，认为绩效管理应以员工为中心，为每位员工确定目标，进行工作反馈和考评，是管理员工个体绩效的过程（理查德·威廉姆斯，1999）。

组织进行绩效管理的目的是为了实现组织目标，对员工的绩效管理总是发生在一定的组织背景中，离不开特定的组织战略、组织目标。而对组织的绩效进行管理，也离不开对员工的管理，因为组织的目标是通过员工来具体实现的，只有落实到员工个体上才能实现组织绩效。其实，不论是组织中心主义，还是员工中心主义，都无一例外不能回避对方的存在，组织和个体同样重要。

这里我们可以把会展绩效管理定义为会展组织的管理者和员工为了达到组织战略目标，共同参与绩效计划制订、绩效实施与管理、绩效考核评价、绩效反馈、绩效目标提升的持续循环过程，其目的是持续提升个人、部门和组织的绩效。

二、会展绩效管理的原则

（一）目标一致原则

会展绩效管理的首要原则就是目标一致原则。会展组织所从事的工作具有复杂性、综合性的特点，如果没有一致的目标作为各层级工作人员开展工作的依据，就会导致部门之间和岗位之间不能进行有效的协作，也会使绩效考核和绩效管理缺乏依据而无法开展。因此，会展组织绩效管理必须建立在目标一致的基础上，对组织战略目标进行层层分解，各级员工都具有明确的努力方向，确保绩效管理有的放矢、顺利进行。

（二）公开、公平、公正原则

坚持公开、公正与公平的原则是绩效管理的内在要求。所谓公开性是指“作为绩效管理的组织者，有责任把绩效考评的目的、方法、程序、时间、内容在考核之前对组织内部所有成员公开，更重要的是，应把绩效考评的结果及时反馈给当事人。”① 只有评价上的公开、公正、公平，才能取得上下级的认同，使绩效管理得以推行。对员工来说，管理上的透明，可以使员工对人事考评工作产生信任感，对考评结果也能持理解、接受的态度，让员工知道自己目前的成就及如何才能做得更好，使其有成就感并愿意接受挑战，激发大家的工作热情和斗志。

（三）双向沟通原则

沟通是理解的桥梁，而理解是合作的基础。会展企业各部门工作千头万绪，上下级之间、同级部门之间、员工与员工之间，只有进行了有效的沟通，建立了充分的理解，才能使员工和组织之间建立互信，提升员工绩效和组织绩效。管理者应帮助员工取得良好的绩效和符合期望的回报，并善于鼓励员工通过不断提高自己的行为能力来取得理想的工作绩效。同级部门之间、员工与员工之间通过双向沟通，协调好工作中的各个方面，在企业内部形成和谐融洽的工作氛围，有利于绩效管理目标的实现。

（四）定期化与制度化原则

绩效管理是一种连续性的循环管理过程，因而必须定期化、制度化。会展工作的阶段性特征明显，要及时对一定阶段的工作做好绩效管理，便于对员工工作能力、工作态度、工作成效做出评判，并将上一阶段工作中的不足及时传达到员工本人。通过定期化、制度化的绩效管理，去真正了解员工的潜能，发现企业中存在的问题与不足，从而有利于会展组织的有效管理。

（五）组织文化导向原则

组织文化是一个组织的无形资产，绩效管理实际上就是对员工工作行为、态度、业绩等方面的评判，它是员工行为的导向。绩效管理的内容是组织文化的具体化和形象化，绩效管理必须明确组织要鼓励什么和反对什么，要给员工正确的引导。

---

① 李剑峰. 人力资源管理：原理与技术［M］. 北京：电子工业出版社，2002：123.

三、会展绩效管理的意义

会展绩效管理的最根本的目的就是提高组织绩效。一个完善、科学的绩效管理系统应该能够帮助组织完成诸多任务，并实现组织和员工的双赢，绩效管理的意义主要体现在下列几个方面。

（一）提高员工的工作积极性，实现员工和组织的双赢

会展绩效管理可从以下几个方面激励员工：一是通过绩效工资提升员工的工作积极性。按照期望理论的观点，工资与绩效相联系，能激活员工的工作积极性。二是通过提高员工对企业的承诺、满意感等激发员工的工作积极性。三是通过目标设定来激励员工。Locke 于 1967 年最先提出“目标设置理论”。根据这个理论，目标本身就具有激励作用。目标能把人的需要转变为动机，使人们的行为朝着一定的方向努力，并将自己的行为结果与既定的目标相对照，及时进行调整和修正，进而实现目标。同时，绩效管理的一个重要思路是组织通过培训、指导、绩效反馈等方法帮助员工提高绩效，达到绩效标准。总之，一个合理完善的绩效管理系统有助于实现组织和员工个人甚至社会的最大效益。

（二）促进组织内部信息沟通和组织文化建设

绩效管理需要员工的广泛参与，从绩效目标的制定、绩效实施与过程管理、绩效考评、对考核结果的运用以及提出新的绩效目标等都需要员工的参与，需要管理者与员工双方的相互沟通。这种“参与式”管理方式体现了对员工的尊重，满足了员工的尊重需要和自我实现的需要，为组织创造一种良好的氛围。

（三）使会展人力资源管理成为一个完整的系统

会展绩效管理在会展人力资源管理系统中处于核心的位置。它把人力资源的各功能整合为一个内在联系的整体。绩效管理为员工的薪酬制定、培训、晋升、工作安排，为来年的目标设定提供依据，并为人员招聘和选拔提供参考。

第二节　会展绩效管理的流程

会展绩效管理是指通过管理者与员工之间持续不断地进行的业务管理循环过程，实现业绩的改进，这并不是一个单一的行为过程，而是包括了绩效计划、绩效实施与过程管理、绩效考核、绩效反馈与改进等环节在内的综合行为系统。

绩效管理的一般流程见图 5－1。会展绩效管理是一系列以员工为中心的管理活动，通过提高员工的绩效达到改善组织绩效的目的。

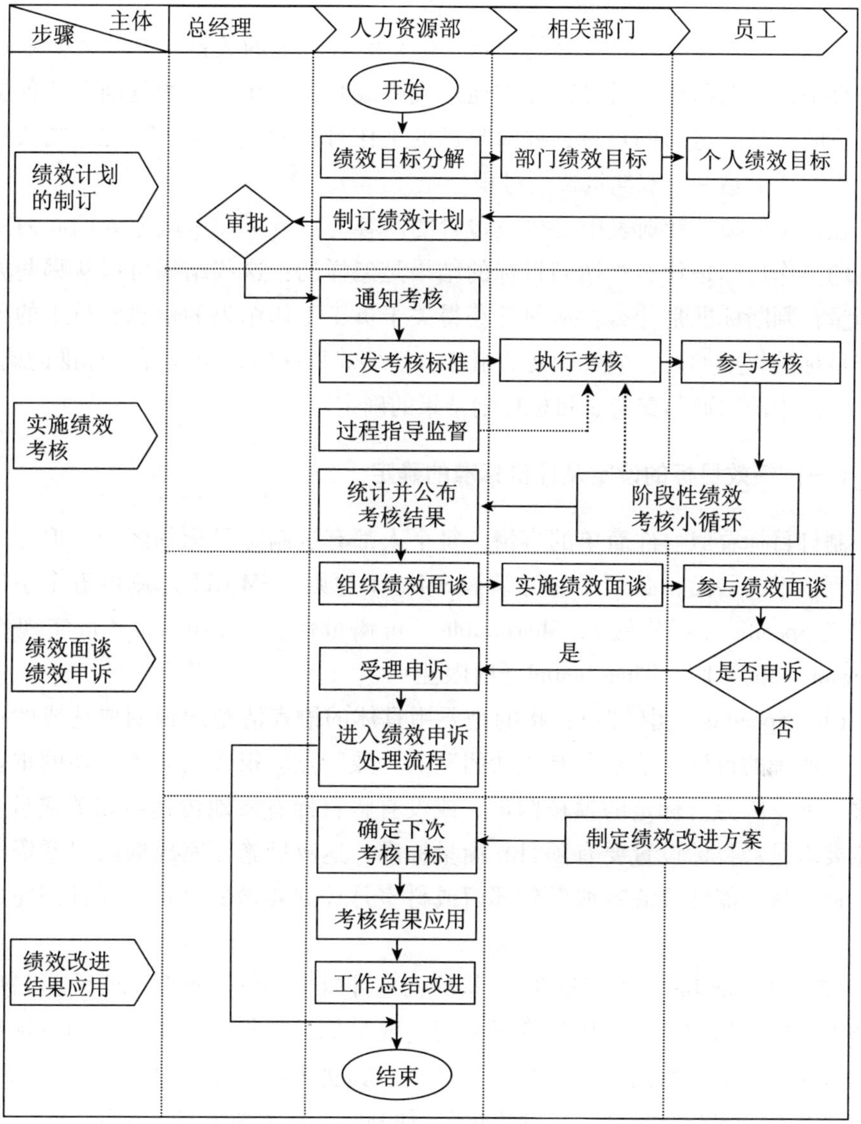

图 5－1　绩效管理的一般流程图[①]

---

① 王瑞永．中小企业人力资源管理精细化设计全案［M］．北京：人民邮电出版社，2011：386．有部分改动．

一、绩效计划

绩效计划是会展绩效管理的起点，也是绩效管理的关键。在绩效计划的制订过程中，组织和员工通过充分沟通达成绩效共识，在共识的基础上使各层次的人员明白自己努力的目标，并对自己的工作目标做出承诺。因此，绩效计划的过程本质上是一个双向沟通的过程。

在员工的绩效计划表中至少应包含的内容为：员工在本次绩效期间内所要达到的工作目标是什么？达到目标的结果是怎样的？这些结果可以从哪些方面去衡量？判断标准是什么？从何处获得关于员工工作结果的信息？员工的各项工作目标的权重如何？绩效计划的制订包括绩效目标的设定及评价标准的确定、绩效计划中的沟通与参与、目标计划结果的确定。

（一）绩效目标的设定及评价标准的确定

制订目标看似一件简单的事情，每个人都有过制定目标的经历，但是如果上升到技术的层面，必须学习并掌握 SMART 原则。SMART 原则的五个字母分别代表 Specific（明确性）、Measurable（可衡量性）、Attainable（可实现性）、Relevant（相关性）、Time-bound（时限性）。

（1）Specific（明确性）：指的是要用具体的语言清楚地说明要达成的行为标准。明确的目标几乎是所有成功团队的一致特点。很多团队不成功的重要原因之一就是因为目标定的模棱两可，或没有将目标有效地传达给相关成员。其实施要求是：目标设置要有项目、衡量标准、达成措施、完成期限以及资源要求，使考核人能够很清晰地看到部门或科室月计划要做的事情以及计划完成的程度。

（2）Measurable（可衡量性）：指的就是目标应该是明确的，而不是模糊的。应该有一组确切的数据，作为衡量是否达成目标的依据。如果制定的目标没有办法衡量，就无法判断这个目标是否实现。其实施要求是：目标的衡量标准遵循“能量化的量化，不能量化的质化”。使制定人与考核人有一个统一的、标准的、清晰的可度量的标尺，杜绝在目标设置中使用形容词等概念模糊、无法衡量的描述。对于目标的可衡量性应该首先从数量、质量、成本、时间、上级或客户的满意程度五个方面来进行，如果仍不能进行衡量，其次可考虑将目标细化，细化成分目标后再从以上五个方面衡量，如果仍不能衡量，还可以将完成目标的工作进行流程化，通过流程化使目标可衡量。

（3）Attainable（可实现性）：目标是要能够被执行人所接受的，具有可实现性。领导者应该更多地吸纳下属来参与目标制定的过程，即便是团队整体的目标，也应该发动员工参与。员工参与目标的制定，有助于准确定位目标的可实现性。其实施要求是：目标设置要坚持员工参与、上下左右沟通，使拟定的工作目标在组织及个人之间达成一致。既要使工作内容充实，也要使其具有可达性。

（4）Relevant（相关性）：指的是实现此目标与其他目标的关联情况。如果实现了这个目标，但对其他的目标完全不相关，或者相关度很低，那这个目标即使被达到了，意义也不是很大。

（5）Time-bound（时限性）：指的是目标是有时间限制的。例如，将在2013年5月31日之前完成某事。5月31日就是一个确定的时间限制。没有时间限制的目标没有办法考核，或带来考核的不公。上下级之间对目标轻重缓急的认识程度不同，上司着急，但下属不知道。到头来上司暴跳如雷，而下属觉得委屈。这种没有明确的时间限定的方式也会带来考核的不公正，伤害工作关系，伤害下属的工作热情。其实施要求是：目标设置要具有时间限制，根据工作任务的权重、事情的轻重缓急，拟定出完成目标项目的时间要求，定期检查项目的完成进度，及时掌握项目进展的变化情况，以方便对下属进行及时的工作指导，以及根据工作计划的异常情况变化及时地调整工作计划。

总之，无论是制订团队的工作目标，还是员工的绩效目标，都必须符合上述原则，五个原则缺一不可。

（二）绩效计划中的沟通与参与

绩效计划中必须明示组织期望员工达到的结果以及为达到该结果而期望员工表现出来的行为和技能。在按照SMART原则对组织战略目标进行分解后，动员广大员工参与到绩效计划的制定过程中，使其结合自身实际对绩效计划进行广泛讨论，使绩效计划更具合理性。同时，广大员工也会更容易接受绩效计划并在深刻理解计划的基础上全力配合，减少绩效管理工作的阻力。

（三）绩效计划的审定和确认

对计划的审定和确认就是通过目标计划会议使管理者与员工之间进行有效的沟通，并就各层级的绩效目标特别是个人绩效目标达成共识，填写绩效计划书。在管理者与员工之间建立良好的协作关系，听取员工对个人绩效目标意见和目标实现中可能遇到的困难，从而确定在绩效管理中对员工工作进行监督、检查与评定的时间和方式，以便及时纠正工作中的偏差。

二、绩效实施与过程管理

在会展绩效管理中，绩效实施与过程管理是关键、决定性的环节，主要包括绩效沟通、绩效信息的收集、分析、处理等方面。

（一）绩效沟通

会展组织的工作受外界环境的影响比较大，绩效计划制订以后仍然需要及时关注外界环境变化，并根据环境和组织战略的变化做出相应调整，保持持续的绩效沟通。在绩效实施过程中，持续的绩效沟通可以使管理者和员工双方对工作进展情况、工作中存在的困难和问题以及需要管理者给予的帮助等问题随时进行沟通交流，以获得最新的相关信息，得到及时的帮助并就新的情况达成新的绩效承诺。在沟通方式上可以选择书面汇报、绩效面谈、小组会议等正式沟通方式，也可以利用在吃饭、聚会、体育运动时进行非正式的交谈，来传达组织和工作中的信息。

（二）绩效信息的收集、分析和处理

对于会展组织来说即时有效的信息尤为重要。如果没有充足有效的信息，我们就无法把握外部环境的变化，无法及时对组织的整体目标做出调整，无法掌握员工的工作进度和工作中遇到的实际困难，也无法及时对员工的工作业绩进行评价和反馈，致使整个绩效管理循环不能正常进行下去。绩效信息的收集、分析和处理过程不是一次性完成的，它贯串于绩效管理的整个过程，渗透到绩效管理过程的各个环节。

信息收集可以通过员工自身的汇报、同事的观察、上级的检查和记录、下级的评价等渠道获取，内容主要包括：员工目标和标准的达成情况、工作绩效优劣的具体依据、对绩效改进有帮助的信息等。收集好信息之后，还需对其进行深入的分析、加工、处理，为进行员工绩效考核、绩效改进、绩效反馈及人力资源管理的其他方面的决策提供依据。

三、绩效考评

（一）绩效考评的含义

绩效考评又称绩效评估、人事考评、员工考核等，是指主管或其他相关人

员根据绩效目标和考核指标体系，运用科学的考核方法，严格按照考核程序对员工的行为过程和行为结果进行考核和评价的过程。

（二）绩效考评的原则

1．公平严格原则

公平是会展组织人员绩效考评的基础和前提，因此在绩效计划时制定的考核标准、考核程序、考核对象的岗位责任等规定都应公开。在考核中严格按照这些规定，排除一切干扰，摒弃个人的好恶恩怨，才能确保考核结果的可靠性、权威性，增强员工对绩效考评工作和考核结果的信任感、认同感。否则考核结果不仅不能反映员工工作业绩的真实情况，还有可能造成挫伤员工工作积极性等消极后果。

2．客观公正原则

绩效考评应当根据明确规定的考评标准，用“事实说话”，将考评建立在客观的基础上，将考评对象的工作表现与考评标准进行对照，防止考评者主观臆断将不同岗位的员工进行比较。在考评中应尽量避免主观性和个人感情色彩，使最终的考评结果客观、公正，达到绩效考评的预期目标。

3．结果公开原则

考核的结论应对本人公开，这是保证考核公正的重要手段。这样做，一方面可以使被考核者了解自己的优点和缺点、长处和短处，从而使考核成绩好的人再接再厉，继续保持先进；也可以使考核成绩不好的人心悦诚服、奋起上进。另一方面还可以防止考绩中可能出现的偏见以及种种误差，以保证考核的公平与合理。

四、绩效反馈与改进

绩效反馈包含两方面内容：一是对绩效考评结果的分析。如果在绩效考评结果中发现员工绩效较差，那就需要查找原因。一旦找到原因，需要主管和员工认真对待，积极采取措施，解决问题；二是对绩效考评结果的应用。当绩效考评完成后，管理部门要根据绩效考评的结果，开展相应的培训教育，沟通反馈、绩效改进、奖励提拔等工作。

在具体实践中，绩效反馈面谈是完成绩效考评后，主管人员与下属进行一次面对面的交谈。通过绩效反馈面谈，使下属了解主管对自己的期望，了解自己的绩效，认识自己有待改进的方面，下属也可以提出自己在完成绩效目标中所遇到的困难，请求上司指导或帮助。同时，双方需要对绩效考评出的各种资料信息进行综合分析得出如何进一步改进绩效，促进组织整体绩效的提高。绩效反馈面谈既要及时，开诚布公、坦诚沟通，还要注意谈话技巧和方式方法，使反馈面谈能够达到增强互信、改进绩效的最终效果。

绩效改进就是采取一系列具体行动（绩效反馈面谈、绩效辅导活动等）来改进员工的绩效，它是绩效管理不可分割的一部分，既是提升会展组织及员工绩效的重要环节，也是倡导“以人为本”，促进员工人力资本增值的一种现代管理方式。

第三节 会展绩效管理的方法

会展绩效管理的方法包括绩效计划、绩效沟通、绩效考评和绩效反馈与改进等各个环节的方法，绩效考评是绩效管理的核心，绩效考评技术是绩效管理的核心技术，本节主要介绍绩效考评的方法。绩效考评方法是实施绩效考评的手段与技术保障，其方法多种多样，不同的方法有各自的特点与适用性，科学地进行选择，可以保证考核过程的可操作性与经济性，也可促进考核结果的合理性和公平性。

一、相对评价法

（一）比较排序法

比较排序法是将员工按照某个考核因素上的表现，从绩效最好的员工到绩效最差的员工进行排序的方法。在考核之前，首先要确定考核的模块，比如工作责任心、业务能力、合作精神等，但是不确定要达到的工作标准。将相同职务的所有员工在同一考核模块中进行比较，根据他们的工作状况排列顺序，工作较好的排名在前，工作较差的排名在后。最后，将每位员工几个模块的排序数字相加，就是该员工的考核结果。总数越小，绩效考评成绩越好（如表 5 - 1）。比较排序法有利于识别出好绩效的员工和差绩效的员工，对于某个因素上绩效有问题的员工，可以作为在该方面培训的对象，但是员工人数过多将会使排序的工作变得烦琐，会展公司大多是中小型的公司，适合使用比较排序法。

表5-1　比较排序法示例

因素一	工作责任感	因素二	问题解决能力	因素三	团队合作
名次	姓名	名次	姓名	名次	姓名
1	李四	1	王五	1	李四
2	王五	2	赵六	2	张三
3	张三	3	张三	3	王五
4	赵六	4	李四	4	赵六
…					

（二）配对比较法

配对比较法又称对偶比较法、两两比较法，是把每一位员工与其他员工一一配对，进行两两比较，任何两位员工都要进行一次比较。两名员工比较之后，判断谁优谁劣，两两一比较之后，以得优次数进行排序。相对较好的员工记“1”，相对较差的员工记“0”。所有的员工相互比较完毕后，将每个人的得分相加，总分越高，绩效考评的成绩就越好（如表5-2）。这是一种更为细致的通过排序来考核绩效水平的方法，它的优点是每一个考核要素都要进行人员间的两两比较和排序，使得在每一个考核要素下，每一个人都和其他所有人进行了比较，所有被考核者在每一个要素下都获得了充分的排序。缺点是操作烦琐，经过简单的数学思考，我们就能知道在很多员工需要同时考核的情况下，这样的方法需要进行相当多次数的比较。配对比较法难以得出绝对评价，只能给出相对位置，有时还会造成循环，出现无法比较的情况。

表5-2　配对比较法示例

姓名	A	B	C	D	合计
A		1	0	1	2
B	0			1	1
C	1	1	0	1	3
D	0	0	0		0
…					

（三）强制比例法

强制比例法又称强制分配法、硬性分布法，是根据统计学的正态分布原理按预先规定的比例将被评价者分配到各个绩效类别（最好、较好、中等、较差、最差）里的方法（如表5－3）。强制比例法是按事物发展呈现“两头小、中间大”的规律，确定各等级在总数中所占的比例。该比例规定只是对总体比例的控制，具体到各个部门，可以有一定的上下浮动。它可以防止滥评优秀人数或被评价者得分十分接近的结果，有效地减少趋中倾向和宽严误差，有效地避免了由于评价者的个人因素而产生的绩效评价误差。但是强制比例法适合规模较大或相同岗位人数较多的会展公司，当参与评价人数较少时，每个人都很努力，工作业绩基本相同的时候，不宜采用。

表5－3　强制比例法示例

等级	最好	较好	中等	较差	最差
比例	10%	20%	45%	20%	5%

二、绝对评价法

（一）目标考核法

目标考核方法是建立在目标管理法的基础上的绩效考核方法，目标管理（Management by Objective，MBO）是管理大师彼得·德鲁克（Peter Drucker）在1954年提出并倡导的一种科学、优秀的管理模式。所谓目标管理就是指根据组织面临的形势和社会需要，制订出一定时期内组织经营活动所要达到的总目标，然后层层落实，要求下属各部门主管人员以至每个员工根据上级制订的目标和保证措施，形成一个目标体系，并把个人目标作为员工考核的基础。目标管理是一个循环系统（见图5－2），这个循环系统实际上与绩效管理系统是一致的。

目标考核法的实施步骤及过程包括以下几个方面：首先，设定绩效目标。由员工来制定特定的目标，而这些目标往往要与上司进行讨论、回顾和修改，从而最终使双方都满意，员工在设定目标的同时，还必须制定达到这一目标所应采取的方式、方法；其次，制定被考核者达到目标的时间框架，通过对时间的有效约束，保证组织总目标的实现；再次，将实际绩效水平与设定的绩效目标进行比较，查找工作实施过程中的优缺点，并进一步完善绩效标准；最后，回顾员工工作与会展组织工作之间的联系。

（二）关键绩效指标法

关键绩效指标法（Key Performance Indicator，KPI）是以组织总目标为依据，通过对员工工作绩效特征的分析，来确定反映组织、部门和员工个人一定期限

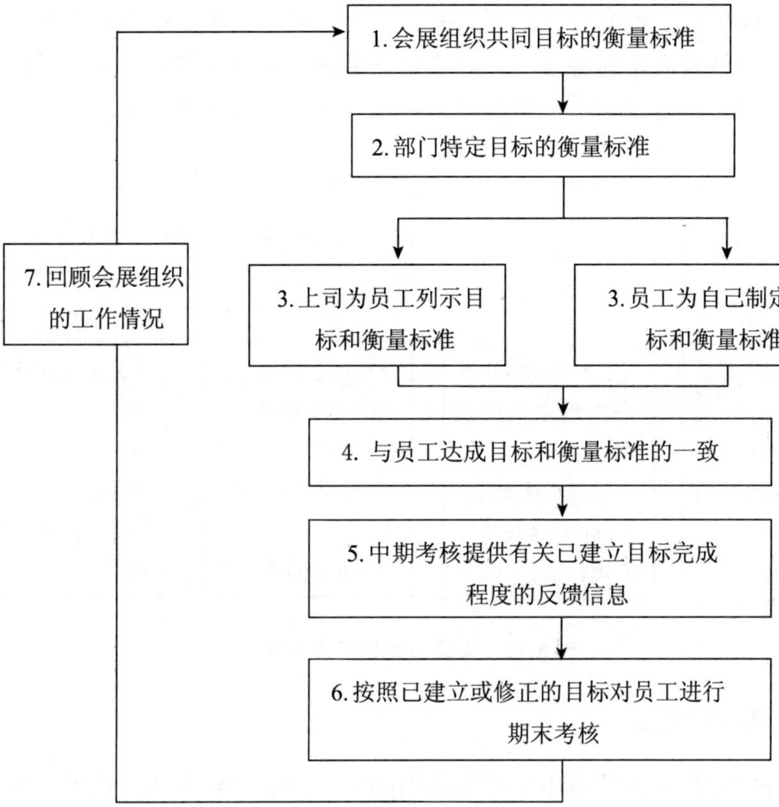

图 5－2 绩效目标考核法流程

内综合业绩的关键性量化指标，并以此为基础进行绩效考评。

关键绩效指标是通过对组织内部流程的输入端、输出端的关键参数进行设置、取样、计算、分析，衡量流程绩效的一种目标式量化管理指标。它是把企业的战略目标分解为可操作的工作目标的工具，是企业绩效管理的基础。KPI 可以使部门主管明确部门的主要责任，并以此为基础，明确部门人员的业绩衡量指标。建立明确的切实可行的 KPI 体系，是做好绩效管理的关键。关键绩效指标是用于衡量工作人员工作绩效表现的量化指标，是绩效计划的重要组成部分。

KPI 符合一个重要的管理原理——“二八原理”。在一个组织的价值创造过程中，存在着“80/20”的规律，即 20% 的骨干人员创造企业 80% 的价值；而且在每一位员工身上“二八原理”同样适用，即 80% 的工作任务是由 20% 的关键行为完成的。因此，必须抓住 20% 的关键行为，对其进行分析和衡量，这样就能抓住绩效评价的重心。

关键绩效指标是用于考核和管理被考核者绩效的可量化的标准体系，是体现对组织战略目标具有增值作用的绩效指标。通过关键绩效指标来进行管理，可以保证对组织有贡献的行为受到鼓励，同时也是连接组织绩效和个体绩效的桥梁，是进行绩效沟通的基石。关键绩效指标法实施的关键是建立科学的关键绩效指标体系，其流程为确定绩效产出—建立考核指标体系—审核 KPI 指标—实施考核并反馈（如图 5－3）。

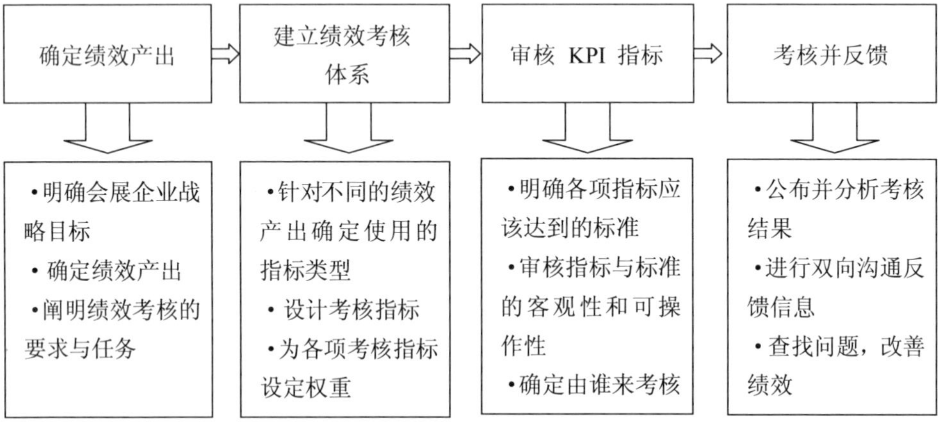

图 5－3 关键绩效指标法流程

（三）等级评定法

等级评定法是最容易操作和普遍应用的一种绩效评估方法。这种评估方法的操作形式是给出不同等级的定义和描述，然后针对每一个评价要素或绩效指标按照给定的等级进行评估，最后再给出总的评价。目前，等级评定法主要有：五等级法（优秀、良好、中等、及格、不及格）；四等级法（高级、一级、二级、三级）；三等级法（上、中、下）；二等级法（合格、不合格）。

等级评定的方法简便易操作，但也容易遇到一些问题。首先，由于操作上的简便使人们容易做表面工作，在进行等级评定时敷衍了事。其次，较多的主管人员的员工习惯于评定为比较高的等级，因此常常出现大量的绩效评定为优秀的员工。另外，有时候对等级评价标准表述得比较抽象和模糊，令人产生歧义，从而导致不同的人在评估时标准可能会不统一。因此，等级评定法需要注意以下问题：

（1）等级评定法应在多次观察的基础上进行。

（2）整体评定和分析评定结合起来使用。

（3）最好对两个或两个以上条件相当的评定者进行评分。

（4）要防止评分过高或过低，或都给予平均分的倾向。

（四）平衡记分卡法

平衡记分卡法是由哈佛商学院教授罗伯特·卡普兰创立，它是具有绩效考评功能的管理系统。平衡记分卡从组织的财务、顾客、内部业务过程、学习和成长四个角度进行评价，并根据战略的要求给予各指标不同的权重，实现对组织的综合测评，从而使得管理者能整体把握和控制组织，最终实现组织的战略目标。平衡记分卡设置了四个关键的管理层面，反映了四个方面的绩效（如图5－4）。

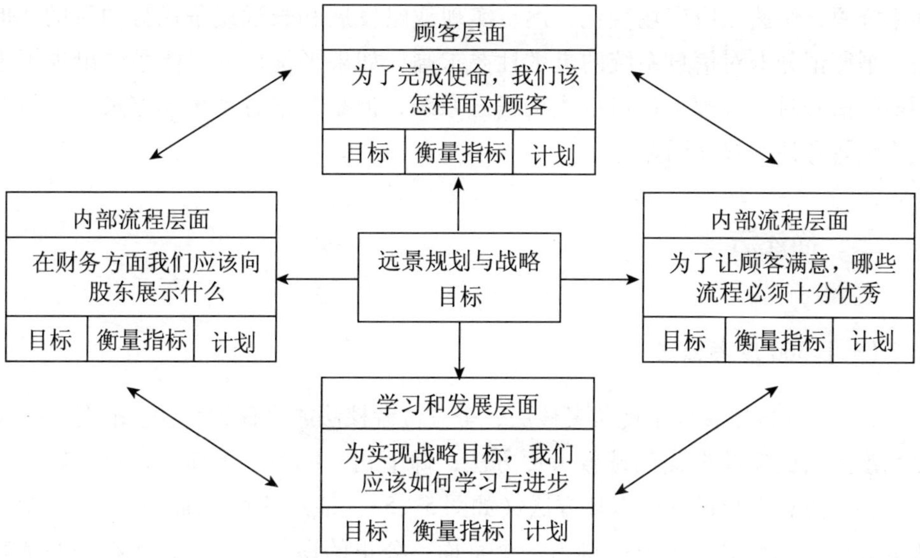

图5－4　平衡记分卡基本框架

1. *财务层面*

组织的财务性业绩指标体系，能综合反映公司业绩，可以直接体现股东的利益。因此，其一直被广泛应用于对公司的业绩进行控制和评价，并在平衡记分卡中予以保留。它主要由营业收入成长与组合、成本下降、生产力提高及资产利用、投资策略等指标构成。

2. *顾客层面*

其主要目标是解决“顾客如何看待我们?”这类问题。客户方面体现了组织对外界变化的反映。它由市场占有率、顾客延续率、顾客争取率、顾客满意度及顾客获利率等五大核心指标构成。

3. *内部流程层面*

组织财务业绩的实现、客户各种需求的满足以及股东价值的追求，都需要靠其内部良好的经营来支撑。组织的内部流程层面一般可以分解为创新、营运、售后服务等三大流程。

4. 学习与成长层面

组织员工的学习和成长可以看作是前三个方面的推进器及培育器。其主要包括通过增强员工潜力、信息处理能力、明确权责和目标来提升员工满意度、员工留职率及员工生产力。

平衡记分卡不仅是一种绩效考核方法，更是一种组织战略管理系统。自20世纪90年代初提出，便迅速被发达国家广泛采用。平衡记分卡相对于传统的考核方法来说，它能够通过全面、动态地考核组织、部门、个人绩效，达到合理利用资源，快速顺应市场变化，逐步实现战略发展和长远竞争优势的目的。但是，平衡记分卡对信息系统的灵敏性要求高。如果平衡记分卡体系中出现了未预期的信号时，管理人员可以查询信息系统；但是若信息系统不够灵敏，将会成为绩效考评的致命弱点。

三、描述法

（一）360度考核法

360度考核法又称全视角考核法、全方位考核法或全面评价法。它是一种从多角度进行的比较全面的绩效考评方法，即上司、同事、下属、自己和顾客对被考核者进行考核的一种考核方法（如图5－5）。通过这种多维度的评价，综合不同评价者的意见，则可以得出一个全面、公正的评价。这种方法在一些成功的会展组织里运用较多，由于会展业是一个涉及参展商、运输商、海关、税务、新闻媒体、广告设计等一系列行为主体的综合性行业，因此，会展组织的业务涉及面广，采用360度测评可以更全面地反映会展组织复合型人才的特征。

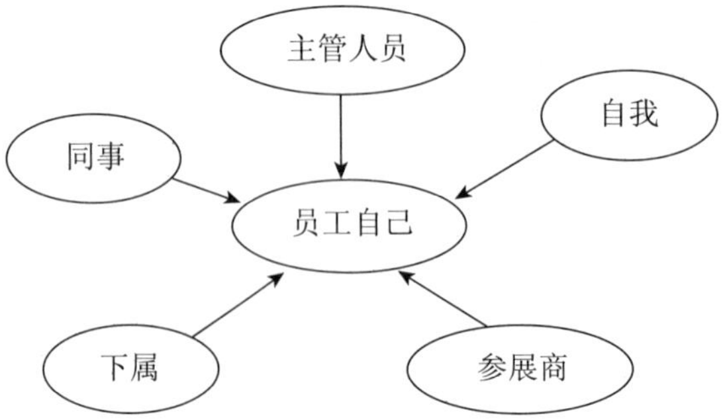

图5－5　360度考核法的全面评价

360度考核法的优点在于能够使上级更好地了解下级，鼓励员工参与管理和管理自己的职业生涯，同时也促使上级帮助下属发展、培养责任心和改善团队合作状态。其缺点是花费时间太多，只适用于管理者。此外，这种方法在我国受组织影响非常大，可能会遇到保密性、人际关系、同事之间的竞争等方面的影响。

（二）关键事件法

关键事件是指考核人在平时注意收集被考核人的“重要事件”，这里的“重要事件”是指那些会对部门的整体工作绩效产生积极或消极的重要影响的事件，并对这些表现要形成书面记录，根据这些书面记录进行整理和分析，最终形成考核结果。会展组织运用关键事件进行考核必须通过以下步骤：

（1）准备阶段。该阶段的主要工作就是提取关键行为，编制关键行为表。在工作中有许多对工作的成败有决定性意义的行为，称为关键行为。获取关键行为，可以采用调查法，包括谈话、问卷法等。如果调查完成，将其编成关键行为记录表。

（2）评定阶段。主管人员直接观察被考核者的行为，一旦发现有好的关键行为则在记录表中相应的地方打对号；同样，如果发现有失败的关键行为，也在记录表中作相应的记录。

（3）分析阶段。汇总一个时期的关键行为记录，根据每个被考评者关键行为的出现次数以及程度进行评定，最后得出总体结论。

第四节　会展绩效管理文案编制

一、员工绩效考核管理办法

概念解说：

员工绩效考核管理办法即人力资源管理部门定期考察和评价个人或小组工作业绩的一种正式制度，旨在通过有效的考绩方法，达到鼓舞员工士气，增强组织活力的目的。

编写要点：

员工绩效考评管理制度制定时要注意如下要点：

（1）明确建立人事考核评议制度的目的，适用范围、种类等问题。

（2）阐述成绩考核的要义。

（3）阐述能力考核的要义。

（4）说明考核结果的应用。

范文：

××公司绩效考核管理办法

第一章　总　则

第一条　为进一步规范我公司的人力资源管理制度，建立一支高素质、高境界和高度团结的员工队伍，创造一种自我激励、自我约束、奋发向上的组织文化，形成促进优秀人才脱颖而出的用人机制，为公司的快速成长和高效运作提供保障，特制定本方案。

第二条　本规定适用于公司所有员工。

第二章　绩效考核基础管理

第三条　为保证绩效考核的客观、公正，成立以总经理为核心的绩效考核领导小组，以对绩效考核的有效性进行监督和平衡。

其主要职责为：领导和指导绩效考核工作，听取各部门主管的初步评估意见和汇报，纠正评估中的偏差，有效地控制考核评估的尺度，确保绩效考核的客观公正。

主　任：总经理

副主任：分管人力资源经理

成　员：各部门负责人

第四条　绩效考核的基本原则

1. 坚持公开、公平、公正的原则；

2. 一级考核一级、上级考核下级的原则；

3. 工作目标的设置，坚持能量化的量化、不能量化的也要有相应的评分标准的原则；

4. 以岗位职责为主要依据，坚持上下结合、左右结合，定性与定量考核相结合的原则；

5. 考核人对考评对象应该坚持事前指导、事中支持、事后检查的原则；

6. 坚持被考核人的意见应当受到尊重，并具有申请复核权的原则。

第五条　绩效考核目的

1. 通过绩效考核，提高管理者“带队伍”的能力；

2. 通过绩效考核，加强管理者与被管理者之间的相互理解和信任；

3. 通过管理者与被管理者经常性、系统性的沟通，增强员工对公司的认同感和归属感，有效地调动员工工作积极性；

4．为薪酬、福利、晋升、培训等激励政策的实施提供依据。

第六条　绩效考核管理的基础工作

1．定期修订每个员工的《岗位职责说明书》；

2．员工每月必须有工作计划和工作总结；

3．形成有效的人力资源管理机制，让绩效考核与人力资源的其他环节（如培训开发、管理沟通、岗位轮换、晋升等）相互联结、相互促进。

第三章　绩效考核的实施细则

第七条　绩效考核指标

1．对员工的考核指标主要分为：工作业绩、岗位职责、报表和例外考核四部分。

工作业绩：采用目标管理方法，指员工每月工作计划的完成情况；

岗位职责：是指员工岗位责任书中规定的条款；

报表：是指按管理制度的相关规定，必须定时上交的表格、报告等；

例外事件考核：出勤、重大贡献、重大失误及其他项目的考核。

2．考核因素的比重及计算方式

考核因素比重表

工作业绩	岗位职责	报表	例外考核
70%	20%	10%	另计

评分比重表

自评	分管领导
30%	70%

月度考核奖金＝工作业绩总得分×70%＋岗位职责总得分×20%＋报表总得分×10%＋例外考核总得分

3．工作业绩考核办法

（1）员工每月3日前，必须制订《月度工作计划表》。其主要依据有两方面：第一依据公司年初提出的工作计划和任务要求分解到各个部门的目标；第二根据岗位职责确定的考核指标。员工的《月度工作计划表》必须经过分管领导的同意才能生效。

（2）各部门员工在每月底的最后一天填写当月《月度工作目标完成情况汇报表》，对照《月度工作计划表》，按完成工作量的情况，以100分为满分，先做自评，然后由分管领导进行评定。

4．岗位职责的考核办法

根据每个员工的岗位职责，分管领导要时常进行检查工作，对于没有在当月《月度工作计划表》中列出的项目，但仍属于该岗位的职责，也要进行考核，以100分为满分，先做自评，然后由分管领导进行评定。

5. 报表的考核办法

（1）员工不填写某一份报表，此分全失；

（2）每份报表每拖延一天，扣5分，直至扣完100分为止。

6. 例外考核办法：（每1考核分为10元人民币）

（1）出勤考核办法

缺勤扣分表

缺勤种类	扣分标准
迟到	10分钟内警告，10分钟以上每迟到一次扣2分
早退	每早退一次扣2分
因私外出	每一次（超过10分钟），扣2分
事假	按相关制度执行
病假	按相关制度执行
无故缺席	按相关制度执行

（2）重大贡献、重大失误考核办法

重大贡献考核奖励标准

奖励种类	奖励标准
公司全员大会，总经理表扬	每次加10~50分
提合理化建议	建议合理可行每次加5分， 建议被采纳加10~50分
有学术文章或宣传公司的文章发表	每次5~30分
为公司挽回经济损失	500~2000元，加10分 2000~10000元，加20分 10000元以上，加50~100分
参加公司组织的培训成绩优秀	5~10分
有重大创新和突出贡献， 由部门领导提议，公司总经理批准	100~10000分

重大失误惩罚标准

扣分种类	惩罚标准
违反公司的纪律，如无具体惩罚规定	每次扣 1 ~ 10 分
每不服从领导安排的工作一次	扣 5 ~ 50 分
受到公司领导大会批评	每次扣 5 分
丢失重要文件、泄露公司机密等	5 ~ 1000 分
由于工作失误，给公司带来经济损失	损失在 500 ~ 2000 元，扣 10 分 损失在 2000 ~ 10000 元，扣 20 分 损失在 10000 元以上，扣 50 ~ 100 分

（3）其他事项考核办法：如服务态度等，标准由人力资源部自行设定。例如，如果客户针对服务态度每投诉一次，该员工月考核减 10 ~ 100 分。

7. 考核的时间

月度考核的时间为次月的 30 日至 2 日；年度考核在次年的 1 月 1 日至 5 日，若逢节假日，依次顺延。

第八条　考核定级

依据考核总得分情况，将考核指标分为 5 级，具体定义如下：

指标完成情况定级及打分表

级别	对　应　标　准
A 级（杰出）	对于定量的指标，相当于完成任务 100% 以上
B 级（优秀）	对于定量的指标，相当于完成任务 90% 以上
C 级（良好）	也称保本级，相当于完成任务 80% 以上
D 级（合格）	对于定量的指标，相当于完成任务 70% 以上
E 级（低于要求）	对于定量的指标，相当于完成任务 60% 以上

第四章　绩效考核结果的管理

第九条　绩效考核结果的管理

人力资源部做好统计和考评跟踪，并整理员工的绩效考核表，建立员工绩效考核档案，以备查、检索。

第十条　考核结果的运用

1. 绩效奖金分配

根据绩效考评的结果确定绩效考评等级程度，进行绩效奖金的分配。

2. 表彰

对公司员工每月考评得分进行排序，第一名授予“杰出奖”，并通报表扬。

3. 培训和人事调整

(1) 连续三个月考核结果为 A 的“杰出奖”获得者应列为重点培养对象，实施外派培训、轮岗培训等激励方式。

(2) 一年内考评 2 次“低于要求”者，应予以降职、下岗直到辞退。

(3) 人力资源部总结考核情况，分析考核的成效，提出公司员工的成长点、存在的不足和可以进一步提高的问题，以及员工进一步的发展方向和可以发挥的潜力；同时，对绩效考核方案进行完善。

4. 每次绩效考核结束后，由人力资源部负责汇总计算考核奖金，报财务部计发当月工资。

第十一条　年度考核的内容主要为全年各月份的考核得分平均值。

第十二条　公司内凡有与本规定相抵触的规章制度，以本制度为准。

第十三条　本制度由人力资源部负责解释。

第十四条　本制度自下发之日起执行。

附　件：

附件一：《考评须知》（略）

附件二：《员工月度考核表》（略）

附件三：《员工月度考核表》范例（略）

附件四：各部门员工《岗位职责说明书》为本条例的重要组成部分（略）

附件五：各类相关报表（略）

二、员工绩效评价表

员工绩效评价表是人力资源管理部门在绩效考评过程中最重要的规范性文件之一，涉及定性评价和定量评价等方面，需要用科学方法结合公司实际进行制作。

样表一　员工绩效评价表

姓名：　　　　　部门：　　　　　岗位：　　　　　评价日期：

评价项目	对评价期间工作成绩的评价要点	评价尺度				
		优	良	中	可	差
1. 勤奋态度	A. 严格遵守工作制度，有效利用工作时间	14	12	10	8	6
	B. 对工作持积极态度	14	12	10	8	6
	C. 忠于职守，坚守岗位	14	12	10	8	6
	D. 以团队精神工作，协助上级，配合同事	14	12	10	8	6
2. 业务工作	A. 正确理解工作内容，制定适当的工作计划	14	12	10	8	6
	B. 不需要上级详细的指示和指导	14	12	10	8	6
	C. 及时与同事及合作者沟通，使工作顺利进行	14	12	10	8	6
	D. 迅速、适当地处理工作中的失败及临时追加任务	14	12	10	8	6
3. 管理监督	A. 以主人公精神与同事同心协力努力工作	14	12	10	8	6
	B. 正确认识工作目的，正确处理业务	14	12	10	8	6
	C. 积极努力改善工作方法	14	12	10	8	6
	D. 不打乱工作秩序，不妨碍他人工作	14	12	10	8	6
4. 指导协调	A. 工作速度快，不误工期	14	12	10	8	6
	B. 业务处理得当，经常保持良好成绩	14	12	10	8	6
	C. 工作方法合理，时间和经费的使用十分有效	14	12	10	8	6
	D. 工作中没有半途而废、不了了之和造成后遗症的现象	14	12	10	8	6

续表

评价项目	对评价期间工作成绩的评价要点	评价尺度				
		优	良	中	可	差
5. 工作效果	A. 工作成果达到预期目的或计划要求	14	12	10	8	6
	B. 及时整理工作成果，为以后的工作创造条件	14	12	10	8	6
	C. 工作总结和汇报准确真实	14	12	10	8	6
	D. 工作熟练程度和技能提高能力	14	12	10	8	6

1. 通过以上各项的评分，该员工的综合得分是：____________________分
2. 你认为该员工应处于的等级是：（选择其一）[ ] A [ ] B [ ] C [ ] D
   A. 240 分以上　B. 240～200 分　C. 200～160 分　D. 160 分以下
3. 评价者意见

   ____
4. 评价者签字：____________________ 日期：__________年______月______日

人力资源部评定：
1. 评语：______________________________________
2. 依据本次评价，特决定该员工：
   [ ] 转正：在________任__________职 [ ] 升职至__________任__________
   [ ] 续签劳动合同　自__________年_____月______日至__________年______月______日
   [ ] 降职为____
   [ ] 提薪降薪为______________________________________
   [ ] 辞退____

样表二　360 度绩效评价表（一）

姓名：	部门：		职务：	评价时间：	
评价标准	需要提高	可以接受	一般水平	比较优秀	非常优秀
	1 分	2 分	3 分	4 分	5 分
评　价　项　目				得　分	备　注
在解决问题、做出决定和满足客户需求时具有时间观念					
清晰表达他或她的需求/期望					
与其他员工共享信息或帮助他人					
倾听其他员工的建议					
为满足未来需求而制订计划					

续表

姓名：	部门：	职务：	评价时间：
按计划执行任务			
……			
其他评价			
建议和意见			

样表三　360 度绩效评价表（二）

单位名称：　　　　　填表时间：　　　　　年　　月　　日

被评价者姓名：		部门：			职务：		
评价者姓名：		部门：			职务：		
评价区间：　　　　年　　月　—　　年　　月							
评价尺度及分数 杰出（6 分）　优秀（5 分）　良好（4 分）　一般（3 分）　较差（2 分）　极差（1 分）							
评价项目		评价得分					
		上级评价	同事评价	下级评价	自我评价	权 重	备注
个人素质	品德修养					%	
	个人仪表仪容					%	
	坚持真理，实事求是					%	
	意志坚定，不骄不躁					%	
	谦虚谨慎，虚心好学					%	
工作态度	热情度					%	
	信用度					%	
	责任感					%	
	纪律性					%	
	团队协作精神					%	

续表

专业知识	专业业务知识					%	
	相关专业知识					%	
	外语知识					%	
	计算机应用知识					%	
	获取新知识					%	
工作能力	文字表达能力					%	
	逻辑思维能力					%	
	指导辅导能力					%	
	人际交往能力					%	
	组织、管理与协调能力					%	
工作成果	工作目标的达成					%	
	工作效率					%	
	工作质量					%	
	工作创新效能					%	
	工作成本控制					%	
分数合计						100%	
工作表现综合评价							
优势及劣势项目分析	优势分析						
	劣势分析						
项目的建议与训练	有待提升技能						
	参加培训项目						
工作预期	明年目标						
	预期表现						

样表四　360 度绩效评价普通员工年度绩效评价表（三）

姓　名			职　务		评价人
事业部			评价区间	年　月　—　年　月	
评价尺度及分数		优秀（10 分）　良好（8 分） 一般（6 分）　较差（4 分）　极差（2 分）	评分	本栏平均	权重系数
工作业绩	1. 工作素质	仅考虑工作的品质，与期望值比较，工作过程、结果的符合程度（准确性、反复率等）			4
	2. 工作量	仅考虑完成工作数量，职责内工作、上级交办工作及自主性工作完成的总量			
	3. 工作速度	仅考虑工作的速度，完成工作的迅速性、时效性，有无浪费时间或拖拉现象			
	4. 工作达成度	与年度目标或与期望值比较，工作达成与目标或标准之差距，同时应考虑工作客观难度			
工作能力	5. 计划性	工作事前计划程度，对工作（内容、时间、数量、程序）安排分配的合理性、有效性			3
	6. 应变力	针对客观变化，采取措施（行动）的主动性、有效性及工作中对上级的依赖程度			
	7. 改善创新	问题意识强否，为有效工作，在改进工作方面的主动性及效果			
	8. 职务技能	对担任职务相关知识的掌握、运用，工作的熟练程度			
	9. 发展潜力	是否具有学识、涵养，可塑程度			
	10. 周全缜密	工作认真细致及深入程度，考虑问题的全面性、遗漏率			
工作态度	11. 合作性	人际关系，团队精神及与他人（部门）工作配合情况			3
	12. 责任感	严格要求自己与否，遵守制度纪律情况			
	13. 工作态度	工作自觉性、积极性；对工作的投入程度，进取精神、勤奋程度、责任心等			
	14. 执行力	对上级指示、决议、计划的执行程度及执行中对下级检查跟进程度			
	15. 品德言行	是否做到廉洁、诚信，是否具有职业道德			

续表

评价得分		Ⅰ（1～4 项平均分）×4 +（5～10 项平均分）×3 +（11～15 项平均分）×3 =________分
出勤及奖惩		Ⅱ 出勤：迟到、早退________次×0. 5 + 旷工________天×2 +事假________天×0. 4 +病假________天×0. 2 =________分
		Ⅲ 处罚：警告________次×1 +小过________次×3 +大过________次×9 =________分
		Ⅳ 奖励：表扬________次×1 +小功________次×3 +大功________次×9 =________分
总　　分		Ⅰ________分 － Ⅱ________分 － Ⅲ________分 + Ⅳ________分 =________分
评价等级		□A. 90 分以上　□B. 70～89 分　□C. 40～69 分　□D. 40 分以下
评价者意见		

高二级管理者评价：　　　　高一级管理者评价：　　　　评价者管理者签字：

第五节　本章小结

会展绩效管理是会展人力资源管理的一个重要的、不可或缺的环节，是组织人事决策的重要依据。绩效管理是基于组织战略基础之上的一种管理活动，正确认识会展绩效管理的内涵、绩效管理的流程及具体的管理方法，对于会展组织的长远发展具有重要的理论意义和现实意义。本章在总结绩效和会展绩效管理的含义、性质及会展绩效管理的意义的基础上，介绍了绩效管理的流程：绩效计划、绩效实施与管理、绩效考评、绩效反馈与改进。同时还介绍了常用的绩效考评方法，如相对评价法（比较排序法、配对比较法、强制比例法）、绝对评价法（绩效目标考核法、关键绩效指标法、等级考核法、平衡记分卡法）和描述法（360 度绩效考评法、关键事件法）。

本章要点：

（1）绩效是指组织及其员工个体或群体的工作能力、工作态度、价值观在一定环境下表现出来的程度和效果，以及在实现预定的目标过程中所采取的行为及其取得的成就和贡献。

（2）绩效会因时间、空间、工作任务和工作条件（环境）等相关因素的变化而不同，从而呈现出明显的多因性、多维性与动态性。

（3）会展绩效管理是指会展组织和员工为了达到组织战略目标，共同参与绩效计划制定、绩效实施与管理、绩效考评、绩效反馈、绩效目标提升的持续循环过程，绩效管理的目的是持续提升个人、部门和组织的绩效。

（4）绩效管理应该遵循目标一致原则；公开、公平、公正原则；双向沟通原则；定期化与制度化原则；与组织文化导向。

（5）平衡记分卡是从组织的财务、顾客、内部业务过程、学习和成长四个角度进行评价，并根据战略的要求给予各指标不同的权重，实现对组织的综合测评，从而使得管理者能整体把握和控制组织，最终实现组织的战略目标。用于会展组织的平衡记分卡设置了四个关键的管理层面（财务层面、顾客层面、学习与成长层面、内部流程层面），反映了四个方面的绩效。

（6）360 度考核法又称全视角考核法、全方位考核法或全面评价法。它是一种从多角度进行的比较全面的绩效考评方法，即上司、同事、下属、自己和顾客对被考核者进行考核的一种考核方法。

复习思考题

1. 什么是绩效？绩效有哪几个方面的特征？
2. 试述会展绩效管理的流程。
3. 常用的会展绩效管理方法包括哪些？请列举 1 ~ 2 种绩效管理方法并指出其优缺点和适用范围。
4. 以某会展企业为对象，设计一套员工绩效管理的方法和程序。
5. 试述会展绩效管理方法中的平衡记分卡法。
6. 试述关键绩效指标法的操作流程及其优缺点。
7. 简述绩效指标制定中的 SMART 原则。
8. 试述 360 度绩效评估的方法。

应用案例

C展览公司的绩效考评

C展览公司是部属事业单位，专业组织电子信息类展会，共有员工80人，每年组织企业参加国外电子展览会近40个，在国内主办自主品牌展会5个，属于中型展览机构。C展览公司现行的考核制度延续了以前事业单位的管理思路，考核原则较为模糊、体系较为松散、量化指标不严格，没有现代企业管理明确的考核条框，而更像是以领导为核心的"家长式"管理。

近年来随着中国经济的崛起，中国会展市场异常繁荣，市场竞争也越来越激烈。既有诸如德国慕尼黑展览公司、汉诺威博览集团、美国克劳斯展览公司等规模庞大、组织严谨、分工明确、考核合理的国外大型知名公司的分支机构，也有国内中型的正规展览公司，还有鉴于展览行业进入门槛低、前期投入少、人员要求不高而进入的小型私营展览公司。要想突出重围占有更大的市场空间，C展览公司必须主动出击。一是抓住展览主业继续发展，做好做大已有展会，积极拓展新主题、新行业的展会；二是依靠部委下属事业单位的背景，收集、整理、分析行业数据及政策解读，为企业提供行业资讯和相关服务（如法律、国际合作、培训等），逐步发展成为不同于一般展览公司的以会展为主体的专业咨询机构。现行的考核制度显然不能满足要求，需要建立一套公平、公正、合理且行之有效的绩效考核体系，奖勤罚懒、奖优促弱。

C展览公司的现状和面临的形势代表了一批中型展览公司。中国展览行业需要这样的企业，因为它与私营小公司相比，组织更加规范、运作平稳、生命长，有利于展览行业的整体发展，并有希望在自身不断壮大的预期中成长为可以与国外大型展览公司抗衡的民族品牌。为此，公司首先对业务流程、战略目标和绩效考核目标等方面进行了分析，然后分析了现行绩效考核制度，结合对公司员工的问卷调查和访谈，发现现行考核制度的问题主要集中在绩效考核指标设计不合理、绩效考核结果没有用于绩效改进、考核结果没有与激励机制挂钩等几个方面。

为了解决上述几个问题，公司首先对组织结构进行了调整，将国外展览会按照产品分成四大类，分别归入四个出展部门，同时将员工随项目归口到相关部门；然后，按照"强项目、强部门"的思路，展览业务具体分为员工考核、项目考核、部门主任考核三个部分，并设置相应的考核指标和工具表格。对展览以外的其他业务，分别制定了展览项目拓展考核办法、软科学项目考核办法、招商引资项目考核办法、法律会员国际合作信息咨询等新业务考核办法。之后，再将考核结果用于绩效改进，并与奖惩机制挂钩，考核卓越、合格及不合格者制定相应措施，如考核不合格者给予降薪、降职、下岗培训、淘汰等处理；考核合格者实行年终奖励制度；全年考核表现卓越者，经部门主任和公司领导共同研究选拔，作为后备干部重点培养，避免考核流于形式。

新的绩效考核体系相对于原有体系主要解决了以下几个问题：第一，完善考核指标；第二，将绩效考核与薪酬等激励机制结合起来，改变以前事业单位机关式的管理，实行多劳多得、少劳少得的分配制度，充分调动员工的积极性；第三，实行全业务考核。

C展览公司新推行的绩效考核体系充分考虑了展览业务的综合性特点，设定主要绩效和基础绩效两部分考核，既考核“量”——招展数、利润等主要业绩硬指标；又考核“质”——对客户的服务、项目组内的协调配合等软指标，较好地解决了以前绩效考核指标单一的问题。对员工的考评更客观、更全面，给员工传达了重视当前业绩更要重视客户维护的思想，使考核体系真正成为提升公司效益的有力工具。

思考题

1. C展览公司进行绩效管理改革为什么要调整组织结构？调整组织结构会对新的绩效考核体系的推行产生哪些影响？

2. 结合案例，试述展览公司应如何开展科学有效的绩效管理工作。

第六章

会展薪酬管理

学习目标

- 了解会展薪酬管理的基本概念和内容
- 掌握会展薪酬制度方案设计的流程与方法
- 熟悉会展薪酬管理的基本原则
- 熟悉会展薪酬预算、薪酬控制、薪酬沟通
- 熟悉会展薪酬管理手册的主要内容

关键概念

薪酬　会展薪酬管理　会展薪酬制度方案　薪酬沟通　薪酬控制

薪酬是企业对员工劳动付出的回报，也是员工对企业价值的重要体现。薪酬管理作为人力资源管理的重要内容，越来越受到人们的重视。薪酬管理在会展人力资源管理中扮演着十分重要的战略性激励角色，在决定工作满意度、激励员工、增强企业凝聚力等方面举足轻重。如何处理好员工之间的分配关系，如何公平、合理、公正地为员工提供薪酬，既达成企业绩效的提升，促进企业发展，又能保证员工获得物质和精神上的自我实现。这是会展企业必须要解决好的核心问题之一。

第一节 会展薪酬管理概述

一、薪酬的含义

（一）薪酬的定义

关于薪酬（compensation）的词义，在英语中有“平衡”“报偿”“弥补”的意思。相近的词语还有：“报酬”（rewards）、“收入”（earnings）等，其基本含义都是指“劳动所得”。“薪酬”概念作为一个历史范畴，在不同的历史时期，其内涵外延各有不同。工业化初期，工厂给雇用工人发放的“工资”称作Wage，后来，“工资”的概念扩展到整个社会劳动者群体，白领雇员或政府雇员领的“薪水”称作Salary。随着后工业化社会的来临，精神层面的回报也被纳入到薪酬系统，“薪酬”概念被赋予更丰富的含义，其外延也更加宽泛。

1996年，美国学者蒙迪（Mondy R W）教授和诺埃（Noe R M）教授在其撰写的《人力资源管理》一书中，将薪酬界定为“作为个人劳动回报而得到的各种类型酬劳”，并将整体薪酬项目分为“直接经济报偿”（direct financial compensation）、“间接经济报偿”（indirect financial compensation）和“非经济报偿”（nonfinancial compensation）三大类。① 这种界定和分类具有广泛代表性。美国薪酬专家米尔科维奇（Gerge T Milkovich）认为，薪酬是指雇员作为雇佣关系中的一方所得到的各种货币收入，以及各种具体的服务和福利。总薪酬包括直接以

① 蒙迪（Mondy R W），诺埃（Noe R M），人力资源管理.6版［M］. 葛新权，等. 译. 北京：经济科学出版社，1998：328－330.

现金形式支付的工资（如基本工资、绩效工资、激励工资、生活水平调整增资），或者通过福利和服务（如养老金、医疗保险、带薪休假等）支付的薪酬。[1] 随着学术研究和管理实践的深入，现代人力资源管理领域已经对薪酬的战略性地位达成了共识，薪酬成为了组织战略性激励的一个关键变量，涉及人力资源战略管理工作的焦点问题和核心内容。对于薪酬的定义，最广义地理解是：凡是员工从组织得到的一切收益性要素，包括直接的或间接的，内在的或外在的，货币的或非货币的，所有形态的正面报偿，都属于“薪酬”范畴。

（二）薪酬的分类

从不同的角度可以对薪酬的形式进行不同的分类。

依照薪酬本身对工作者所产生的激励形式来分，可以分为外在薪酬和内在薪酬。外在薪酬指员工因劳动付出而获得的各种形式的收入，分为货币薪酬和非货币薪酬两类：货币薪酬包括工资、奖金、福利、津贴、股票期权等，非货币薪酬包括非货币性的服务及各种间接以货币形式支付的福利等，如医疗保险、带薪休假等。内在薪酬指由于员工努力工作而受到晋升、表扬或受到重视等，从而产生的工作荣誉感、成就感、责任感。外在薪酬的优点是相对较容易定性及定量分析，在不同个人、公众和组织之间进行比较也较好操作，对于那些从事复杂性劳动的员工来说，如果对外在薪酬产生不满，就可以通过增加薪酬来解决。因此，在目前所有比较现代化的激励手段中，货币无疑仍是最重要的激励因素。内在薪酬的特点是难以进行清晰的定义，不易进行定量分析和比较，没有固定的标准，操作难度比较大，需要较高水平的管理艺术。管理人员或专业技术人员对于内在薪酬的不满难以通过提薪获得圆满解决。

依薪酬是否以金钱（货币）的形式表现，分为经济性薪酬和非经济性薪酬。经济性薪酬包括：直接经济性薪酬（工资、奖金、津贴等），间接经济性薪酬（福利待遇、培训、退休计划、保险计划、无息贷款、餐饮等），其他经济性薪酬（带薪休假、弹性工作时间、病事假等）。非经济性薪酬指员工对组织及对工作本身在心理上的一种感受。如感兴趣的工作、挑战性、责任感、成就感、参与企业管理的机会、被尊重、社会地位、个人成长晋升等，其他还有良好的人际关系、舒适的工作环境、便利的生活条件、良好的企业文化等。

---

① （美）乔治·T. 米尔科维奇（Gerge T Milkovich），（美）杰里·M. 纽曼（Jerry M Newman）. 薪酬管理［M］. 董克用. 译. 北京：中国人民大学出版社，2002：6.

（三）薪酬的影响因素

1. 外部因素

（1）当地的生活水平

随着城乡居民生活水平的不断提高，人们的消费水平也在不断地变化，与之相适应，员工的工资福利待遇也应不断提高。消费品物价上涨会导致生活费用的增加，为了维持员工的工资购买力，企业应当根据消费品物价指数对工资水平做出相应的调整和补偿，确保员工的生活水平与当地相一致。当物价上涨、实际工资下降时，通常的补偿办法有两大方面："补贴"和"挂钩"。补贴和挂钩方法又各有"明""暗"两种办法，共分为明补、暗补、明挂、暗挂四种措施。

（2）劳动力市场的供求状况

在劳动力市场上，工资是由市场机制决定，即劳动力的供求状况决定的。当劳动力市场供给小于需求时，市场的工资水平就会提高，反之，将会降低。一个企业的工资水平，往往是以市场工资水平为参照系的。在劳动力的市场情况方面，不同地理区域、不同素质的劳动力会有不同的市场供求状况，企业必须对劳动力市场供求做必要的分析和预测，力求使本企业的薪酬水平适应市场的供求，同时，要参照其他行业的薪酬状况，确保员工薪酬的横向公平性。企业只有按照劳动力市场供求状况这一"调节器"的要求，相应调整企业的薪酬制度和薪酬结构，才能确保企业的人员相对稳定，避免员工的流失及企业凝聚力与竞争力的弱化。

（3）企业的竞争环境

当今世界，处于经济全球化和知识经济的背景下，资本流动迅速，各国家与地区之间、各行业之间、各企业之间的竞争进一步加剧。在这种情况下，一个企业要想选择胜任能力较强、创造效益较大的人力资源，就必须与其他企业进行激烈竞争，对要吸纳的人才提供较高的、具有竞争力的薪酬。

（4）国家的法律和政策

在市场经济条件下，政府具有市场监管职能，政府作为社会经济的管理者，不直接干预企业工资水平的确定过程，一般运用法律手段和经济手段（如工资政策、税收政策等），必要时采取行政手段（如冻结工资）对市场工资率和社会收入分配进行必要的调控。国家的法律法规及政策具有强制性，它规定了薪酬管理的最低标准，所以薪酬管理活动必须在国家政策和法律法规允许的范围内进行。此外，为了给各用人单位合理确定工资提供参照系，给求职者准确了解人力资源市场价格以便合理地择业提供依据，以及为企业与员工进行工资协商谈判提供依据，政府还会发布各职业工种的工资指导线。

2. 组织内部因素

（1）企业经营及财务状况

一般来说，企业的生产经营及财务状况从根本上决定了其员工的薪酬水平。生产水平高、有稳定的市场、财力雄厚的企业，员工往往有较高的工资，反之员工工资可能就会较低。企业必须根据自己的实力，量力而行地制订员工的薪酬，做到既控制成本，又能吸引和激励员工。企业的生产经营状况受税收、产品的利润率、竞争对手的强弱等多方面因素的影响，持续改善的生产经营状况，能够为员工的工资水平的提高奠定物质基础。

（2）企业的理念与薪酬政策

一个企业的管理理念和薪酬政策是决定企业薪酬水平的直接因素。出于外部竞争、内部激励和企业的用人政策的考虑，企业决策层在薪酬方面会产生成为同行“领导者”“追随者”或“两者兼顾”等不同层次的决策定位，相应地，人力资源部门就会制订“高于市场工资水平”“与市场工资持平”或“混合型薪酬”的薪酬政策。

（3）企业的薪酬制度

企业薪酬制度的选择，也是影响员工薪酬相对水平和绝对数量的因素。例如，企业是选择加大等级差距和“活工资”的激励性制度，还是实行比较稳妥的高固定工资的制度。员工的劳动可以分为潜在劳动、流动劳动和凝固劳动三种形态，这是实行不同的薪酬制度与同一制度内不同报酬结构的基本出发点。

3. 员工个人因素

（1）员工的职位、职务

在薪酬管理中，员工的职位、职务是决定员工个人基本薪酬及企业薪酬结构的重要基础，也是内部薪酬公平性的主要体现。员工职位、职务的繁重、难易、责任轻重、危险性及劳动环境的差异会影响员工的薪酬水平。工作责任大、危险性高的岗位，薪酬应高一些，反之应低一些。

（2）员工的绩效状况

一般来说，员工的绩效水平决定着整个企业的绩效水平，薪酬与个人的劳动贡献密切相关，一个员工的劳动贡献率越大，往往其能力强、劳动付出多并形成了有效劳动，这时薪酬就高。绩效薪酬在一定程度上可以有效解决在相同的岗位上不同绩效员工的薪酬公平问题。

（3）员工的心理因素

员工对提高薪酬水平的期望程度、参照行业或其他企业的薪酬示范效应、消费方式的变化等对薪酬结构和水平都可能产生影响。

二、会展薪酬管理的含义

薪酬管理，是指在企业发展战略的指导下，确定自身的薪酬水平、薪酬结构和薪酬形式，并进行薪酬调整和薪酬控制的动态管理过程。薪酬水平是指企业内部各类职位及企业整体平均薪酬的高低状况，它反映了企业支付薪酬的外部竞争性。薪酬结构是指企业内部各个职位之间薪酬的相互关系，它反映了企业支付的薪酬的内部一致性。薪酬形式则是指在员工和企业总体的薪酬中，不同类型的薪酬的组合方式。薪酬调整是指企业根据内外部各种因素的变化，对薪酬水平、薪酬结构和薪酬形式进行相应的变动。薪酬控制是指企业对支付的薪酬总额进行预算和监控，以维持正常的薪酬成本开支，避免给企业带来过重的财务负担。

薪酬管理的目标是基于人力资源战略设立的，而人力资源战略服从于企业发展战略。因此，薪酬管理作为一种人力资源职能管理活动，它必须服从于企业战略管理的需要。薪酬设计必须充分考虑组织发展战略和自身的发展阶段，应有利于强化企业的竞争优势和组织战略的实现。

会展薪酬管理是薪酬管理的理念、流程和方法等在会展组织运营管理中的具体应用，是会展企业针对员工所提供的服务来确定薪酬水平、薪酬结构，以及薪酬形式的动态管理过程。在这一过程中，会展企业需就薪酬形式、薪酬水平及薪酬结构等做出决策，还要及时进行薪酬调查与研究，完善薪酬计划与薪酬预算系统，就薪酬管理问题与员工进行沟通，并对薪酬系统本身的有效性做出评价，不断完善企业薪酬体系。

全面理解薪酬管理的含义，需要注意以下几个问题。

第一，薪酬管理要在企业经营战略的指导下进行，以“战略性激励”为核心理念，服从和服务于企业的经营战略，要为企业战略的实现提供有力的支持，推动组织绩效水平不断提升。

第二，薪酬管理的内容不单是及时准确地给员工发放薪酬，还涉及确定薪酬水平、结构和形式等一系列的决策，是一项非常复杂的活动。只有全方位设计薪酬，重视长期的薪酬影响，关注长期股权激励和内在的精神激励，充分调动各部分薪酬要素的作用，推动组织的发展。

第三，薪酬管理的目的不仅是让员工获得一定的经济收入，而且还要引导员工的工作行为、激发员工的工作热情，不断提高他们的工作绩效。薪酬管理应加强与绩效管理的内在联动关系，构建基于“效率工资理论”的绩效薪酬系统，真正成为整个组织战略性激励管理的基础平台和重要支撑点。

第四，薪酬管理不但要注重个体性、事务性、随机性和零散性的日常行政工作，还要重视团队性、战略性、规范性和制度性的规划设计调控工作。随着现代企业利益相关者契约理论的广泛传播及深刻影响，以及全球化竞争格局中的严峻挑战，薪酬管理还将发挥着越来越重要的作用。

三、会展薪酬管理的原则

会展企业薪酬管理应遵守以下原则。

（一）合法性原则

合法性原则是指企业的薪酬管理政策要符合国家法律和政策的有关规定，这是薪酬管理应遵循的最基本的原则。例如，我国《劳动法》第四十八条规定，“国家实行最低工资保障制度。最低工资的具体标准由省、自治区、直辖市人民政府规定，报国务院备案。用人单位支付劳动者的工资不得低于当地最低工资标准”。

（二）公平性原则

员工为企业做出的贡献不同，得到的报酬也应当有所区别。公司的薪酬水平要参考工作性质、工作数量与工作质量等相关因素，针对不同劳动强度的工作岗位在报酬发放方面要做到绝对公平与相对公平的统一、客观公平与主观公平的统一，让人们切实感到合情合理。

公平性原则包括三个层次的含义：一是指外部公平性，在不同企业中，类似职位或者员工的薪酬应当基本相同；二是指内部公平性，在同一企业中，不同职位或者员工的薪酬应当与各自对企业的贡献成正比；三是指个人公平性，就是说在同一企业中，相同或类似职位上的员工，薪酬应当与其贡献成正比。公平性原则是薪酬管理最核心的原则之一，是会展组织保持员工稳定、事业发展的根本。

（三）经济性原则

经济性是指企业支付薪酬时应当在自身可以承受的范围内进行，高水平的薪酬可以更好地吸引和激励员工，但是由于薪酬毕竟是企业一项很重要的开支，因此，企业应当在竞争性和经济性之间找到恰当的平衡点，在进行薪酬管理时必须要考虑到自身承受能力的大小，超出承受能力的过高薪酬必然会给企业带来沉重的负担。

（四）及时性原则

及时性是指薪酬的发放应当及时。薪酬是员工生活的主要来源，如果不能及时发放，势必会影响他们正常的生活。同时，薪酬又是一种重要的激励手段，特别是激励薪酬，是对员工有效行为的一种奖励，这种奖励只有及时兑现，才能够充分发挥对员工的激励效果。

（五）动态性原则

由于企业面临的外部环境处于不断地变化之中，因此，薪酬管理还应当坚持动态性的原则，要根据环境因素的变动随时进行调整，以确保企业薪酬的适应性。这表现在两个方面：一是企业整体的薪酬水平、薪酬结构和薪酬形式要保持动态性；二是员工个人的薪酬要具有动态性，要根据其职位的变动、绩效的表现进行适当的调整。

四、会展薪酬管理的内容

（一）制定薪酬管理目标

会展企业应当根据组织人力资源战略规划和组织经营目标，制订与之相匹配的薪酬管理目标。薪酬管理目标包括：建立稳定的员工队伍，吸引高素质的人才；激发员工的工作热情，创造高绩效；努力实现组织目标和员工个人发展目标的协调；有效控制人工成本等。

1. 吸引并留住人才

优秀员工是企业发展的中流砥柱，会展企业必须吸引和留住优秀员工。会展薪酬管理的首要目标就是通过具有竞争力的薪酬来吸引并留住人才。随着中国市场化的加快，人才作为资源要素之一，其配置也必须符合市场经济的规律。会展企业在确定自身的薪酬水平时必须参考同行业的信息，并将本企业的现有工资水平与市场价格进行分析比较，勇于打破平衡，进行制度创新和薪酬改革，建立企业人才任用、奖励和股权激励机制，以便更有效地吸引优秀人才。

在确定薪酬目标时，一般采取以下策略。

（1）公平分配策略。

公平分配是薪酬管理的核心问题。一方面，薪酬制度设计要体现公平，另一方面，薪酬分配应做到程序公平。公平分配策略是企业在制订薪酬目标时必须考虑的基本策略，离开了公平分配，组织的运营管理就无从谈起。

（2）竞争性薪酬策略

竞争性薪酬策略是指企业在制订薪酬目标时，为留住核心人才，确定高于市场平均水平的薪酬，以增强其竞争力的薪酬目标策略。如果企业缺乏足够的薪酬支付能力，或者为了控制成本提高企业产品在市场的竞争力，在短期内薪酬水平低于市场均衡水平，但是又缺乏其他补偿性激励计划，就很难避免人才流失。

（3）长期激励的薪酬策略

长期激励的薪酬策略是企业为留住核心人才资源而采取的策略，企业通过长期回报来激励员工持续为组织工作。一般而言，为了降低员工离职率，留住核心人才，企业要采用员工持股、股票期权等长期激励政策。

2. 激励员工改善绩效

对于薪酬管理来说，吸引并留住员工还只是第一步，还应引导并激励员工达成高工作绩效。薪酬策略如果不与员工的工作绩效或组织整体绩效结合起来，就很容易让组织背负庞大的人力资源成本，降低了组织的获利能力及竞争优势。会展薪酬管理应当激发并获得员工的责任和承诺，发展一种积极的雇佣关系和心理契约，激励员工不断改善绩效，提升组织竞争力。

3. 保持员工目标与组织目标的一致

会展薪酬管理以薪酬为杠杆，把组织目标与员工目标结合起来，使两者保持一致，最终实现组织和员工的双赢。英国著名学者阿姆斯特朗（Armstrong M）指出①：将薪酬实践和商业目标、员工价值结合起来，是薪酬管理的最重要的目标之一。就像邓肯·布莱恩强调的“将你的薪酬实践同员工价值和需求结合，同将薪酬实践同商业目标结合一样重要，并且后者的真实性更关键”。英国航空公司国际薪酬经理尼欧·博斯威尔在2002年回答一家网络研究调查时说：“薪酬可以是商业价值和方向的有力交流工具。因此，人们可以通过企业薪酬战略个人获益以及理解企业的价值观。双赢是指企业从薪酬实践获得价值，员工需要通过薪酬感受公司的期望是合理的。”

4. 控制人工成本

企业所支付薪酬水平的高低会直接影响到企业在劳动力市场上竞争能力的大小，因此，企业保持一种相对较高的薪酬水平对于企业吸引和保留员工是十分必要的。但是，较高的薪酬水平又会对企业产生成本上的压力，从而对企业在产品市场上的竞争产生不利影响。因此，在薪酬管理的目标上，必须研究哪

---

① Armstrong M，Stephens M. 员工薪酬管理与实践手册［M］. 李剑锋，孔磊. 译. 北京：中国财政经济出版社，2007：4.

些才是会展企业最关键的员工，哪些是可以通过外包来降低人力成本的员工，采取有竞争性的薪酬策略，有效控制人工成本。

（二）确立企业的薪酬政策

薪酬政策，就是企业管理者对企业薪酬管理运行的目标、任务和手段的选择与组合，是企业在员工薪酬上所采取的方针策略。薪酬政策具体包括：企业薪酬成本投入政策、合理的薪酬体系、合理的薪酬结构与薪酬水平。

1. 企业薪酬成本投入政策

企业薪酬成本投入政策主要和企业战略直接相关。如果企业采取扩张的战略，就必然产生人员增加的需求，加大劳动力成本；反之，就会压缩人员编制，降低劳动力成本。

2. 企业薪酬体系的决策

薪酬体系决策的主要任务是确定会展企业的基本薪酬到底以什么为基础设立或是选择何种薪酬体系。一个设计良好的薪酬体系直接与组织的战略规划相联系，从而使员工能够把他们的努力和行为集中到帮助组织在市场中竞争和生存的方向上去。薪酬体系的典型类型有以下几种。

（1）职务工资制

职务工资制是指首先对职务本身的价值做出客观地评估，然后根据这种评估的结果赋予担任这一职务的从业人员与其职务价值相当的工资的一种工资制度。这种薪酬体系建立在职务评价基础上，职工所执行职务的差别是决定基本工资差别的最主要因素。

职务工资制的特点是：严格的职务分析，比较客观公正；职务工资比重较大，职务津贴高，比较稳定；严格的职务等级，并对应严格的工资等级。职务工资制的弊端是：容易形成管理独木桥，职员晋升的机会比较小，成长的规划比较窄，影响了职员工作的积极性、主动性和创造性。

（2）职能工资制

职务工资制基于职务，发放的对象是职务；职能工资制基于员工能力，发放的对象是员工能力，能力工资占整个工资中65%以上比例。设计职能工资制的难点在于：能不能科学有效地对员工的能力进行测试和评价。与职务工资制相比，职能工资制相对合理，它把员工的成长与公司的发展统一起来考虑，而不是把员工当机器，仅仅执行一定的职务和承担一定的职责。但是，由于评估员工能力相对困难，设计基于能力的薪酬指标的难度也很大，所以科学评价能力是这一工资制度的难点。职能工资制的重点在于职业化任职资格体系和职业化素质与能力评价体系的建立。

（3）绩效工资制

绩效工资制度的前身是计件工资，但它不是简单意义上的工资与产品数量挂钩的工资形式，而是建立在科学的工资标准和管理程序基础上的工资体系。它的基本特征是将雇员的薪酬收入与个人业绩挂钩。业绩是一个综合的概念，比产品的数量和质量内涵更为宽泛，它不仅包括产品数量和质量，还包括雇员对企业其他贡献。企业支付给雇员的业绩工资虽然也包括基本工资、奖金和福利等几项主要内容，但各自之间不是独立的，而是有机地结合在一起。

绩效工资制的特点，一是有利于雇员工资与可量化的业绩挂钩，将激励机制融于企业目标和个人业绩的联系之中；二是有利于工资向业绩优秀者倾斜，提高企业效率和节省工资成本；三是有利于突出团队精神和企业形象，增大激励力度和雇员的凝聚力；四是绩效工资占总体工资的比例较高，浮动部分比较大。

3. 企业薪酬结构

薪酬结构指的是同一会展企业内部的不同职位所得到的薪酬之间的相互关系，它涉及的是薪酬管理中的内部公平性问题。在企业总体薪酬水平一定的情况下，员工对于企业内部的薪酬结构是极为关注的，这是因为企业内部的薪酬结构实际上是在内部公平性与外部竞争性这两种薪酬设计标准间权衡的结果，反映了企业内部员工间的各种薪酬的比例及其构成。薪酬结构的设计在一定程度上表明了一个企业的价值观及其对内部工作相对价值的比较，是否公平合理将极大地影响员工的公平感、积极性。

4. 薪酬水平

薪酬水平是指会展企业中各职位、各部门及企业的平均薪酬水平，薪酬水平决定了企业薪酬的外部竞争力。在当前全球经济一体化及竞争日趋激烈的市场环境中，企业开始越来越多地关注职位之间或者不同企业中同类工作之间的薪酬水平对比，依靠薪酬调查，明确企业内外的薪酬管理环境及要求，以便有的放矢地进行薪酬水平决策。薪酬水平是在内部公平性和外部竞争性之间权衡的结果，会对吸引和留住人才产生重大影响。

（三）制订薪酬计划

薪酬计划就包括企业预计要实施的员工薪酬支付水平、支付结构及薪酬管理重点等内容，是企业薪酬政策的具体化。企业在制订薪酬计划时，要通盘考虑，同时要以增强企业竞争力为原则，使薪酬计划与企业经营计划保持一致。

制订薪酬计划时应处理好特殊群体薪酬的问题。特殊群体的薪酬是针对在工作内容、目标、方式、考核等方面具有特殊性的专业技术人员、企业高层管理人员等员工群体，根据他们工作特点和职务要求而区别对待，有的放矢地进行相应的薪酬体系、薪酬水平、薪酬形式等内容的设计、决策与实施管理，从而解决为多数人设计的标准薪酬系统对少数人不适用的问题。

（四）薪酬系统的运行管理

薪酬体系设计完成后，在其运行过程中涉及对其运行过程中出现问题的管理，包括薪酬预算、成本控制、薪酬沟通与薪酬调整等问题。有效的运行管理可以更好地保证薪酬系统的实施效果。

五、会展薪酬管理的特殊性

会展业中的企业由于其所处行业的特殊性，与一般企业的薪酬管理相比，其特殊性具体表现在以下几个方面。

（一）更加注重绩效薪酬

由于会展行业的特殊性，以项目方式进行结算成为大部分会展企业的首选模式，即企业与员工之间的报酬支付是彼此先谈定完成一个项目的总报酬，每月先预支一部分，待整个项目结束时一并结清。这样的结算方式把企业同员工的利益结合在一起。会展企业的员工绝大部分的底薪不高，主要靠绩效收入，即整个收入的构成是“底薪+提成（或奖金）”，鼓励“多劳多得”。

（二）行业内不同企业之间薪酬体系差异大

由于会展企业的业务有很大的不确定性，竞争也极为激烈，再加上不同类型的项目利润率也完全不同，因此，薪酬模式也各不相同。如某会展公司的主要业务有两种，一是承办节庆活动，二是举办展览会。由于这两类业务差异很大，故而在提成方面则完全不同。节庆活动以完成项目后的利润来结算奖励；而展览会举办则直接以展位的出售结算奖励。

（三）自由职业者多，薪酬方式灵活

由于会展公司受到业务波动的影响，因此，不可能在业务淡季养一大帮“闲人”，平时只有基本的人员配置，而一旦承揽到业务便马上搭班子，此时加盟的自由职业者增多，不同的人员有不同的薪酬结算方式，很难一概而论。

第二节　会展薪酬制度方案设计的流程与方法

从流程上来看，会展薪酬制度方案设计是组织薪酬战略的制订、岗位的科学评价、市场薪酬调查、组织薪酬水平、薪酬结构和等级等系统方案确定的过程。其一般流程如图 6－1 所示。

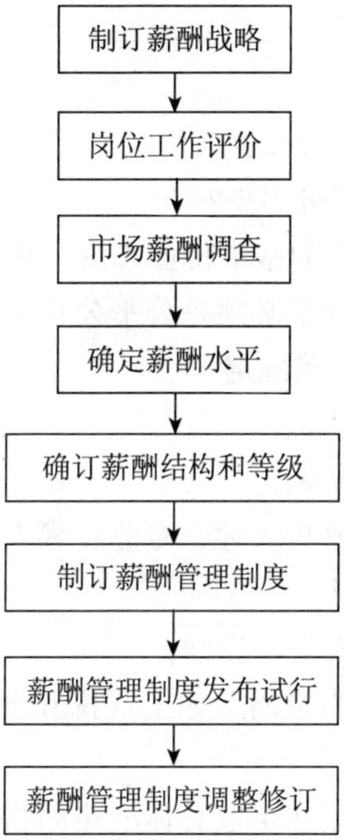

图 6－1　薪酬管理制度设计的流程

一、制订薪酬战略

人力资源管理是一项帮助企业实现战略目标的系统工作，设计薪酬管理制度方案的第一步就是从战略的层面进行薪酬定位。企业的总体薪酬战略，是结合企业的不同发展阶段来制订的：对于处于迅速成长阶段的企业，经营战略是以投资促进企业的成长，薪酬战略也相应设计成高报酬和高绩效相结合的薪酬战略，体现风险越大、报酬越高的付酬机制，以鼓励员工敢于承担风险，多做贡献；对于处于成熟阶段的企业，应采取以保持利润和市场为主的经营战略，使员工更多地掌握企业所需要的技术和知识，因此薪酬水平取中位，薪酬激励力度和福利也控制在中等水平。而对于已经处于衰退期的企业，需要实现投资目标的转移，这时企业的薪酬水平应低于市场的平均水平。

如企业实行成长战略，相应采用的薪酬策略应侧重于薪酬成本的控制，保持与竞争对手大致相等或者略高的薪酬水平；企业在短期内提供给员工相对较低的固定薪酬，同时实行力度较大的奖金或股票选择权等计划，以鼓励员工降低成本，提高生产率，保证产品的低成本和竞争力。

制订薪酬战略，必须认真研究以下四个问题。

第一，谁创造了企业价值?

第二，创造了多少价值?

第三，价值分配的形式是什么?

第四，给每个价值创造者分多少?

这四个问题，表达了企业的基本价值态度：只有企业价值的创造者才有权利分享组织的价值，而这种分享必须是公平公正的。薪酬战略作为薪酬设计的纲领性文件要对以下内容做明确规定：

（1）对员工人性的基本认识；

（2）对员工总体价值的认识；

（3）对管理骨干即高级管理人才、专业技术人才和营销人才的价值估计等核心价值观；

（4）企业基本工资制度和分配原则；

（5）企业工资分配政策与策略，如工资拉开差距的标准、工资、奖金、福利的分配依据及比例标准等。

企业薪酬策略的制订必须在企业总体战略的指导下进行，集中反映企业各项战略的需求。

二、岗位工作评价

（一）岗位工作评价的含义

岗位工作评价是一种系统地测定每一岗位在其企业内部价值结构中所占位置的技术，是解决薪酬内部公平性的重要工具。它以岗位职责和任务在整个工作中的相对重要程度的评价结果为标准，以某具体岗位在正常情况下对任职者的要求进行的系统分析和对照为依据，而不考虑员工的工作能力或在工作中的表现。

岗位等级是根据岗位说明书所明确的每个岗位基本目的、应负职责、所需条件等内容，使用岗位评价方法评价出每个岗位在企业内部组织结构中的相对位置。

（二）岗位工作评价的目的

为了公平、科学地进行薪酬分配，用人单位在确立自己的工资水平时，要在其内部进行岗位工作评价，以实现劳酬相符。此外，还要对外部的同行工资进行调查，把握和比较本企业工资水平与市场工资水平的关系，使自己具有合理的薪酬策略，这是薪酬管理的基础和出发点。

进行岗位工作评价与前面章节的工作分析基本上是同一范畴，这里使用“岗位工作”的概念，是侧重对员工在某职务或岗位的工作中所支出的劳动量的衡量过程，即以某个工作分析结果——工作说明书为依据，衡量、判断该工作岗位与其他岗位相比应当付与多少薪酬，这就使企业薪酬有了客观依据，从而达到薪酬分配的内部公平性。

（三）岗位相对关系的确定

为了达到薪酬分配的内部公平性，必须解决好企业内部各个岗位的相对关系。岗位的相对关系，可以分为“纵”“横”两个方面。从纵的角度看，同类型的一系列工作岗位中，有高低不同的等级，一般来说，工作量付出多的岗位，就评为较高的岗位等级或职级；反之，则被评为较低的岗位等级或职级。因此，反映工作付出和劳动贡献的岗位等级，就能够直接与工资报酬挂钩了，这就实现了企业内部职工所付出的劳动量与所获取报酬大体相当的格局，实现薪酬的内部公平性。从横的角度看，各个企业中都有不同的工作类型或工作系列，如企业的后勤、招展、管理、技术等不同的工作系列中处于同一岗位等级的岗位，应当支付大致相等的工资量，以体现薪酬的内部公平。

三、市场薪酬调查

（一）薪酬调查的含义

薪酬调查，就是通过一系列标准、规范和专业的方法，对市场上各岗位进行分类、汇总和统计分析，形成能够客观反映市场薪酬现状的调查报告，为企业提供薪酬设计方面的决策依据及参考。薪酬调查是薪酬设计中的重要组成部分，重点解决薪酬的对外竞争力和对内公平性问题。

（二）薪酬调查的主要内容

企业薪酬调查从内部和外部两个方面进行。第一，内部薪酬情况摸底。通过科学的问卷设计，从薪酬水平的角度了解现有薪酬体系中的主要问题及其原因。第二，企业外部薪酬水平调查。主要收集行业和地区的薪资增长状况、不同薪酬结构对比、不同职位和不同级别的职位薪酬数据、奖金和福利状况、长期激励措施以及未来薪酬走势分析等信息。有效的外部调查是实现薪酬外部竞争性的重要途径之一，使得薪酬发挥稳定员工、激励员工的作用。此外，对薪酬影响因素的调查也不容忽视，如国家的宏观经济、通货膨胀、会展行业特点和行业竞争、人才供应状况和企业的内部影响因素（如经营情况和财务状况、人员的素质要求及企业发展阶段、人才稀缺度、招聘难度等）。

（三）薪酬调查的方法

1．非正式调查

（1）电话询问。电话询问是调查小部分岗位薪酬的好方法。在市场竞争激烈的情况下，企业往往对自身的薪酬资料保密，但可以在其他会展企业招聘时，通过电话询问招聘岗位的工资报酬情况，从而取得这些岗位的薪酬资料。

（2）非正式讨论。在各种有关会展的专业会议上，通过会下交流方式询问其他会展企业的工资薪酬情况。

（3）询问应聘和录用人员。通过询问前来应聘的人员和新录用的人员，可以收集到他们原供职单位的工资福利资料。

（4）其他方法。从一些企业的招聘广告中，以及从这些企业流出的员工口中，也可以获得一些薪酬福利的有关材料。

2．正式调查

正式调查的方法包括通过问卷和访问等形式收集有关材料。该方法的优点在于它可以了解详细信息；缺点是所花费的时间太长，而且许多企业出于保密的原因拒绝回答问题，造成访问不能顺利进行和问卷回收率低的问题。采用正式调查法，要注意做好以下工作。

（1）正确选择调查范围。调查范围不能过大也不能过小，过小会使调查失去应有的目的，过大又会浪费必要的资源。调查范围一般应选择同一地区、规模相当的会展企业。

（2）选择适当的调查对象。调查对象的选择，要注意具有可比性，即所调查的岗位与本企业的相关岗位的工作性质、职责、条件，以及所需资格条件等方面，应当基本一致或具有可比性。

（3）确定合理的调查内容。一般来说，调查的内容包括基本工资、附加工资、奖金、福利、分红、保险和企业的工资结构等。

3．权威资料法

企业可以从政府统计部门或专业研究机构每年发表的调查报告和统计资料中获得会展业的相关薪酬资料。

在市场薪酬调查之后，要把所得到的各种数据进行整理，然后汇总成表，以供制订企业的薪酬方案之用。

四、确定薪酬水平

薪酬水平是指企业的薪酬与其竞争对手、市场平均薪酬相比所处的地位，受到企业内外部因素及员工个人因素的影响。一般来说，企业可以选择的薪酬策略主要有薪酬领袖策略、市场追随策略、浮动薪酬策略等。

（一）薪酬领袖策略

薪酬水平与会展行业的其他竞争对手相比往往处于领先地位，以领先于市场和许多竞争对手的薪酬水平来构建和管理本企业薪酬制度的策略和做法。这种策略和做法既适用于整个企业，又适用于企业中的一部分职务或员工（以下各策略相同）。薪酬领袖策略一般基于以下几点考虑：市场处于扩张期，有很多的市场机会和成长空间，对高素质人才需求迫切；企业自身处于高速成长期，薪酬的支付能力比较强；在会展行业的市场中处于领导地位等。

（二）市场追随策略

市场追随策略是指企业始终跟随市场平均薪酬水平来进行薪酬定位，将本企业薪酬水平定位在等于或接近市场平均薪酬水平，从而构建和管理本企业薪酬制度的策略和做法。这是一种使用最为广泛的薪酬策略，这种策略致力于使本企业的薪酬成本接近于同行业其他竞争对手的薪酬成本，同时保持与竞争对手基本一致的吸引和保留人才的能力。采用这种策略的企业，一般都建立或找准了自己的标杆企业，企业的经营与管理模式都向自己的标杆企业看齐，薪酬水平跟标杆企业差不多就行了。

（三）薪酬混合策略

薪酬混合策略是指企业根据不同的职务类别或员工类别分别制订不同的薪酬策略，或者根据不同的薪酬形式（基本工资、福利、津贴等）而制订不同的薪酬策略，把上述三种薪酬水平策略有效结合，混合使用，从而进行企业薪酬水平的定位，构建和管理本企业薪酬制度的策略和做法，这是一种灵活性和针对性很强的可变薪酬策略。

五、确定薪酬结构及等级

（一）确定薪酬结构

薪酬结构是指构成薪酬体系的基本工资、激励工资、津贴、福利等各种薪酬形式之间的相互关系和组合比例。在经费不变的情况下，不同会展企业的薪酬体系在可变性、差异性、时效性和现金流强度上各不相同，薪酬的结构决策就是要选择和确定切合企业战略、环境、资源、目标、业务和人员特点等方面的薪酬结构或组合关系，从而使有限的薪酬支出发挥更有效的功用。薪酬结构又可称为薪酬体系的整体模式或整体薪酬体系模式，主要有五种基本的模式：基于岗位的薪酬模式、基于绩效的薪酬模式、基于技能的薪酬模式、基于市场的薪酬模式、基于年功的薪酬模式。这五种薪酬模式根据其弹性大小可以分为三种：基于绩效的薪酬模式和基于市场的薪酬模式属于高弹性薪酬模式，基于年功的薪酬模式属于高稳定薪酬模式，基于岗位的薪酬模式和基于技能的薪酬模式属于折中的浮动性薪酬模式。

1. 高弹性薪酬模式

这种薪酬模型具有很强的激励性，绩效薪酬是该薪酬结构的主要组成部分，基本薪酬等处于非常次要的地位，所占的比例非常低（甚至为零），而浮动部分比例比较高。这种薪酬模型，员工能获得多少薪酬完全依赖于工作绩效的好坏。

2. 高稳定薪酬模式

这是一种稳定性很强的薪酬模式，基本薪酬是薪酬结构的主要组成部分，绩效薪酬等处于非常次要的地位，所占的比例非常低（甚至为零），即薪酬中固定部分比例比较高，而浮动部分比较少。

3. 浮动性薪酬模式

这是一种既注重激励性又注重稳定性的薪酬模式，绩效薪酬和基本薪酬各占一定的比例。当两者比例不断调和与变化时，这种薪酬模式可以演变为以激励为主的模式，也可以演变为以稳定为主的薪酬模式。

高弹性薪酬模式是一种实用主义模式，在这种模式中，员工的薪酬主要依靠个人绩效或市场价值，因此，其激励效应强，员工薪酬安全感差，比较适用于流动率高、工作热情低的情形。高稳定薪酬模式是一种资历主义模式。员工的薪酬主要取决于年资和组织的经营状况，与个人绩效关系不大，这种模式的薪酬安全感好，但缺乏薪酬激励效应。因此，不少组织采用了浮动性薪酬模式。一般来说，选择薪酬制度模式要考虑能力（能力差别）、职务（职务价值）、工作成果（绩效大小）、年资（继续服务年龄）、生活费（年龄）等因素。由于各个行业千差万别，而同一个行业内部又有许多形态各异的工作岗位。因此，所适用的薪酬制度也不会完全相同。在实践中，能力、工作、年功、绩效等因素经过不同组合，还可以形成不同组合的薪酬制度类型。

（二）确定薪酬等级

一般而言，会展企业的薪酬结构由多少等级构成主要取决于企业的经营规模、组织结构及工作的复杂程度，其数量多少没有绝对的标准。确定薪酬等级，就是确定一个薪酬结构内部划分多少等级，最高等级与最低等级之间的薪酬差，相邻薪酬等级的级差等。

1. 最高与最低等级薪酬差的确定

在建立薪酬策略之后，企业需要确定最高薪酬等级与最低薪酬等级的比率，其计算公式为

最高薪酬等级与最低薪酬等级的比率＝最高薪酬中值/最低薪酬中值

2. 薪酬等级数目的确定

薪酬等级数目是指企业薪酬结构由多少等级构成。一般来说，规模大、性质复杂及纵向等级结构鲜明的企业，薪酬等级多；反之，薪酬等级少。

3. 薪酬等级级差的确定

薪酬等级级差是指薪酬等级中相邻两个等级薪酬值之间的比率，它反映不同等级职位由于价值差异、工作复杂程度差异等对应的不同薪酬。薪酬等级级差设计中有两种类型——无覆盖式和覆盖式。无覆盖式薪酬即上一个职务等级（或岗等）的最低一级薪酬大于或等于下一个职务等级（或岗等）的最高一级薪酬；覆盖式薪酬是指上一个职务等级的最低一级薪酬等于下一职务等级的中间级薪酬即在两个相邻职务等级之间工资有部分重叠。

第三节 会展薪酬管理实施

一、会展薪酬预算

（一）会展薪酬预算的含义

会展薪酬预算是指会展企业为实现既定的经营目标，在薪酬管理过程中所进行的一系列有关员工薪酬开支方面的计划、权衡、取舍和控制行为。薪酬预算对企业的财务状况有着重要影响，它可以清晰地反映出组织的人力资源战略，直接关系到企业的经营状况和员工的心理感受，所以具有相当的敏感性。企业通过薪酬管理，可以有效地降低劳动力成本，合理控制员工流动率，并影响员工的绩效表现。薪酬预算规定了预算期内可以用于支付薪酬费用的资金，是薪酬控制的重要环节，准确的预算可以保证企业在未来一段时间内的薪酬支付受到一定程度的控制。企业的薪酬预算一般会受到外部环境和市场薪酬水平、内部的薪酬决策、技术进步和员工队伍变化、企业财务状况或支付能力、员工生活成本的变动，以及企业现有薪酬状况等环境因素的影响。

（二）会展薪酬预算方法

会展薪酬预算方法主要有自上而下预算法和自下而上预算法两种。

1. 自上而下式预算法

所谓的“自上而下式”是首先对企业的总体业绩指标进行预测，然后确定企业的薪酬预算总额，以及加薪的幅度，然后再将预算总额分配到各个部门，各个部门再将得到的配额分配到每一个职位或员工。自上而下薪酬预算法的最大优点是可以较好地控制企业的整体薪酬成本和部门薪酬成本，便于调控人力成本开支与企业支付能力及绩效产出的对称性，但可能导致预算缺乏灵活性，并且易受主观因素影响而降低了预算的准确度。

2. 自下而上式预算法

自下而上薪酬预算法是指通过基层单位各部门经理提前预报本单位在下一年拟获得薪酬预算的估计数，计算出各个部门或单位所需的薪酬开支，然后将各个部门或单位的薪酬预算数汇总，最后编制出企业整体薪酬预算的方法。自下而上法的优点是简单易行，灵活性高又接近实际，员工容易从中得到满足感，但它同时存在着难以控制企业总体薪酬成本的问题。

上述两种方法也可以结合起来编制薪酬预算。基本步骤是：首先定出各部门的薪酬预算额，其次预测员工个体的提薪幅度并列表，最后比较两者的差异并对这些部门的薪酬预算进行调整。

（三）会展薪酬预算的作用

从某种意义上讲，会展薪酬实际上是企业和员工之间达成的一项隐性的经济契约，它体现了雇佣双方就彼此的付出和给予达成的一致性意见。正是凭借这一契约，员工和企业之间的交换才得以实现。因此，薪酬预算具有重要作用：

1. 成为企业进行薪酬管理的依据

“凡事预则立，不预则废”，进行薪酬管理，如何对上一财年及过往已有的薪酬制度进行调整，如何才能更好地激励不同岗位上的员工，同样应事先做好计划和规定。薪酬预算既可以通过对不同员工群体及不同员工薪酬构成、各部分比重等的衡量和预测，达到薪酬激励最大化的效果，同时也是企业下一财年进行薪酬分配、发放及管理的依据。

2. 合理控制员工流动率，降低企业的劳动力成本

当员工方面得到的收益逐渐增多的时候，企业在购买劳动力时需要支付的成本也在逐渐上升。因此，在企业劳动力成本的变动过程中，一定会出现能够满足企业的边际劳动力成本等于它所获得的边际劳动力收益，即达到所谓的均衡状态的一点。薪酬预算最为重要的目标就在于找到这一均衡点，以实现劳动力成本和企业收益之间的平衡，保证企业所有者的收益最大化目标得以实现。

3. 促使员工表现出优良的绩效

员工的绩效表现对于企业而言也至关重要，把绩效要求与特定岗位结合在一起，这样员工在与企业建立起雇佣关系的同时就已经明确了其需要达到的绩效标准。从薪酬预算的角度来说，如果企业在绩效薪酬或者浮动薪酬方面增加预算，而在基本薪酬的增长方面注意控制预算的增长幅度，然后再根据员工的绩效表现提供奖励，那么，员工们必将会重视自身职责的履行以及有效业绩的达成，而不是追求岗位的晋升或者是加薪方面的盲目攀比，以直接促使员工表现出优良的绩效。

二、会展薪酬控制

所谓控制，是指对事物起因、发展及结果的全过程的一种把握，是能预测

和了解并决定事物的结果。薪酬预算的目的在于实现薪酬总额的控制，而薪酬控制的关键在于根据企业的实际情况确定一个合理的薪酬总额，然后以薪酬总额为标准，实施薪酬控制。

（一）薪酬控制的主要指标

薪酬控制的主要指标包括人均薪酬成本、人工费比率和人工成本比例，它们的含义对比见表6－1。

表6－1　薪酬控制主要指标

指标名称	公　式	指标属性
人均薪酬成本	年度薪酬总额÷年度平均人数	人均指标
人工费比率	薪酬总额÷税前收入	综合指标
人工成本比例	薪酬总额÷营运成本	结构指标

如果一个会展企业的人力资源情况符合高投入、高产出、高效益状态时，上述指标应当“一高二低”——人均薪酬成本高，人工费比率和人工成本比例低。若上述三个指标是“一低二高”——人均薪酬成本低，人工费比率和人工成本比例高时，说明企业人力资源使用状况不佳。上述三个指标可以作为一个指标体系同时使用，应当遵循上述“一高二低”的原则。

（二）薪酬控制的原则

进行薪酬控制，应遵循以下几个原则。

1. 以企业战略为指导的原则

薪酬总量的控制、薪酬整体水平在行业中薪酬地位的确定，都是在具体企业战略指导下进行的，这是薪酬总量合理性的基础。

2. 以企业收入为基础的原则

薪酬总量是按照企业收入的一定比例来进行确定的，成本和利润的关系是影响薪酬总量的物质基础。

3. 利益和风险共享的原则

员工与企业同享成功、共担风险；企业经营效益好，员工收入高，反之则越少，这是薪酬总量考虑的激励基础。

4. 稳定性原则

员工收入在与企业经营挂钩的基础上，保持一定的稳定，避免大起大落，这是根据薪酬总量考虑稳定性的基础。

（三）薪酬控制的途径

在进行薪酬控制时，主要依据企业的支付能力、员工所需的基本生活费用和市场行情等因素来计算薪酬总额，并通过控制雇佣量、控制薪酬总额和采用薪酬控制技术来实现薪酬控制。

1. 控制雇佣量

企业的雇佣量是其雇佣人数与他们工作时数两个量的一定乘积的叠加。所以，控制雇佣量一是控制用工人数，二是控制用工时数。控制雇员数量和工作时间一直是企业控制薪酬成本的最普遍做法。

（1）控制员工人数。当员工薪酬水平相同时，员工人数越少，企业所需支付的薪酬额越低。许多企业十分强调用工数量的管理，但是核心员工的减少或裁员又会给企业带来人才流失、士气低落等副作用。因此，企业在实践中多是通过精简或扩展临时工和替代性较强的员工来实施员工人数的调控，使骨干员工队伍保持相对的稳定。

（2）控制工作时数。与人数控制相比，工时控制更具有灵活性。由于企业许多工作岗位是按工时进行计酬，所以企业通过控制总工时，也可以有效控制薪酬成本。这样做还能避免裁员、减员时带来的震动和麻烦，具有方便、快捷、隐蔽降低成本的作用。

需要注意的是这两种方法各有限制和适用条件，应根据实际情况调整选用。另外，雇佣人数、用工时数与现金报酬和福利成本是互为影响的。

2. 控制薪酬水平和薪酬结构

对薪酬的控制，最主要的还是要通过对薪酬水平和薪酬结构的调整来实现。此处的薪酬水平主要是指企业总体上的平均水平，而薪酬结构则主要涉及基本薪酬、可变薪酬和福利支出这样一些薪酬的构成及各个具体组成部分所占的比重大小。

3. 利用适当的薪酬管理技术

企业可以利用工作评价、薪酬调查、薪酬结构、薪酬宽带、计算机辅助管理、最高最低薪酬水平控制、成本分析、薪酬比例比较等薪酬技术手段，来促进或改善薪酬成本控制。

4. 其他方法

（1）薪酬冻结。当人工成本过高时，不是直接降低薪酬，而是使员工的薪酬水平保持不变。这样不会挫伤员工工作的积极性，反而激励员工为企业做出更大的贡献。暂时的薪酬冻结会使企业的实力增加，节省下来的一部分资金可用于提高服务质量上，其最根本的一点是稳定了员工的心情，保证了企业运转的连续性，为企业战胜竞争对手提供了机会和支持。

（2）延缓提薪。对于应该提薪的员工，暂时推迟一至两个月，等到企业摆脱了困境，经济效益好转之时再予以提薪。这时不妨向全体员工说明企业所面临的现状，争取他们的理解和支持，形成“众志成城，共渡难关”的气氛。

三、会展薪酬沟通

所谓会展薪酬沟通是指会展企业管理者与员工在互动过程中通过某种途径或方式将薪酬信息、思想情感相互传达交流，并获取理解的过程，即管理者就企业在薪酬战略体系的设计、决策中就各种薪酬信息（主要指企业薪酬战略、薪酬制度、薪酬水平、薪酬结构、薪酬价值取向等内容以及员工满意度调查和员工合理化建议）跟员工全面沟通，让员工充分参与，并对薪酬体系执行情况予以反馈，再进一步完善体系的过程。同时，员工的情感、思想与企业对员工的期望形成交流互动，相互理解，达成共识，共同努力推动企业战略目标的实现。薪酬沟通是薪酬管理的重要职能和技术，贯穿于薪酬方案的制订、实施、控制、调整的全过程。

薪酬管理是人力资源管理领域内最为复杂和技巧性颇强的内容，书面薪酬和心理薪酬的一致是薪酬管理的较高境界，为了达到此目标，需要不同层面的管理人员和员工的共同努力。

第四节　会展薪酬管理手册的编写

一、薪酬管理手册的主要内容

薪酬管理手册主要内容包括以下几点。

（一）总则

说明编写该手册的目的、原则、依据以及适用范围。

（二）薪酬制度方案设计

根据同行业市场薪酬状况，确定对本企业具有激励作用的薪酬组成结构和薪酬体系，一般薪酬包括固定工资、绩效工资、加班工资、津贴和保险等，不同部门、不同层级针对工作内容的差异，制订不同的薪酬结构体系。

（三）实施办法

制定薪酬实施细则，明确要求。

二、薪酬管理手册范例

广东××集团有限公司薪酬管理手册

第一部分 总则

1.1 本制度是集团有限公司薪酬领域的最高纲领性文件，为公司薪酬管理提供全面的准则和重要依据，公司所有与薪酬相关的制度、活动和行为都必须遵照并服从于本制度。

1.2 本制度的目的在于为员工提供公平、合理的劳动报酬，以最大程度发挥薪酬对员工的激励作用，有效地激发员工的积极性，以便更好地实现公司的经营目标。

1.3 公司薪酬分配的依据是：岗位价值、员工能力、市场水平和工作绩效。

1.4 本薪酬管理制度适用于公司所有员工。

第二部分 薪酬结构

2.1 公司的薪酬结构包括固定工资、绩效工资、加班工资、津贴和保险四大部分。固定工资包括基本工资、岗位工资等。绩效工资包括月度绩效奖金、季度绩效奖金或年度绩效奖金。津贴包括技能津贴、住房津贴、工龄津贴、高温津贴、夜班津贴、女工保护津贴（女保）、特殊津贴等。其中，特殊津贴包括通信津贴、节假日费、司机里程津贴、总经理津贴等。保险包括医疗保险、失业保险、工伤保险、养老保险等。

2.2 固定工资是员工薪酬构成的基本组成部分。固定工资包括基本工资和岗位工资。

2.3 绩效工资包括月度绩效工资、季度绩效工资和年度绩效工资等，不同层级和不同职位员工的薪酬结构由其中一种或多种构成。高层管理人员享有年度绩效工资，部门经理享有季度及年度绩效工资，其他员工享有月度绩效工资或季度绩效工资。员工绩效工资根据绩效考核结果得出，对不同薪酬体系的员工，绩效工资所占的比率和发放的方式不同。

2.4 加班工资是公司为员工超过规定的劳动时间而计付的工资。公司实行5天工作制，每周工作的标准时间是40小时。加班在半小时之内的，不计加班费。B层级及以上（结构制、年薪制）、协议制员工原则上不计加班工资。

2.5 公司加班工资的计算基数是基本工资，标准时薪 = 基本工资 ÷21 ÷8。

基本工资标准：

岗位层级	A层级	B层级	C层级	D层级	E层级
基本工资标准	固定工资	地区最低保障工资×比例3	地区最低保障工资×比例2	地区最低保障工资×比例1	地区最低保障工资

第三部分　薪酬体系

3.1 公司薪酬体系采取五种不同类别：与公司整体经营业绩相关的高级管理人员的薪酬体系（年薪制），与管理和技术、生产相关的职能人员的薪酬体系（结构工资制），与具体事务相关的辅助人员及外部专家的薪酬体系（协议工资制），与公司产品销售有关的薪酬体系（提成制）。如下图所示。

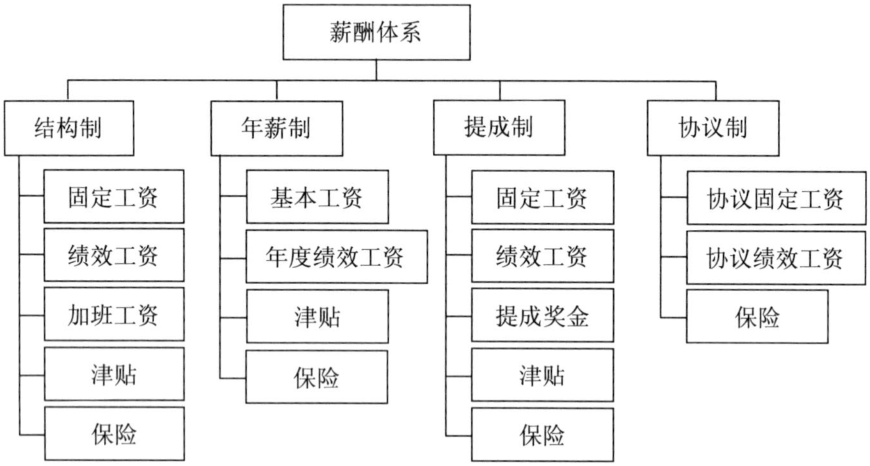

3.2 年薪制：适用于与公司整体经营业绩密切相关的高级管理人员，这些岗位主要指集团总经理、集团副总经理、分公司总经理等。实行年薪制薪酬体系的员工，其工作特征是其工作业绩需要通过全公司的总体业绩来进行评估。

3.3 结构制：采用结构制薪酬的员工其工作特征是他们的工作绩效比较复杂，需要从多个角度进行评价。这部分员工主要是指分公司副总经理、集团部长（助理）、生产管理人员、生产车间的一线生产工人、技术人员和职能部门的相关人员（人力资源管理、战略管理、财务管理、行政管理、营销、采购、质检等）。

3.4 协议制：主要包括两类人员，一类是以重复完成规定的简单任务为主的员工，这部分员工主要指临时用工人员、试用期员工和其他支持性的辅助人员（生产线的普工、清洁工、厨工、保安等）。另一类人员指公司优秀的专业技术人才、管理人才和为公司提供战略支持和高级智囊服务的技术专家和管理专家、返聘人员等。

3.5 提成制：与销售业绩相关的营销业务人员，主要指业务员；与营运业绩相关的××运输公司的司机等。实行提成制的薪酬体系的员工，其工作特征是他们的工作绩效与销售收入、销售量等相关。

第四部分　各公司薪酬结构体系

4.1　××集团薪酬结构体系

工资结构	岗位	年薪制	结构制	协议制	提成制	备注
经营管理人员	A 层级岗位：集团总经理、副总经理	●				
职能管理类	B 层级以下岗位：企划质控管理部、人力资源部、财务管理中心、市场技术部、采购部、销售部（不含业务员）、集团总经理办公室、生产安全管理部		●			
市场营销类	业务员				●	
其他	返聘员工等			●		

4.2　××子公司薪酬结构体系

工资结构	岗位	年薪制	结构制	协议制	提成制	备注
经营管理人员	B 层级岗位：总经理	●				
职能管理类	B 层级以下岗位：生产副总经理 C 层级以下岗位：厂部工程师；总经理助理；公司办公室主任、生产部（主管、班长）		●			
市场营销类						
生产制造类	生产技术工		●			
生产辅助类	季节工			●		

第五部分　各公司薪酬结构比例划分

5.1 针对不同薪酬体系及不同管理层级的员工，其固定工资和绩效工资的比例是不同的，年薪制的员工的薪酬结构比例为50:00:50（固定工资:季度或月度绩效工资:年度绩效工资），即年薪制员工的标准年薪中，12个月的固定工资占50%，年度绩效奖金占50%。

5.2 结构制员工的薪酬结构比例如下表所示。

	管理类 （人力资源部、综合部、企划部、财务部、办公室）	生产类 （生产部、管理运输部、质检部）	营销类 （业务部）
A 层级	年薪制		年薪制
B 层级	集团统一比例	各公司比例	各公司比例
C 层级	集团统一比例	各公司比例	各公司比例
D 层级	集团统一比例	各公司比例	各公司比例
E 层级	集团统一比例	各公司比例	各公司比例
备注：	1. 公司比例按照年薪（12 个月）划分； 2. 12 个月的固定工资：（月或季度绩效工资:年度绩效工资）表示为 80:(15:05)（例）		

5.3 协议制员工的薪酬结构比例为协议固定工资：协议绩效工资 00:00；无协议绩效工资的为 100:0。

5.4 提成制员工的薪酬结构比例为 00:(00:00)。

第六部分　各公司各类人员的薪酬

6.1 高层管理人员的薪酬

6.1.1 高层管理人员（A 层级员工、B 层级总经理）实行年薪制。高层管理人员的薪酬构成为：基本年薪、年度绩效奖金、津贴和保险四部分构成。年薪总额由董事会确定，其中基本年薪与年度绩效奖金各占 50%。

6.1.2 基本年薪。高层管理人员的基本年薪 = 年度标准薪酬 ×50%，分 12 个月发放，即每月的月薪（固定工资） = 年度标准薪酬 ×50%/12。

6.2 中层管理人员（B 层级分公司副总经理、助理、集团部长、C 层级员工）的薪酬

6.2.1 中层管理人员薪酬构成为：固定工资（基本工资、岗位工资）、绩效工资（季度绩效工资、年度绩效工资）、津贴和保险。

6.2.2 中层管理人员的固定工资每月发放，发放额度为年度标准薪酬 ×70%/12。

6.2.3 中层管理人员的绩效工资分为季度绩效工资和年度绩效工资。季度绩效工资在季度绩效考核结束后发放，年度绩效工资在年度考核结束后发放。

6.3 一般员工（结构制除经理以外的员工）的薪酬

6.3.1 一般员工的薪酬构成为：固定工资（基本工资、岗位工资）、绩效工资（月度绩效工资、季度绩效工资或年度绩效工资）、加班工资、津贴和

保险。

6.3.2 一般员工的固定工资每月发放，发放额度 = 年度标准薪酬 × 80%/12。

6.4 生产线人员（一线操作工）的薪酬

6.4.1 生产线人员的薪酬构成为：固定工资（基本工资、岗位工资）、绩效工资（月度绩效工资、季度绩效工资或年度绩效工资）、加班工资、津贴和保险。

6.4.2 生产线员工的固定工资每月发放，发放额度为月固定工资总额 × 80%/12。

6.5 营销员工的薪酬

6.6 协议制员工（普工、清洁工、特聘专家等）的薪酬

6.6.1 协议制员工的薪酬构成为：协议固定工资或协议固定工资、协议绩效工资、津贴。

第七部分　津贴保险

7.1 技能津贴：根据国家（或集团公司）规定的部分工种的技能资格和等级支付。公司鼓励员工参加国家组织的各种专业技术职称评定，提高员工工作技能，特设定本津贴。技能津贴适用于本公司（外聘员工除外）已获得国家颁发的或公司评定的专业技术职称的员工，以集团人力资源部备案为准。技能津贴标准如下：

7.1.1 职业资格类：中级 25 元/月，高级 40 元/月，技师 60 元/月，高级技师 80 元/月。

7.1.2 专业（技术）职称类：初级（助理）30 元/月，中级 50 元/月，高级 100 元/月。

7.2 住房津贴：仅适用于未居住公司宿舍的员工。

7.3 工龄津贴：从入公司日期计算，转正以后享受工龄津贴，每月 14 元，未满一年按一年计，超过一年按 2 年计算。

7.4 高温津贴

7.5 夜班津贴：按实际夜班天数 3 元/天。

7.6 女工保护津贴（女保）：30 元/月/人。

7.7 特殊津贴：包括通信津贴、节假日费、司机里程津贴、总经理津贴等。特殊津贴是公司被授权人按情况给予部分员工一定额度的激励性津贴。特殊津贴的支配权属公司被授权人。除通用性特殊津贴等以外，获得特殊津贴的员工应对津贴数据严格保密。

7.8 保险：包括医疗保险、失业保险、工伤保险、养老保险等。按照国家规定的社会保险政策计扣与缴付。

第八部分　实施细则

8.1 薪酬总额的产生：综合管理部及（或）人力资源部在每年1月30日前对上年度薪酬系统的具体实施及发放情况进行总结分析，在此基础上完成《年度薪酬预算报告》的编制工作，完成后以绝密文件的形式提交给公司薪酬与考核管理委员会讨论审批。

8.2 员工个人薪酬层级的调整：员工个人薪酬层级的调整由分管副总和员工所在部门每年1月份根据员工上年度绩效考核成绩的结果进行调整。员工薪酬层级调整包括层级晋升、层级不变动、层级降低三种。

8.3 K值系数的调整：公司根据外部市场劳动力价格水平和公司薪酬策略，原则上公司每1~2年进行一次薪酬K值系数的调整，K值的变化可能为增加、不变，也可能为减少。

8.4 基本工资的发放时间：员工工资发放采用当月考勤，下月发放的方式，发放时间为每月15~20号左右（节假日顺延）。

8.5 绩效薪酬的发放时间：月度绩效薪酬与基本工资同时发放，季度绩效薪酬的发放时间为下季度第一个月的15~20号左右，年度绩效奖金在春节前发放（节假日顺延）。

8.6 个人所得税：员工个人所得税和各种保险在工资发放时，由财务管理部按国家规定代扣代缴。

8.7 工资复核：员工对工资产生疑义时，员工有权利申请工资复核，各部门由指定人员统一与综合管理部及（或）人力资源部联系。

第九部分　附则

9.1 对于本管理制度所未规定的事项，由集团人力资源部依照其他管理制度执行，需要时可及时编制新的补充规定。

9.2 本管理制度由集团人力资源部负责解释，员工对本管理制度产生疑义时，由人力资源部做出书面说明。

9.3 集团人力资源部每年对本管理制度进行一次检讨和修正，确保本管理制度的适应性和有效性。

第五节　本章小结

会展薪酬管理在会展企业人力资源管理中发挥着重要作用，它能更好地激励员工，提高员工的工作热情，促进工作绩效的提升，进而使企业获得良好的效益。由于会展业是涉及参展商、运输商、海关、税务、新闻媒体、广告设计等一系列行为主体的综合性行业，如何更好地发挥薪酬在激励员工方面的效用，是会展薪酬管理面临的重要课题。只有了解和掌握了会展薪酬的基本含义，把握会展薪酬方案设计的流程及方法，才能确保薪酬管理的顺利实施，应用好薪酬管理这一激励手段。本章在介绍会展薪酬管理内涵的基础上，重点介绍会展薪酬制度方案设计的流程及方法，会展薪酬预算、控制、沟通等内容。

本章的要点包括：

（1）薪酬是一个复杂的概念，从狭义上讲，它是与“劳动”直接联系的部分，即“工资”；与“劳动”直接联系的部分，“工资”一词是“因工作而花费的钱财”的字义反映了狭义薪酬的内涵。从广义上讲，它是与上述雇佣关系有关的组织各项付出或员工得到的酬劳，包括用人单位的福利和各种其他的待遇即直接货币报酬（工资，包含津贴、奖金、红利、股票等），还有其他使员工获得利益和承认、满足个人需求的内容即间接货币报酬（包括各种服务和工资外待遇等）。

（2）薪酬水平受外部因素（当地的生活水平、劳动力市场的供求状况、企业的竞争环境、国家的法律和政策）、内部因素（企业的经营及财务状况、企业的理念与薪酬政策、企业的薪酬管理制度）和员工个人因素（员工的职位职务、员工的心理因素、员工的绩效状况）的影响。

（3）会展薪酬管理，是指会展企业针对员工所提供的服务来确定他们应当得到的薪酬总额、薪酬结构以及薪酬形式的动态管理过程。在这一过程中，企业必须就薪酬形式、薪酬体系和薪酬构成、薪酬水平及薪酬结构、特殊员工或群体的薪酬等做出决策。

（4）会展薪酬制度方案设计的流程：确定薪酬战略—岗位工作评价—市场薪酬调查—确定薪酬水平—确定薪酬结构及等级，这是一个动态的循环。

（5）会展企业在薪酬管理中，应遵循以下原则：合法性原则、公平性原则、经济性原则、及时性原则和动态性原则等。

（6）会展薪酬预算是指会展企业为实现既定的经营目标，在薪酬管理过程中所进行的一系列有关员工薪酬开支方面的计划、权衡、取舍和控制行为。薪酬预算对企业的财务状况有着重要影响，它可以清晰地反映出组织的人力资源战略，直接关系到企业的经营状况和员工的心理感受，所以具有相当的敏感性。

（7）薪酬预算的目的在于实现薪酬总额的控制，而薪酬控制的关键在于根据企业的实际情况确定一个合理的薪酬总额，然后以薪酬总额为标准，实施薪酬控制。

（8）会展薪酬沟通是指会展企业管理者与员工在互动过程中通过某种途径

或方式将薪酬信息、思想情感相互传达交流，并获取理解的过程，即管理者就企业在薪酬战略体系的设计、决策中就各种薪酬信息（主要指企业薪酬战略、薪酬制度、薪酬水平、薪酬结构、薪酬价值取向等内容及员工满意度调查和员工合理化建议）跟员工全面沟通，让员工充分参与，并对薪酬体系执行情况予以反馈，再进一步完善体系的过程。

(9) 会展薪酬管理手册内容主要包括：总则（说明编写该手册的目的、原则、依据及适用范围）、薪酬制度方案设计（根据同行业市场薪酬状况，确定对本企业具有激励作用的薪酬组成结构和薪酬体系，一般薪酬包括固定工资、绩效工资、加班工资、津贴和保险等，不同部门、不同层级针对工作内容的差异，制订不同的薪酬结构体系）、实施办法（制订薪酬实施细则，明确要求）等。

复习思考题

1. 薪酬的含义是什么？影响薪酬水平的因素有哪些？
2. 会展薪酬管理的含义是什么？会展薪酬管理主要包括哪几个方面的内容？
3. 试述会展薪酬制度方案设计的流程及方法。
4. 会展薪酬管理应遵循哪些原则？
5. 简述会展薪酬预算的方式及作用。
6. 以某个会展企业为对象，设计一套员工薪酬管理方案。

应用案例

高星级饭店的会议服务经理①

澳大利亚东部的高星级饭店（四、五星级饭店）的会议服务经理大部分是女性（66%），年龄在 26 岁到 35 岁之间。他们在会议有过 1～5 年的工作经历，并在目前岗位上工作了 1～2 年。她们大部分拿到了职业证书，在大学学习文凭课程并获得了职业资格。许多经理还参加了饭店内部的职业发展培训的学习计划，学习内容包括人员培训、领导技能和客户服务。有些经理还继续在大学学习以获得学位。

会议服务经理的工作职能主要有：

(1) 有效利用场地空间。

① 马勇，冯玮. 会展管理［M］. 北京：机械工业出版社，2006：209－210.

(2) 负责本部门的预算和成本控制。

(3) 保证为饭店的会议客人提供满意的服务。

(4) 将会议信息发布到饭店的其他部门。

(5) 负责会议服务部员工的招聘工作。

(6) 负责本部门的培训和督导。

(7) 与客户直接联系大会议室和多功能厅业务。

(8) 确保会议服务质量符合饭店服务质量标准。

会议服务经理必须具备以下能力：对不同的细分市场有深入的了解，熟悉各种会议服务，对饭店各部门的运营及员工职责有全面的了解。会议服务经理工作的两个突出特点是：工作时间长、需要与不同类型的客户打交道。

会议组织者与会场人员的关系主要通过会议服务部的员工和经理来协调。会议组织者认为会议服务部的工作对会议能否成功举办起着非常重要的作用，因为会议服务经理熟悉会议设施的优点和不足之处。因此，会议组织者通常会非常信任会议服务经理。在澳大利亚，许多会议组织者将会议举办场所改在他们信任的会议服务经理跳槽的饭店。对饭店管理者而言，如何为会议服务经理提供职责、挑战和更加丰富的工作内容的同时，能够让他们留在这个没有升职希望的岗位上是他们要面临的问题。有的饭店给会议服务经理更多的权力，让他们制订和完善会议运营管理和服务标准。此外，在会议服务标准和质量方面，饭店会议部被视为饭店集团的旗舰部门而得到高度重视。

思考题

结合案例，从薪酬管理角度考虑，如何留住会议服务人才？

第七章

会展人力资源培训与开发

学习目标

- 了解我国会展培训市场发展现状、存在的问题及未来前景展望
- 了解会展人力资源培训与开发的流程
- 掌握会展人员培训与开发的目标与原则
- 掌握会展人力资源培训与开发的技术与方法

关键概念

内部培训　外部培训　培训需求分析　培训评估　四层次模型

会展业在我国是一个新兴行业，与发达国家和地区相比还存在很大差距，其中包括会展人力资源的培养与建设。对于新兴产业来说，存在两个基本的矛盾需要解决：第一，会展作为新兴产业往往是依托于传统的旅游产业或国际贸易的发展而来，从业人员绝大多数都是转行人员，他们急需高端专业人士的培训；第二，会展行业的发展带来巨大的人才缺口，这推动了会展人才的培养，但是会展人才的培养者本身却都是非从业人员。因此，我们应该清醒地认识到：会展经济的快速繁荣与专业人才教育和培训相对滞后之间的矛盾，在未来较长一段时间内依然是主要矛盾。加快我国会展人力资源的培训与开发，坚持“高起点、高定位”的开发战略，发挥我国会展业的后发优势，这是我国会展业的必然选择。本章主要分析会展人力资源培训开发的基本概念、原则、流程与方法，并提供了若干文案范例。

第一节　会展人力资源培训与开发概述

一、会展人力资源培训与开发的含义

会展人力资源培训与开发是指会展企业为了促进组织目标与员工职业生涯目标的实现，从企业实际情况和员工发展需要出发，对员工的知识、技能、动机、态度和行为等所实施的有计划的教育、培训和开发等活动的过程。教育是指通过系统的、正规的、整体性的教学、训练和实习等活动来提高教育对象的素质，包括知识、能力、品德、态度等，使他们能胜任工作；培训是指在短期内，以掌握某些专业知识和技能为目的的活动，使员工具备完成某项工作所必需的技能；开发是着眼于组织未来的工作，要求对企业所需知识或技能进行人力资源投资的活动。及时地、连续地、有计划地培训开发人力资源，是保持和增进企业活力的可行、有效途径。

在传统的观念中，培训与开发是两个不同的概念，培训偏向于即时效果，而开发则指向未来收益。但是，随着培训在企业中地位的不断提高，培训越来越重视同企业发展和经营战略的契合，培训与开发的界限变得日益模糊。越来越多的企业认为，要想通过培训获得竞争优势，培训就不能仅仅局限于基本技能的训练，还要关注员工分析和解决问题的能力，满足现代企业对速度和灵活性的需求。同时，人力资源培训还应把知识的分享和创造性变成企业的文化，成为企业的核心资产。随着认识的深入，人们已经越来越习惯把培训和开发两者并称。

从某种意义上说，人力资源的培训与开发是一个组织学习活动和提高学习

效率的过程，是企业管理者和培训专家依据组织战略目标制定培训政策、筹划培训项目，并付诸实施的过程，这一过程的最终目的是实现组织和员工个人的双赢。会展人力资源培训与开发的含义，可以从以下几个方面来理解。

第一，培训与开发的全部工作都是为实现组织目标服务。培训与开发的任何一个项目，都应以利于组织目标的实现为标准。组织实施一项培训开发计划，必须准确地分析培训开发的目的、所耗费的成本、所能取得的收益，并能及时纠正实际培训工作的偏差，使组织的培训活动有效地促进组织目标的实现。

第二，培训和开发活动是员工职业发展的推动器。现代人力资源管理认为，员工作为组织成员，不但要为实现组织目标而努力，同时也会努力使自己的人力价值增加，使自己的职业能力增强，把自己推向更高的职业发展阶段。培训和开发活动能有效强化员工和组织之间的心理契约，不仅能够促使组织目标实现，而且能够提高员工的职业能力，拓展他们的发展空间。

第三，培训与开发是一种积极的管理工具。作为一种管理手段，培训与开发不是消极地约束员工的行为，而是积极地引导员工在成长过程中实现自身价值。管理者期望通过培训和开发活动促进组织目标的实现，这一过程必须通过影响员工在特定工作情景下的行为选择完成。如果说接受培训之后的员工工作绩效有所提高，那么这就是员工通过行为目标和方式的改进实现的。职工培训作为一种管理工具，也就是通过培训塑造员工的合理行为。

第四，员工培训和开发是一种重要的投资方式。现代人力资源管理把员工视为第一资源。培训和开发活动在增加受培训者人力价值的同时，也使企业所拥有的人力资本得以增加，资本增值能力得到提高。员工培训投资已经成为会展企业更有潜力、更有收益的投资方式，是企业保持持续竞争优势和竞争地位的重要手段。

二、会展人力资源培训与开发的原则

（一）理论联系实际原则

人力资源的培训与开发并非让员工简单学习理论知识，而是让员工学会如何将理论联系实际，有针对性地解决问题。因此，培训和开发必须坚持从企业的实际出发，与职位特点紧密结合，与培训对象的年龄、知识结构、能力结构、思想状况相联系，避免理论与实践的脱节；培训的内容切忌概念化、一般化，而应多采用“案例研究”“模拟练习”“角色扮演”等贴近实际的教学方法。同时，管理人员要积极引导员工如何将培训中学习到的知识技能运用到实际工作中。

（二）因材施教原则

由于会展企业准入门槛较低，员工水平参差不齐，差异较大，因此，不能对所有的员工都采用一种方法进行培训，而是要坚持因人而异、因材施教的原则。企业要针对每个员工的实际水平和所处的岗位要求展开培训，并且培训要有实际的效果。效果和质量是人员培训成败的关键。人员培训必须制订全面周密的培训计划，总结国内会展培训经验，借鉴国外会展培训的先进方法和手段。培训计划还要考虑员工的不同状况，选择不同的培训内容，采取不同的培训方式。

（三）统筹规划原则

培训与开发是一项长期的、经常性的工作，切忌盲目和随意。企业应根据其发展状况和人员的实际情况，制订短期、中期和长期的培训计划，有计划、有步骤地对各级各类员工进行培训，使组织的培训规划与组织、部门、个人的工作计划妥善地接轨，与人力资源开发与管理的各个环节密切相连。培训和开发要做到突出重点，对技术、管理骨干，特别是中上层管理人员要重点培训。对于年轻、素质较好，有培养前途的第二、第三梯队员工，要有计划地培养和开发。

（四）激励原则

员工的培训与开发工作需要与任职、晋升、奖惩、工资、福利衔接起来，通过组织的激励系统来推动培训工作的开展。培训结束后，组织有相应的奖酬机制来增强员工的士气；培训表现优秀的员工，有晋升或加薪的机会；等等。只有充分利用激励杠杆，让员工明白培训的目的，并感受到接受培训对自己的益处，才能进一步调动其积极性、主动性、创造性。同时，在培训过程中，培训者要善于把培训要求转化为员工的内在需要，运用激励手段，充分调动员工学习的积极性和主观能动性，启发员工进行观察、思考和探索，提高独立发现问题、分析问题和解决实际问题的能力。

（五）严格考核原则

严格考核是培训工作中必须坚持的一项原则。一方面，严格考核是保证培训质量的必要措施，也是检验培训效果的重要手段；另一方面，严格考核能增强员工的成就感，调动员工的积极性。同时，组织应依据培训考核成绩进行择优奖励，设不同的奖励等级，记入个人业务档案并与今后晋级挂钩。

（六）全员培训原则

会展企业员工的培训对象是企业全体员工，不是只针对普通员工或管理人员开展，还包括决策人员、管理人员、技术人员、业务人员、操作人员等。但是全员培训不等于没有重点，在实行全员培训的同时，应重点地培训一些技术和管理骨干，特别是中高级管理人员和关键技术骨干。

（七）反馈提升原则

员工的培训与开发应该是双向运作的，培训效果的好坏最终应是由员工来评定。员工反馈的信息越及时、越准确，就越有利于提高培训的效果。因此，企业要通过与员工在教与学的互动交流中不断调整培训目标和培训课程，提高培训的针对性和效率性。

上述原则是整个培训与开发过程中所必须遵循的原则，它不仅涉及人员培训开发的方法、内容、目的和效果等方面，而且各项原则之间是相互联系和影响的，因此会展人力资源培训与开发活动应全面坚持上述原则才能收到实效。

三、会展人力资源培训的类型

（一）企业内部培训

企业内部培训是指在工作岗位上提供的培训。这种类型的培训往往以师傅带徒弟、以会代训、工作总结等形式进行，这种培训主要通过内部员工之间的互相影响和反馈进行。企业内部常用的培训形式有：员工技能轮训、强化培训、管理知识培训、领导能力提升培训等。

1. 员工技能轮训

员工技能轮训是指对企业内部所有员工进行分阶段集中学习。培训内容固定，企业员工分期分批参加，主要是要求员工脱产学习。组织者在组织此类培训活动时，对讲师所讲内容有严格的规定，安排专人管理，有专门的时间安排和财务保障。这种方式适合组织内的基层员工，往往在企业迫切需要提升员工的工作质量时采用。这是一种提高员工整体素质较有效的方式，尤其是在较大的企业里采用此方式培训效果显著。员工轮训的缺点是对员工的工作有一定影响，需要组织者提前做好准备，如果企业有自己的培训基地，对员工进行集中封闭式培训效果更佳。

2. 强化培训

强化培训主要针对员工技能的提升而开展的培训，带有突击、强化的特点。要求集中员工在有限的时间里必须要达到一定的效果。此类培训的内容不多，以专题的形式开展，要求员工在短时间内掌握，对所培训内容要求讲师或组织者事先设计好。例如，企业引进生产线或技术，要求员工在尽可能短的时间内掌握生产或技术。

3. 管理知识培训

管理知识培训是为了储备企业干部而进行的培训。企业在发展进程中，有的员工会从普通工人走上管理岗位，但可能管理知识缺少，很难胜任工作，此时进行管理知识培训尤其必要。

4. 领导能力提升培训

领导力是企业发展的关键。在管理知识培训的基础上，还需要针对公司中、高层管理人进行领导能力提升培训。

（二）企业外部培训

企业外部培训是指公司为开展新业务而无法以内部培训方法解决人力资源需求时，选派员工到专业的培训公司或机构进行的培训。外部培训一般都会选择有一定知名度和实力的培训公司来操作。一般而言，在组织内部培训资源有限的情况下，外请一位培训人员来协助培训更能节约成本；在组织没有足够的时间，没有较好的内部培训人才和培训开发能力时，或当人力资源部门不具备所需培训主题的专业水平时，外部培训是首选。同时，外部培训可以给本公司员工与其他公司员工提供广泛的交流和学习的机会。

外部培训的优点：可以将外部的一些好的经验和理念带到企业当中来，企业的员工也乐于接受。不足：费用比较高；员工身价提高，有跳槽风险。

1. 外部培训机构的选择

在培训服务供应商的选择上应确立评价供应商的指标体系，评价维度包括培训服务供应商的品牌与知名度，培训服务供应商的企业规模，个性化的课程设计方案等。

2. 培训师的选择

培训师的选择对企业培训成败起着至关重要的作用。对培训师资质的考察包括以下几个方面。

（1）教育背景。培训师的理论水平、教育经历、实践水平（大型企业从业经历等）。

（2）社会评价。如果对要聘请的培训师没有充分的了解，可以与以前其培训过的企业的人力资源管理专员进行沟通，咨询其讲课的能力与效果。

（3）讲课风格。培训之前要与培训师进行沟通，了解其讲课风格与方式是否适合本企业的企业文化，所使用的是否是企业所欢迎的语言；能否深入浅出地讲解理论知识，有效地传播企业真正需要的知识和技能。

3. 合同的签订

培训合同的签订是本着发展长期的合作伙伴关系为出发点，以获得双赢。合同的重要内容包括合同期限、培训项目、培训目的、培训评估手段、双方权利义务、培训费用与支付条款、培训无法实施的条款、保密协议等。最后，由企业的法律顾问对合同进行审查。

四、会展人力资源培训与开发的作用

加强人力资源培训与开发，是一项具有深远意义的战略决策。人力资源培训与开发的作用主要体现在以下几个方面。

（一）有利于提高员工的专业能力

会展企业组织员工培训的直接目的就是提高员工的专业知识水平、技能水平，改进员工的工作态度等，使之能够更好地胜任本职工作。企业的培训与开发对在职员工来说，可以使他们提升专业技能，增加晋升的潜力，跟企业保持同步发展；对新员工来说，可以使他们在短期内熟悉工作环境、了解组织文化，获得新岗位所需的基本知识与技能。会展业是新兴产业，通过培训来提升员工的专业能力是最重要的渠道之一。

（二）有利于提高会展企业工作效率

现代人力资本理论认为，企业员工的智力、技能、经验和品德是企业人力资源质量的重要组成部分。提高员工的智力水平、专业技能、品行道德，已经成为企业提高员工工作效率的关键。通过培训，员工掌握了与工作有关的实际知识和技能，在短时间里知识和技能都得到较大提高，使得员工对自己岗位的工作更加熟练，从而提高和改善工作质量，包括生产过程质量、产品质量与客户服务质量等。同时，培训能改进员工的工作表现，降低成本；增加员工的安全操作知识；提高员工的劳动技能水平；增强员工的岗位意识，增加员工的责任感，规范生产安全规程；增强安全管理意识，提高管理者的管理水平；拓展了知识面，提升了工作兴趣等。这些都对提高员工的工作效率有重要影响。

（三）有利于员工的自我实现

马斯洛的需要层次论认为，生理、安全的需要是人较低层次的需要，而自我实现的需要是人较高层次的需要。绝大多数员工工作的目的在于追求高层次的需要，实现自我价值。培训与开发能够提升员工知识水平与技能，使其适应或接受具有挑战性的工作与任务，从而有效地激发员工自我实现的意愿，实现自我成长和自我价值。这不仅使员工在物质上得到满足，而且也能得到精神上的成就感。

（四）有利于企业文化的传播和发展

企业文化包括企业哲学、企业价值、企业精神、企业制度等无形的意识形态，及与之相适应的文化结构。企业文化具有导向功能、凝聚功能和优化调节功能。企业文化是企业得以延续发展的根基，优化企业文化更是企业良性发展的有力保障。培训与开发是传播和发展企业文化的重要途径。企业通过对员工综合培训，能够使员工树立企业的理念和文化，使企业培训的收益能达到最大值。

（五）有利于企业核心竞争力的提升

在以知识经济资源和信息资源为重要依托的新时代，智力资本已成为获取生产力、竞争力和经济成就的关键因素。企业的竞争不再依靠自然资源、廉价的劳动力、精良的机器和雄厚的财力，而主要依靠知识密集型的人力资本。通过培训和开发，不但可以培养高素质的人才，开阔选拔人才的视野，并使其智力资源得以深入开发和有效利用，提高了企业新产品研究开发能力，而且还可以建立人力资源储备库，为组织实现人才的梯队开发，全面提升会展企业的人力资源核心竞争优势。

第二节　会展人力资源培训与开发的流程

会展人力资源培训和开发是一个有目的、有计划、有组织的过程，具体包括培训和开发的计划制订、实施和评估三个阶段。培训与开发的系统模型图如图 7－1 所示。

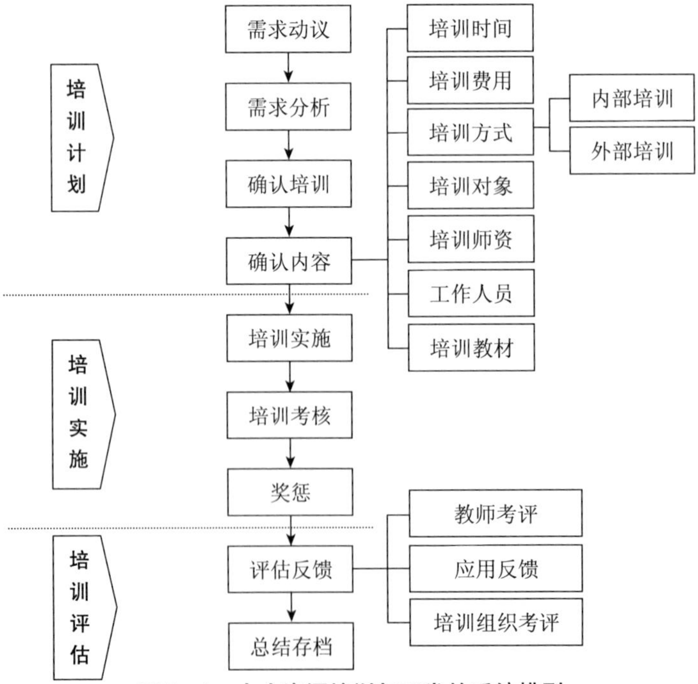

图 7－1　人力资源培训与开发的系统模型

图7－1中，培训的计划、实施到评估三个阶段，实际上涵盖了培训需求的分析，培训对象的确定，培训内容、方式、费用等设计，培训实施与评估等一系列具体环节。在流程上，还涉及各个部门的配合，相关文件的报批等。人力资源培训与开发的一般流程如图7－2所示。

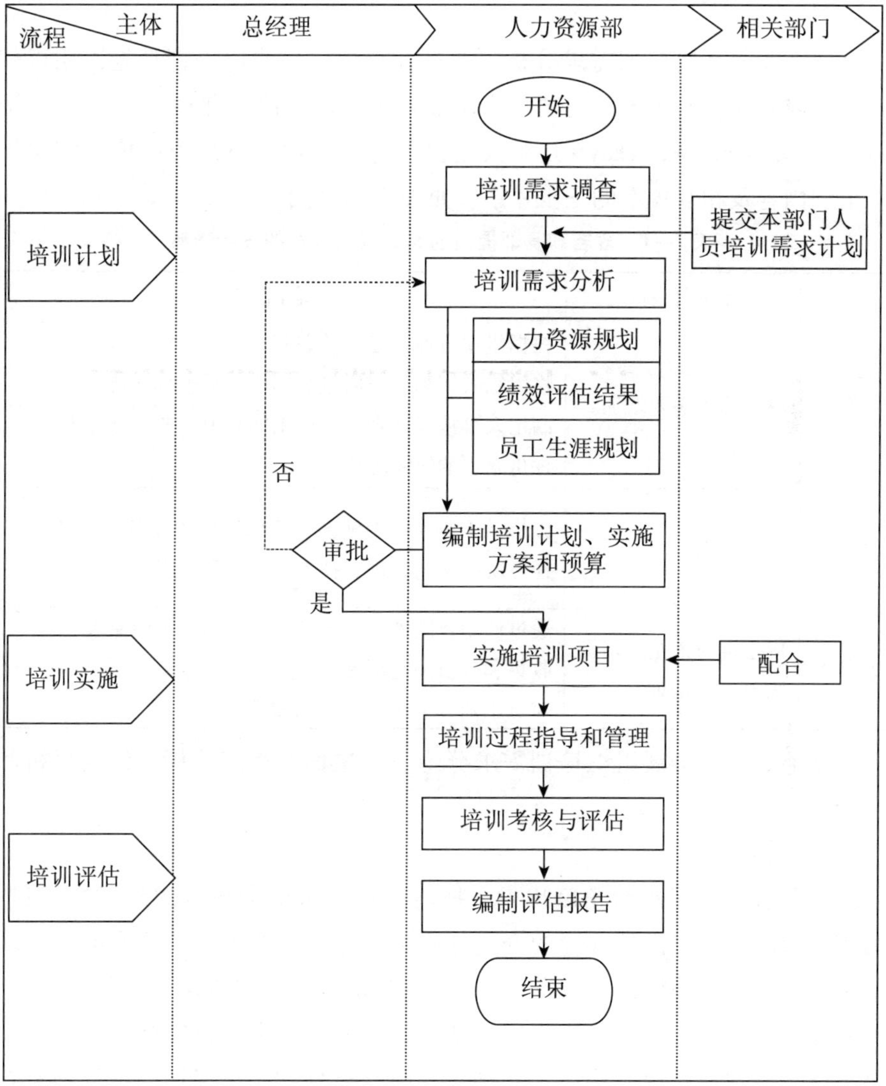

图7－2　人力资源培训与开发的一般流程

一、培训计划

培训计划的制定是会展组织人力资源培训与开发工作的首要环节，该环节需要进行培训需求的调查与分析，确定培训目标和对象，选择培训方法，进行培训项目人员安排，培训方式选择、场地、师资、课程体系设计等，最后制定培训计划，报请领导审批。

（一）培训需求分析

会展企业要开展培训需求分析，通过综合评估，作出培训计划，用以解决企业当前或未来将会出现的问题。培训需求分析理论1961年由麦吉（W. Mcgehee）和赛耶（P. W. Thayer）等人提出。这是一种通过系统评价确定培训目标、培训内容及相互关系的三步体系。如表7－1所示。

表7－1 麦吉和赛耶提出的培训需求分析的三步体系

分析	培训目标	培训方法
组织分析	决定哪里需要培训	根据组织目标、经营计划判定知识和技术需求 将组织效率和工作质量与期望水平进行比较 制定人事接续计划，对员工的知识、技术进行审查 评价培训的组织环境
任务分析	确定培训内容	分析员工业绩评价标准、要求完成的任务和成功地完成任务所必需的知识、技术、行为和态度
人员分析	确定谁应该接受培训 需要什么培训	通过使用业绩评估，分析造成业绩差距的原因 收集和分析关键事件 对员工及其上级进行培训需求调查

根据上表，将会展组织培训需求分为三个层面：组织分析、任务分析和人员分析。①

1. 组织分析

组织分析就是从组织角度出发，把对培训需求的分析与组织战略、目标、人力资源状况、组织内外环境的变化等联系起来，对会展组织现有的和要求的能力之间进行差距分析，从而确定是否需要培训以及培训与开发的重点。

首先，要透彻理解组织战略，预测企业未来在技术、组织结构及业务上的发展方向，以判断企业哪些员工和哪些部门需要培训，以保证培训计划符合组织的整体目标与战略要求。其次，通过对企业过去或当前记录的资料，如员工培训、出勤、纪律、满意度调查等记录的分析，了解企业的人力资源数量与质量。

---

① 袁亚忠. 会展企业管理［M］. 广州：中山大学出版社，2010.

2. 任务分析

任务分析旨在发现岗位的重要任务及为确保岗位绩效所必需的、与具体任职要求相对应的知识、技术与能力，从而确定培训的内容。任务分析的第一步就是要确定职位的各项培训任务，精细定义各项任务的重要性，频次和掌握的困难程度等，然后分析完成该任务所需具备的任务条件，如需掌握的知识、技术和能力等。通过对任务的分析，可以判断员工是否需要培训以及应接受哪些类型的培训。

3. 人员分析

人员分析是从员工实际出发，分析员工现有能力与完成任务的要求之间的差距，鉴别培训因素和非培训因素的影响，从而确定培训是否适合。会展企业的人员分析包括对新员工和现有员工的分析。对新员工进行培训需求分析时，主要是了解其所拥有知识、技术、能力等与新岗位要求之间的差距，确定培训内容。对现有员工进行分析，确定员工现有的实际工作绩效水平与企业规定的绩效标准之间是否存在差距。如果存在差距，通过培训能否弥补，采用哪一种培训方式来弥补等。

培训需求分析是科学制定培训计划的第一步，它可使我们获得“谁需要培训”和“受培训者需要学习什么”等方面的信息，包括受训者通过培训要完成的任务、知识、技能、行为方式和其他工作要求。需求分析还可帮助我们决定是从供应商或咨询者那里购买培训，还是利用内部资源自行开发。其中，明确“受训者应该学些什么”对确立学习成果和目标并形成完整的培训项目设计至关重要。

（二）设定培训目标与对象

根据会展企业的总体战略和人力资源的总体计划，并根据企业的需求，制定企业员工培训和开发的总体目标，然后把这个总目标按照各个阶段、各个培训计划细分为若干个分目标，以使员工培训的总目标分段化、具体化。一项培训目标一般由三项要素构成，即组织期望员工做什么，组织可以接受的绩效水平是怎样的，受训者在何种条件下有望达到理想的培训效果。对培训目标界定得越精确、越详细，就越易于进行后面的活动。

培训对象是要确定培训谁的问题。除了那些普遍性的观念性培训外，企业必须经过一定的分析来确定被培训对象。具体应考虑以下几个因素。

①一个培训项目所能容纳的人员数量。

②培训的内容、培训时间，以及所要解决的问题。

③被培训的员工的潜力。

其中，第三点最为重要。因为培训要付出一定的成本，这些成本一定要用在有潜力的人员身上。如果学员的可塑性较差，跟不上培训进度，不仅达不到培训的目的，而且对他的投资将大大增加企业的经济负担。参加培训的学员可由各部门推荐，或自行报名，再经甄选而决定。

（三）培训计划的内容

1. 培训方式的选择

根据培训目标和对象，选择相应的培训方式：内部培训还是外部培训？在职培训还是脱产培训？集中培训还是分散培训？

2. 培训机构的选择

以什么标准选择培训机构？有哪些可供选择的培训机构？它们之间各有哪些优势和劣势？

3. 培训教材的选择

有无现成的教材？教材是否需要修订？如果没有教材，如何选定教材？由谁来选定教材？

4. 培训内容

根据培训需求分析和培训对象、目标确定培训内容，选择或者开发相应课程体系。

5. 培训师资的选择

是选择内部培训师还是外部培训师？培训师的教学风格与教学水平如何？是否需要提前对培训师进行培训？

6. 培训预算

培训预算主要包括：培训经费来源，经费的各项支出，预算在培训项目上如何分配？如何处理预算和计划的冲突？预算如何管理？

7. 考核方案

谁进行考核？何时进行考核？如何考核？考核内容是什么？考核结果的使用，奖惩措施；等等。

8. 培训时间安排

培训时间的安排需要考虑以下因素。

①员工的工作时间状况；

②培训时间的长短；

③培训时间和培训内容、方法相匹配；

④课程时间要合理。

（四）培训课程的设计

1. 培训课程开发与设计的原则

（1）目的性原则。培训课程开发与设计必须紧紧围绕培训的目的来进行，这是最基本的原则。会展企业在不同时期由于其发展目标、任务不同而有不同的培训目的。培训者必须深入了解企业发展实际，针对企业发展需要进行培训，才能充分发挥培训功能。因此，在培训课程设置上必须针对企业发展需要，才能做到有的放矢，增强培训效果。

（2）实用性原则。会展企业的培训教育不同于普通的学校教育，会展企业是对专业人员的培训，突出培训的实用性。因此，培训课程关注的不是知识的系统性，不能从概念到概念，从理论到理论，而应该突出实用性，在培训内容的编排、教学模式与方法的选择、教师的配备、教材的准备等方面与工作实际密切联系，以方便学员的学习。

（3）实效性原则。在市场经济条件下，培训是企业经营活动的一个重要组成部分，要求在较短的时间内，通过培训提高职工岗位工作能力，进而促进企业发展，这就要求在课程设置上突出实效性，使学员在学习之后能用、会用。培训者应及时了解企业生产、技术发展状况和人员技能情况，以应用为目的，以必需、够用为度，干什么、学什么，缺什么、补什么。培训课程必须与企业实际相结合，与职工岗位技能要求相一致，学员通过培训可以在较短时间内，把所学知识、技能应用到工作岗位，提高工作效率。

（4）全面性原则。培训课程开发与设计的目的是更好地实现组织目标。作为一个整体，企业培训与开发的对象包括企业所有的员工，进行全员开发才能全面提高企业的员工素质。在企业中，不同层次的人员由于所处的环境和工作内容不同，对相同学科和技术所掌握的程度有所差异。培训对象的层次不同，所在的工作岗位也不同，而不同的岗位对其知识、技能要求又不同，要达到的目标也不同。因此，还应该进行重点开发，分类、分层次进行。在课程设置上应充分考虑受训者所在的岗位及技能要求，了解学员的学历层次、知识层次、岗位层次，有针对性地设置课程内容，增强培训的针对性，使受训者在培训期间最大程度丰富自己的知识，拓展岗位技能。

（5）超前性原则。随着科技的进步，经济的发达，各种新技术、新业务迅猛发展，层出不穷。培训要紧跟企业发展水平，增强新知识、新技能、新业务学习的课程设置，但超前要适度，不能一味求“新”、求“奇”，而不顾企业发展实际。培训者要充分了解企业目前发展的实际，研究企业发展趋势。培训课程设置既要与企业目前的技术、业务发展的水平相适应，使学员通过培训提高岗位工作能力；又要适应企业发展需要，满足一定时期内企业发展对员工素质的要求。通过培训员工能够学习新知识、掌握新技术，适当增加拓展能力，为企业的可持续发展积累后劲。

2. 培训课程设计的基本要素

在进行课程设计时，根据课程的宗旨，通过对课程要素的不同选择和处理，就可以设计不同的课程。常用的课程要素有以下几点。

（1）课程目标。课程目标要根据企业的需要和岗位的要求而定。课程目标提供了学习的方向和学习过程中各阶段要达到的标准。

（2）课程内容。课程内容以实现课程目标为出发点去选择并组合，要注意课程内容的顺序和范围上的安排。顺序是指内容在垂直方向上的组织；范围指课程内容在水平方向上的安排。课程内容可以是该职业领域内的概念、判断、思想、过程或技能。

（3）课程教材。教材要切合学员的情况，能够提供足够信息，合理安排教学内容。在学科课程中，教材是最常用的，所以教材的内容要丰富，针对性、实用性、操作性要强。

（4）课程模式。课程模式主要指的是学习活动的安排和教学方法的选择，旨在促进培训者的认知发展和行为变化。这些安排和选择要与课程明确的或暗含的目标和方向直接相关。好的执行模式能有效地体现课程内容，并采用配套的教学方法。

（5）课程策略。课程策略即教学策略，常作为学习活动的一个内在组成部分，与学习活动有同样的目的。注重教学程序的选择和教学资源的利用。

（6）课程评价。课程评价是对课程目标与实施效果进行的评价，用来确定学员在多大范围和程度上掌握了学习内容、在什么程度上达到了课程的行为目标。学科课程的评价重点放在定量的测评上，衡量可以观察到的行为。

（7）教学组织。教学组织主要是指教学中学员的组织形式，可以是集中授课，也可以是分组讨论。分小组教学经常被课程设计者运用，分组教学为“因材施教”的个性化教学提供了某种可能。

（8）课程时间。课程设计者要巧妙地配置有限的课程时间，教师要使学员在整个课程执行期间积极地参与学习活动，把课堂时间看成是最有价值的。

（9）授课场地。这里的授课场地主要是指教室，或其他培训现场。

（10）学员。

（11）组织者。

二、培训实施

培训实施，是指在企业培训组织管理部门或岗位人员的组织下，由培训教师实施培训，并由该培训项目的组织管理责任人组织考核和考评。

（一）培训准备

培训准备阶段，需要注意以下事项。

（1）培训场所与设施的准备。培训场所直接关系到培训效果，因此培训经理应当慎重选择。必须提前到培训场地现场考察，对场地的大小、通风、空调、噪音、安全等情况仔细检查，同时对桌、椅、黑板、麦克风、投影仪等相关设施器材提前做好准备。

（2）落实培训费用。提前做好培训预算工作，需要落实培训师的交通费、授课费、教材费、餐费、资料等培训经费。

（3）通知培训对象。为了使培训对象对培训课程提前有所了解，应提前通知培训对象，把培训的相关事宜及早告知他们，使他们做好准备。

（4）培训资料的准备。提前做好培训资料的准备工作，包括购买教材、打印培训大纲或讲义、编排课表、印制学员名册和培训须知等。如果是集中培训，还需要准备好集中住宿管理的安排文件等。

（5）联络培训师。培训需要哪些专家，安排专家在哪一天讲课，这些都要提前安排。要及时和专家沟通讲课时间、讲课地点、讲课内容、讲课要求；要提前对培训师的教学大纲进行审核，做好培训师的接待方案等。

（6）其他准备工作。培训正式开始之前，除了上述准备工作以外，还要做好突发事件的应对准备，以及其他相关事宜。

（二）培训介绍

在培训对象、培训师、培训场地、经费等安排就绪以后，培训正式开始之前，一般都要对培训学员介绍培训的整体情况。内容包括以下几点。

（1）培训主题。向培训对象介绍本次培训的主要目的、目标、主题、内容和期待，等等。

（2）培训课程。主要介绍培训课程的目的、意义、要求和方法。

（3）培训讲师。一般地，培训讲师可以是讲课人自己介绍，也可以是培训组织者来介绍。

（4）培训日程。向培训对象介绍培训的日程安排，如果有考试或考核安排，要提前告诉学员，以提高他们的注意力，促进其学习和准备。

（5）培训纪律。宣布培训的规则和纪律，如考勤、食宿安排、交通安排、上课的要求等。

（三）课前准备

（1）茶水准备。准备学员和培训师的饮用水和各种饮料，根据培训内容安排合适的音乐，为培训营造合适的氛围。

（2）学员签到。学员报到应在专门的签到表上签到，签到表的设计要包括姓名、部门等简要信息，并安排专人负责学员的签到，以掌握学员出勤情况。

（3）学员心态引导。学员从工作状态转到培训状态，在心态上有个调整的过程，可以通过课前的会议和讨论来帮助学员尽快完成适应上课，为开始培训做好准备。

（4）课程讲解。培训负责人在专家讲课之前，要以讨论会等形式与受训人员进行交流，讲解将要学习的课程、具体的学习安排和各个环节的内容和目的意义等。

（四）课程管理

（1）课前准备。课前准备包括上课前和培训师的联系；培训教室及设备的准备；学员座位的安排；培训教师的休息室安排等。

（2）课中安排。课中安排包括教室环境的准备和布置；要求学员电话静音；引导并介绍培训师；注意上课纪律；旁听讲课；课堂录音录像；休息时间对培训师的服务；培训师的食宿安排等。

（3）课后安排。在培训师授课结束后，要简要归纳总结，对培训师表示感谢，同时还要和培训师交换意见，把意见记录下来。最后，要将课酬等费用与培训师结清后致谢，并送走培训师。

（五）培训评价

培训师的课程讲授环节结束，还要做一些考核评价的工作，包括以下几点。

（1）培训考核。对培训对象的培训效果进行考核，主要通过考试、写论文、答辩、案例分析等方式进行。

（2）培训师评价。组织学员对培训师授课效果进行评价，开展满意度调查，调查结果用于下一次培训邀请培训师的依据。

（3）培训意见反馈。听取学员的意见，通过座谈、问卷等形式收集学员对培训工作的反馈意见。

（4）结业仪式。结业仪式的致辞，颁发结业证书，培训总结，培训代表致辞，宣布培训结束。

（5）学员送别。全体培训工作人员应给培训对象送行，对培训对象在培训期间的努力和合作表示谢意。

（6）整理工作。培训结束后，还有对培训场所的器材、设备进行整理，出现故障的要及时修理，外借的要及时归还，培训课程资料要及时整理归档，评价材料要及时整理分析。

（7）培训总结。全体培训工作人员要对整个培训做全程回顾总结，找出问题和不足，并提出下次培训的改进意见。

（8）培训跟踪。培训结束后，培训对象在知识、技能和能力态度上是否有所提高，培训工作人员要及时到培训对象所在部门了解情况。同时，还可以征求培训对象的意见，及时跟踪培训效果。

三、培训评估

培训评估是培训开发活动的最后一个环节，这一环节主要是对培训开发是否达到预期效果进行评估，并且对以后的培训提出改进与优化建议。

培训评估应包括两方面内容：过程评估和结果评估。过程评估是对整个培训过程（需求分析、计划和设计、实施阶段）进行评估；结果评估是对培训是否达到预期目标进行评估，判断培训的有效性。

（一）过程评估

1. 培训计划的过程评估

主要针对培训计划环节的需求分析和计划制定过程进行评估，检查是否存在可能导致培训无效的各种问题。评估内容包括以下几点。

（1）对培训需求分析的有效性进行评价。根据需求分析中已形成的分析报告或相关文件，检查各种收集信息的渠道及其使用是否存在问题，检查确定的培训需求是否准确。

（2）对确定的培训目标进行评价。检查确定的培训目标是否准确、恰当地反映了培训需求，即存在的知识、技能和态度方面的差距是否在培训后缩小了。

（3）对培训方案的设计进行评价。分析设计的培训项目是否能实现相应的培训目标，所采用的培训方法是否适当。

上述评估内容，每一项都需要设计若干问题，并寻求确切的答案，以准确评估培训计划环节的各项工作的有效性。表 7－2 是培训计划的过程评估所涉及的各项问题。①

表7－2 培训计划的过程评估检查问题

培训计划的过程	评估检查的内容
培训需求分析的有效性	• 通过哪些渠道收集培训需求的信息？ • 培训需求诊断是否准确？ • 是否明确了存在的知识、技能等方面的差距？ • 是否对学员必备的知识、技能和态度进行了评价？
培训目标设定的准确性	• 培训需求是否转化成了培训目标？ • 所有的培训目标都明确了吗？ • 培训目标的表述是否清楚、恰当？ • 是否建立了达到培训目标的判断标准？
培训方案设计的科学性	• 培训设计是否考虑了个体差异？ • 采取了哪些激励学员学习的步骤？ • 为使学员关注关键的学习项目，采取了哪些步骤？ • 是否包含利于培训内容回顾和转化的措施？ • 提供了哪些练习、实践的机会？ • 采取了哪些确保培训成果向工作转化的行动？ • 针对每一项培训目标，是否采用了适当的培训方法？

培训计划的过程评估，可以在培训计划实施前进行，也可以在培训结束后进行，实施前进行评估，可以检查需求分析和方案设计中是否有遗漏和可能存在的问题，并加以补充、修正；培训后进行，可帮助确定导致培训无效或效果不尽如人意的原因。

2. 培训实施的过程评估

培训实施的过程评估是以确定的培训方案为基础，结合培训实施的跟踪记录和学员的反馈，将实际的实施情况与计划相比较，找出培训实施过程中出现的问题的评估活动。评估的内容包括培训计划的执行情况，培训时间的执行情况，培训过程中学员的参与度等。

培训实施的过程评估主要针对培训计划确定后的实施各环节，因此属于事后评估。通过培训实施的过程评估，可以找到培训实施中的成功经验，也可以对实施中存在的问题进行追踪定位，寻找到导致培训失败的可能原因，帮助培训教师和培训工作人员总结成功的经验和失败的教训。表7－3是培训计划的过

① 郭京生，潘立. 人员培训实务［M］. 北京：机械工业出版社，2010：175.

程评估所涉及的各项问题。①

表7－3　培训实施的过程评估检查问题

培训实施的过程	评估检查的内容
教师讲授	• 培训的讲授环节是否有效？ • 是否鼓励学员参与？ • 是否有效地采用了提问的方式？
培训方法	• 培训教师是否适当地实施了各项培训方法（案例研究、角色扮演、游戏等）？ • 使用的培训方法解释清楚了吗？ • 是否安排了足够的时间进行练习？ • 学员是否按教师的指导去做？ • 练习结束后是否进行了讨论和总结？
课程执行	• 培训教师是否执行了培训计划和课程设计的要求？ • 是否每一项目都安排了足够的时间来完成？
培训管理	• 是否有培训时间管理计划？ • 是否严格按照培训计划进行？ • 培训管理是否到位？有无遗漏环节？ • 学员对培训工作的满意度如何？

（二）结果评估

培训结果评估中，应用最为广泛的是威斯康星大学教授柯克帕特里克（Donald Kirkpatrick）于1959年提出的“四层次评估模型”。柯克帕特里克把培训评估内容分成四个层次。

（1）反应层次。即一级评估，是培训评估中最低的层次。可以通过对受训者的情绪、注意力、兴趣等研究，得出受训者对培训的看法和态度，这一层次的评估通常采用调查问卷的形式。

（2）学习层次。即二级评估，该层次的评估主要是用来了解受训者通过培训学到了什么。主要采用书面测试、操作测试、等级情景模拟测试等评估方法。

（3）行为层次。即三级评估，行为层次的评估是用来测定受训者在日常工作中是否自觉运用了培训所学到的知识和技能。主要依靠上下级、同事、客户等相关人员对受训者的业绩进行评估来测定。

① 郭京生，潘立．人员培训实务［M］．北京：机械工业出版社，2010：176.

（4）效益层次。即四级评估，用来判断培训后员工工作业绩提高的程度。具体可以通过事故率、产品合格率、产量、销售量等指标来进行测定。该层次的评估需要采集大量的数据，对企业来说有一定的困难。

根据四层次评估模型，一级评估在培训中进行，二级评估在培训中和培训结束时进行。三级评估在培训结束三个月之后进行，或在工作中实施与培训内容相关的工作中进行。四级评估在培训结束半年、一年后从工作绩效中进行评估或在与培训内容相关的绩效考核中进行。前两个层次主要是对培训进行中的结果进行评估，而后两个层次主要是对培训完成后的结果进行评估。但是由于这一模型没有给出具体的评估方法，因此，难以对培训效益进行定量的评估。

第三节　会展人力资源培训与开发的方法

适当的培训方法对培训的开展至关重要。本节主要介绍演示类、模拟类、研讨类、实践类和网络类等五个基本类型的培训与开发方法，在会展人力资源培训与开发的过程中，可以有针对性地运用这些方法。

一、演示类培训与开发方法

（一）课堂讲授法

讲授法一般是指教师以语言为主在课堂上向学员们进行知识内容的讲解传授，同时辅以文字、图形、问答等形式的培训方式。讲授法以课堂讲授为主，是一种应用广泛的传统培训方法。讲授法对培训教师的要求比较高，培训教师要具有一定的培训资质，丰富的知识、经验和技巧。

讲授法的主要优点：①简单，易于操作；②经济高效，在相对较短的时间内能向一大批人提供大量的信息；③适合于系统地进行知识的更新和传授，常被运用于一些理念性知识的培训。

讲授法的主要缺点：①学习效果易受培训教师的讲授水平影响；②主要是单向性的信息传递，学员处于被动的位置，不容易调动其积极性；③不同员工有不同需求，课堂讲授法很难一一满足员工需求；④过于依赖讲授法，可能会让知识流于形式，而难于转化到实际工作中。

（二）视听法

视听教学使用的媒体包括投影胶片、幻灯片和录像（或者DVD、VCD）。它可以用来提高受训者的沟通技能、谈话技能和顾客服务技能。但是，视听方法很少单独使用，通常与讲授法一起向受训者展示生活和工作中的实际经验和例子。

视听法的优点：

①培训者可以重播、慢放或快放课程内容，可以根据受训者的水平来灵活调整培训内容；②可以让受训者接触到不易解释说明的设备、难题和事件，如设备故障、顾客抱怨或其他紧急情况；③受训者可接受相同的指导，使项目内容不会受到培训者兴趣和目标的影响；④可以让受训者亲眼看见自己的绩效而无须培训者过多的解释。

视听法也存在一些不足：①视听材料的内容不好掌控；②视听材料中的表演效果会削弱信息的可信度及明确性；③视听材料剧情过于复杂，使受训者无法弄清培训中要强调的学习重点等。

二、模拟类培训与开发方法

（一）角色扮演法

角色扮演法是指在一个模拟的工作环境中，指定参加者扮演某种角色，借助角色的演练来理解角色的内容，模拟性地处理工作事务，从而提高处理各种问题的能力。作为一种有效的模拟训练方式，在涉及人际关系的培训中几乎离不开它。此外，在决策、管理技能、访谈等培训中也常常使用。

角色扮演法可以分为两类：一类是结构性角色扮演，角色扮演的条件、问题是预先设计好的，是从普遍的管理问题中抽象出的特例；另一类是自发性角色扮演，使学员在学习过程中学会发现新的行为模式，减少在人际交往中的拘束感和过强的自我意识。这种方法要求学员在一个模拟的日常工作环境之中扮演不同的角色，并按照实际工作中应有的权责来担当与其实际工作类似的角色，使他们真正体验到所扮演角色的感受与行为，并进入角色情景去处理各种问题和矛盾。通过角色扮演，学员能较快熟悉自己的工作环境，了解自己的工作业务，掌握必需的工作技能，尽快适应实际工作的要求。学员扮演的角色往往是工作中经常碰到的人，如上级、下属、同事、公众等，处理的事也常常是实际工作中可能遇到的具体问题。

此方法强调参与者实际作业，使每一事项都成为一种不同技巧的练习，确保每一事项均能代表培训计划中所训练的目标行为。学员与导师之间的互动交流充分，可以提高学员培训的积极性。特定的模拟环境和主题也有利于增强培训的效果。学员通过模拟后的指导，可以及时针对自身存在的问题进行改正。

（二）管理游戏法

管理游戏是指受训者在一些仿照商业竞争规则的情境下收集信息并对其进行分析，作出决策的过程。培训往往以小组形式进行，需要全组学员的通力合作才能够取得游戏的最终胜利，能够在不知不觉中增强他们的领导才能及团队精神。而且，由于学员在决策过程中会面临更多实际的矛盾，决策成功或失败的可能性都同时存在，需要学员积极地参与训练，运用有关的教育理论与原则、决策力与判断力对游戏中所设置的种种遭遇进行分析研究，采取必要的方法去解决问题，争取游戏的胜利。

管理游戏法的主要优点：①能够激发受训者的学习动力；②能够帮助团队队员迅速构建信息框架以及培养参与者的团队合作精神；③游戏采用团队方式，有利于营造有凝聚力的团队；④与其他方法相比，管理游戏法显得更加真实。

管理游戏法的不足：①缺乏决策制订的新奇性或反应性；②开发和管理的成本高；③一些模型的不现实，许多参加者只是寻求赢得游戏而不是集中精力作出好的决策。

三、研讨类培训与开发方法

（一）案例研究法

案例研究法是把现实中的真实情景加以典型化处理，编写成供学员思考和决断的案例，让学员进行分析和评价，并提出解决问题的建议和方案，从而提高学员分析问题和解决问题能力的一种培训方法。案例研究法为美国哈佛大学管理学院所首创，目前广泛应用于企业管理人员，特别是中层管理人员的培训。

案例研究法的主要优点：

①教学方式生动具体，直观易学；②学员参与性强，可以变学员被动接受为主动参与，有利于调动学员的学习积极性；③将学员解决问题能力的提高融入知识传授中，有利于使学员参与企业实际问题的解决；④可以开发学员在有效沟通和积极参与方面的能力。

案例研究法的主要缺点：①案例所提供的情景毕竟不是真实的情景，有的甚至与真实情况相去甚远，从而可能会影响培训效果；②案例的来源有限，并且编写一个好而合适的案例不容易做到；③对培训教师和学员的要求都比较高；④效率相对较差，费时费力。

（二）研讨会法

研讨会法是以教学主体的多元平等、培训过程的高度互动为特征的培训方法。与讲授法相反，讨论法尽管背后有教员的精心设计和指导，但就表现形式而言，教学过程的参与主体是多元而平等的，每个学员包括讨论的主持者都同时是信息发布者和信息接受者，人人具有同等的话语权。主体的多元和平等为充分的反馈、交流和广开言路、相互启示提供了必要条件。讨论法对于澄清问题、交流思想、深化认识具有特殊的作用，在知识传授、技能训练和心理素质的提升方面得到了广泛的应用。讨论法与讲授法之间存在一种互补的关系，如果说讲授法是一种接受现存知识体系的较好的学习形式，讨论法具有探索新知识、新技能，发现新信息、新程序的特殊功能。

研讨会法的优点：①提供了双向讨论的机会，受训者比较主动；②可以彼此互相学习；③培训者可以及时而准确地把握受训者对培训内容的理解程度，对解决具体问题、提高受训者的责任感或改变工作态度特别有效。

研讨会法对培训教师的要求较高，不但要求教师有很强的现场掌控能力，还要求做大量的课下准备工作和精心设计。讨论课题选择得好坏将直接影响培训的效果，受训人员自身的水平也会影响培训的效果，不利于受训人员系统地掌握知识和技能。

四、实践类培训与开发方法

（一）工作轮换

工作轮换是一种在职培训的方法，是指让受训者在预定的时期内变换工作岗位，使其获得不同岗位的工作经验，扩展受训者的知识和技能，使其胜任多方面的工作，同时增加工作的挑战性和乐趣。相对于普通员工，工作轮换制度在管理人员中应用更为普遍。

该方法的主要优点：①丰富培训对象的工作经历，增进培训对象对各部门管理工作的了解，扩展员工的知识面，对受训对象以后完成跨部门、合作性的任务打下基础；②企业能通过工作轮换识别培训对象的长处和短处，了解培训对象的专长和兴趣爱好，从而更好地开发员工的所长。

（二）学徒制

学徒制是一种兼有在职培训和课堂教学、兼顾工作和学习的一种培训方法。该方法选择一名有经验的员工对受训者进行行为示范、实践、反馈和强化，以达到培训的目的。这些受训者被称为学徒。先由“师傅”向受训者传授某一工种或工作的基础知识，使其先有个大概的了解；然后由“师傅”向受训者示范工作过程的每一步骤，让受训者学习、观摩；最后让受训者自己操作，并由“师傅”现场指导和纠正，直到受训者学会和掌握全部工作过程。

五、网络类培训与开发方法

网上培训法是一种新型的计算机网络信息培训方式，主要是指企业通过内部网，将文字、图片及影音文件等培训资料放在网上，形成一个网上资料馆或网上课堂供员工进行课程的学习。这种方式由于具有信息量大，新知识、新观念传递优势明显，更适合成人学习。因此，特别为实力雄厚的企业所青睐，也是培训发展的一个必然趋势。

该方法的主要优点：①使用灵活，符合分散式学习的新趋势，学员可灵活选择学习进度，灵活选择学习的时间和地点，灵活选择学习内容，节省了学员集中培训的时间与费用；②可及时、低成本地更新培训内容；③网上培训可充分利用网络上大量的声音、图片和影音文件等资源，增强课堂教学的趣味性，从而提高学员的学习效率。

该方法的主要缺点：①网上培训要求企业建立良好的网络培训系统，这需要大量的建设资金；②该方法主要适合知识方面的培训，一些如人际交流的技能培训就不适用于网上培训方式。

综上所述，各种培训与开发方法的适用范围、培训效果等均有所不同。作为管理者或培训者，应该结合会展企业情况综合考虑各种培训方法成果转化的有利程度、开发和使用方法的成本及方法的有效性等因素，在实际工作中根据需要，选择正确、有效的培训方法。

第四节　会展人力资源培训与开发文案范例

一、人力资源培训开发管理制度

（一）公司人力资源培训管理办法

文案名称	××会展公司人力资源培训管理办法	编号	
××会展公司员工培训管理办法① 第一条　为规范本公司员工培训工作，依据本公司人事管理规章制定本办法。 第二条　员工培训的宗旨与目的是：加强公司人事管理，不断提高员工的综合素质和综合竞争力。同时，促使员工深切体会本公司对社会所负的使命，并充分调动员工积极性、创造性，不断努力进取。 第三条　本公司员工的培训分为不定期培训与定期培训两种。 第四条　本公司所属员工均应接受本办法所定的培训，不得故意规避。 第五条　本公司员工培训由各部科主管对所属员工负责实施。 第六条　各单位主管应在每年12月底以前拟定下一年度培训计划，并报人力资源部审核备案，需要公司提供经费支持的培训项目应报请总经理审批。 第七条　各单位主管应经常督导所属员工，以增进其处理业务能力、充实其处理业务时应具备的知识，必要时可指定所属员工限期阅读与业务有关的专门书籍。 第八条　各单位主管应经常利用开会、专题研讨报告或个别教育等方式实施职业精神的培训。 第九条　本公司员工定期培训，每年2次，分别为上半期（4、5月中）及下半期（10、11月中）举行，视实际情况举办。 第十条　本公司定期培训依其性质内容分为普通班和高级班。 第十一条　高级干部培训分为专修班及研修班，由董事长视必要性随时设训，其培训的课程进度另定。 第十二条　普通事务班其培训内容包括一般实务（公务概况、公司各种规章、各部门职责、事务处理程序等）、职业操守教育（待客接物的礼节及陶冶品格），以及新进人员			

① 杨健知．无师自通撰写公司管理制度范例全书［M］．北京：北京工业大学出版社，2012：187．

续表

<table>
<tr><td>文案名称</td><td colspan="4">××会展公司人力资源培训管理办法</td><td>编号</td><td></td></tr>
<tr><td colspan="7">的基本教育。
第十三条　普通技术班培训内容应包括一般实务，并重视技术管理，专修计算机各种知识。
第十四条　高级事务班培训内容为业务企划、经营管理企业、领导学，贯彻执行业务等与主管人员的业务相关的必修知识与技能。
第十五条　高级技术班培训内容为通晓法规、了解设计、严格督导、切实配合工作进度、控制资材节省用料、提高技术水准等，并视实际需要制定研修课题。
第十六条　各单位主管实施培训的成果列为平时考绩考核记录，以作年终考绩的资料，成绩特优的员工，可呈请选派赴国外实习或考察。
第十七条　凡受训人员于接获调训通知时，除因重大疾病或重大事故经该单位主管出具证明的以外，都应立即于指定时间向培训单位报到。
第十八条　员工在受训期间，公司除供膳外不给其他津贴。
第十九条　本办法自20××年××月××日起实行。</td></tr>
<tr><td>编制人</td><td></td><td>审核人</td><td></td><td>批准人</td><td colspan="2"></td></tr>
<tr><td>编制日期</td><td></td><td>审核日期</td><td></td><td>批准日期</td><td colspan="2"></td></tr>
</table>

（二）公司新员工岗前培训管理办法

<table>
<tr><td>文案名称</td><td>××会展公司新员工岗前培训管理办法</td><td>编号</td><td></td></tr>
<tr><td colspan="4">××会展公司新员工岗前培训管理办法①
第一章　总则
第一条　本公司岗前培训的宗旨是促使新聘用人员了解本公司概况及各项规章制度，便于新聘用人员尽快胜任工作。
第二条　凡新进人员必须参加本公司举办的新进人员岗前培训，其具体实施依本办法执行。
第三条　岗前培训的内容主要包括公司创业史；公司业务；公司组织机构；公司管理制度；所担任业务工作情况、业务知识等。
第四条　凡新进人员先进行5至8天培训，每隔2周举行一次。
第五条　新进人员的培训，人事部门应事先制定日程安排计划表、培训进度记录及工作技能评定标准表。</td></tr>
</table>

① 杨健知. 无师自通撰写公司管理制度范例全书［M］. 北京：北京工业大学出版社，2012：188－190.

续表

文案名称	××会展公司新员工岗前培训管理办法	编号	

第二章　培训阶段

第六条　本公司对于新进人员的岗前培训，按工作环境与程序可分为以下 3 个阶段：公司总部培训阶段，分支机构培训阶段和实地训练阶段。

第七条　公司总部的培训须重点进行以下各项：

①公司状况；

②参观公司的各部门及受训者的岗位环境；

③介绍某岗位的工作特征及如何与其他部门配合；

④熟悉公司产品的性能、包装及价格等；

⑤市场销售情况的分析及预测；

⑥对同类产品及厂家要有相应的了解；

⑦聘用专家实施口才培训。

第八条　主持公司总部培训的人员，应对受训者的优缺点做出评价，并提供给其未来的技术培训和实地培训负责人，作为进一步评估的资料。

第九条　新进人员在接受公司总部的培训之后，紧接着进行实地培训。

第十条　分支机构的培训重点在于实际工作技术的学习，包括：

①受训者了解未来工作情况的范围；

②从事未来工作的技能及从事工作的方法；

③时间运筹和时间管理；

④各部门的协调与合作。

第十一条　各分支机构教育培训负责人必须有丰富的经验，并掌握相应的工作技术；必须强调与实地训练密切配合。

第十二条　实地训练指在一位专业人员的指导下，尝试从事即将开展的工作；指导者应协助受培训者完成工作，并随时指出注意事项和应改进的地方。

第十三条　对于从事指导培训的人员，公司视情况发给相应奖金，要求必须精益求精，圆满完成指导培训的工作。

第三章　培训内容

第十四条　本公司总部培训内容由总部统一安排，分支机构培训的内容由各分公司、部门根据自己本身的特点自行安排，但必须具备下列各项内容：

①建立相关知识体系；

②有关专业技能的教育培训；

③制度、程序、规划等方面的培训；

④工作态度与市场信息收集方法的教育培训。

第十五条　必须确保通过新进人员教育培训，使其具有相应的基本知识，熟悉公司的组织结构、目标、政策、经营方针、产品及其特性等内容，并对公司的性质及发展有一

续表

文案名称	××会展公司新员工岗前培训管理办法	编号	
个初步了解。 第十六条　对新进人员进行系统的教育培训，培养他们工作中的时间管理和计划能力，从而使其在今后的工作中能够通过适当的组织和协调工作，按一定的程序达到工作目标。 第十七条　教育培训要讲求效率，按一定的计划和步骤促进培训成功和公司发展。 第十八条　态度与语言的教育培训的目的在于提高公司新进人员乐观、自信的精神和积极的态度，以热忱服务、信誉至上的信念履行职责。 第四章　附则 第十九条　本制度自20××年××月××日起实行。			

编制人		审核人		批准人	
编制日期		审核日期		批准日期	

（三）公司培训外包管理办法

文案名称	××会展公司培训外包管理办法	编号	
××会展公司培训外包管理办法① 第一章　总则 第一条　为规范公司的培训外包工作，协助外包商做好各项培训工作，完成培训目标，达成培训效果，结合公司的具体情况，特制定本规定。 第二条　本规定适用于公司培训外包项目确定、外包商选择及合同签订、培训外包项目实施等工作。 第三条　职责划分 1. 公司总经理负责审批培训外包项目，确定最终的培训外包商，对培训外包项目进行监督、评估。 2. 人力资源部负责协助外包培训机构开展各项培训工作，具体包括以下工作： ①开展培训需求分析，明确培训目标； ②与培训机构共同制定培训方案； ③做好培训准备，如场地、工具等，审核培训课程设计，评估培训效果等工作。 3. 培训外包项目相关部门配合开展培训工作。 第二章　确定培训外包项目 第四条　人力资源部经过讨论选择外包方式后报送上级部门审批和认可，根据领导			

① 王瑞永. 中小企业人力资源管理精细化设计全案［M］. 北京：人民邮电出版社，2011：354－356.

续表

文案名称	××会展公司培训外包管理办法	编号	

的审批意见确定是否选择外包培训方式。

第五条　培训外包申请经领导审批通过后，人力资源部根据现有工作人员的能力、培训预算、培训内容等商议外包哪些项目。

第六条　确定了外包培训项目后，人力资源部负责起草《培训外包项目计划书》。

第三章　培训外包商选择控制

第七条　人力资源部向不同的培训外包商索要相关信息，包括培训课程、收费情况等。

第八条　培训外包商评选

1. 通过已接受其服务的公司的评价，判断其是否能提供自身所需要的服务。

2. 考察培训项目所针对的技能、格式，及培训结果与公司是否匹配。

3. 考察培训外包商的课程开发能力，看其是否根据公司实际需要设计相应的课程。

4. 通过考察培训外包商课程的培训实力，选择适合公司的课程。

5. 了解培训讲师的教育背景、语言水平、工作经历和培训经验，衡量培训讲师的授课能力。

6. 相关培训项目要求培训师得到相应的机构认证时，需考察其的认证信息。

7. 了解培训外包商在培训结束后是否提供科学的评估和跟踪服务。

第九条　培训外包商应该在公司内进行翔实的培训需求调查，然后根据培训需求分析和公司培训预算，制定详细的培训计划。

第十条　培训结束后培训相关人员应收集参加培训人员的意见，对该培训提供者进行评估并存档。

第四章　培训外包合同控制

第十一条　合同的签订

1. 人力资源部选定培训外包商，根据洽谈结果拟订培训外包合同，外包合同的内容需符合公司合同管理规定。

2. 人力资源部需将外包合同交法务专员进行评审，明确合同的合法性，维护公司的权益。

3. 公司总经理对合同草案进行审批，并代表公司与培训外包商签订正式的培训外包合同。

第十二条　合同的执行

1. 人力资源部与培训外包商需严格按照外包合同的规定开展培训工作。

2. 合同的责任人根据外包合同的付款方式约定、外包项目的进度情况等提出培训外包费用的支付申请，经人力资源主管副总、财务部审批核准后，由财务部办理付款手续。

3. 合作过程中若需变更、终止合同，需经双方协商确定，协商不成的进入仲裁或诉讼程序。

续表

文案名称	××会展公司培训外包管理办法	编号	
第五章　培训外包项目计划控制 第十三条　培训外包商在公司人力资源部的配合下，需根据培训需求分析，拟订培训战略规划和年度培训计划，为公司度身定制个性化的项目培训方案，提供更具有针对性、实效性的管理培训服务。 第十四条　公司人力资源部配合培训外包商进行培训需求调查，培训需求调查须注意以下事项。 1. 从公司战略出发，满足组织及员工双方的要求。 2. 考虑公司的资源条件，包括公司内部讲师资源与费用预算等。 3. 调查了解员工素质，如员工知识结构及水平等。 4. 考虑人才培养的超前性及培训效果的不确定性。 第十五条　年度培训计划制订 根据培训需求分析，人力资源部与培训外包商根据公司战略目标及人力资源战略，拟订培训战略规划，并拟订经济有效的年度培训计划，经人力资源部经理审核，报总经理审批后方可实施。 第六章　培训外包项目实施控制 第十六条　培训课程设计控制 1. 外包商根据培训项目的对象与目的，开发培训课程，进行培训设计。 2. 人力资源部分析审查培训课程，提出修改意见或报人力资源部经理审批确定。 3. 培训课程设计须结合公司发展战略和目前存在的问题，力争达到良好的培训效果。 第十七条　人力资源部根据培训计划和项目培训方案，做好各项培训准备工作，准备工作内容如下： 1. 准备好培训场地及培训相关工具、设备。 2. 列出培训人员名单并及时发出培训通知。 3. 制定并打印各类表单。 4. 严肃培训纪律。 5. 制定培训预算，并按预算进行准备，审批资金的使用情况。 第十八条　培训实施监督 根据培训计划，人力资源部协助培训外包商做好培训工作，整顿课堂纪律，督促培训人员，做好培训记录，确保培训工作顺利进行。 第七章　培训外包评估与效果转化 第十九条　培训完成后，人力资源部评估培训效果。 第二十条　人力资源部建立培训跟踪档案，持续跟踪培训效果，外包商须提交《专项培训效果评估报告》，并提出培训工作改进意见，以协助人力资源部提升培训效果。			

续表

<table>
<tr><td>文案名称</td><td colspan="3">××会展公司培训外包管理办法</td><td>编号</td><td></td></tr>
<tr><td colspan="6">第二十一条　人力资源部在培训外包商的帮助下，采用一系列有效转化培训效果的方法，做好培训效果转化工作，提升并巩固培训效果。
第八章　附则
第二十二条　本规定由公司人力资源部制定、修订和解释。
第二十三条　本规定由公司总经理审批通过后自发布之日起执行。</td></tr>
<tr><td>编制人</td><td></td><td>审核人</td><td></td><td>批准人</td><td></td></tr>
<tr><td>编制日期</td><td></td><td>审核日期</td><td></td><td>批准日期</td><td></td></tr>
</table>

二、人力资源培训开发样表

（一）年度培训需求统计表

××会展公司20××年度培训需求统计表

部门						日期				
部门工作目标	应加强的能力	序号	需求课程名称	内训/外训	预定时间	培训单位或讲师	时间	培训对象	预定人数	费用预算
		1								
		2								
		3								
		4								

续表

部门						日期				
部门工作目标	应加强的能力	序号	需求课程名称	内训/外训	预定时间	培训单位或讲师	时间	培训对象	预定人数	费用预算

部门主管： 填表人： 填表时间： 年 月 日

（二）培训需求调查问卷

××会展公司20××—20××年度培训需求调查问卷

各位同事：

为做好20××—20××年年度培训工作，提升员工工作技能，实现公司发展战略，使培训工作真正体现员工所需、公司所需。人力资源部面向公司全体员工开展培训需求调查，了解大家对公司培训工作的看法、实际需求、建议和期望。您的意见将有助于实现您对培训的需求，同时也会促进公司培训体系的改进与提高，更重要的，是您的积极参与将有助于公司培训的顺利实施，为公司的发展奠定坚实的文化基础。非常感谢您抽出宝贵的时间来完成这个问卷。

人力资源部

20××年××月××日

姓　名		部　门		年　龄	
岗　位		入职时间			
一、培训需求调查（请在您认可的答案“□”内打“√”，如选择“其他”请在空格内简要描述）					
1	您认为公司的培训重点应该是（可多选，限选3项）：	□企业文化　□入职教育　□规章制度　□专业技能　□管理技能　□营销战略　□梯队与后备人才培养　□其他＿＿＿＿＿＿＿＿			
2	您希望参加公司各种培训的频率是：	□每周一次　□每月两次　□每月一次　□每两个月一次　□每季一次　□其他＿＿＿＿＿＿＿＿			
3	您认为公司培训的讲师来源最好是：	□公司内部　□管理咨询公司　□行业专家　□其他＿＿＿＿			

续表

4	您最喜欢的培训方式是：	□课堂讲授　□案例分析　□模拟操作　□音像多媒体　□游戏竞赛　□研讨会　□其他 ______
5	您希望培训时段安排在：	□工作时间　□晚上时间　□周末时间　□其他 ______
6	您希望的每次培训时间长度为：	□半天　□一天　□两至三天　□一周　□其他 ______
7	职业素养培训： 您个人感觉，在工作中是否存在下列困惑？（请如实填写，可多选） □工作压力大，有时或经常因工作原因情绪低落。 □和同事合作时，感觉沟通不够顺畅。 □工作中和同事发生意见分歧时，有时不知如何处理，或处理后感觉效果不好。 □个人感觉工作已经努力，但目标仍无法完成，或领导有时感到不满意。 □日常活动中，个人的有些行为不知是否恰当，是否合乎礼仪要求。 □其他　1. ______ 2. ______	
8	*你认为你最需要的培训，请列出具体的内容及培训形式（可以是专业技能、规章制度、企业文化等） 1. ______ 2. ______ 3. ______	
二、培训建议（如您对公司的培训有任何好的建议，请您在下表中提出，谢谢） ______ ______ ______ 感谢你的宝贵建议！		

部门主管签字：

（三）员工培训开发审批表

××××会展公司员工培训开发审批表

姓　名		性别		出生年月		照片
所在岗位		学历		参加工作时间		
所在部门		职称		入职时间		
电子邮箱		手机				
通讯地址						

续表

培训情况	培训内容	
	主办单位	
	学习形式	□学历教育　□专业技能培训　□素质培训 □专业技术人员继续教育
	学习时间	年　月　日至　年　月　日（总学时：　）
	学习方式	□脱产　□半脱产　□不脱产
	学　费	
审批意见	人力资源部意见	签字：　年　月　日
	主管副总意见	签字：　年　月　日
	总经理审批意见	签字：　年　月　日
培训开发成果		□毕业　□结业　□未结业　□肄业
备注		

第五节　本章小结

对于大量的会展组织来说，人力资源培训与开发是一个十分紧迫、急需解决的难题。其原因主要有两个方面：一是会展高端专业人才稀缺，培训市场还不规范；二是高质量的培训会加速高端人才的流失。因此，对于会展组织来说，全面充分地研究会展人力资源培训与开发不但是十分必要的，而且也是十分紧迫的任务。从培训开发的角度来看，只要严格按照培训与开发的流程，使用正确的培训方法，就能保证培训项目的成功开展，至于培训的成功会加速人才的流失，则应由公司人力资源系统整体功能来解决。会展组织应当致力于公司战略的科学定位，确保组织的发展与员工的发展同步，让组织的核心人力资源看到组织发展的愿景，充满期待；同时，要给予培训优秀的员工以更高的待遇，让他们发挥更重要的作用，实现更大的价值。

本章梳理了会展人力资源培训与开发的概念、原则、类型和作用等，从培训计划、培训实施和培训评估三个环节介绍了会展人力资源培训与开发的流程与方法。本章要点如下：

（1）会展人力资源培训与开发是指会展企业为了促进组织目标与员工职业生涯目标的实现，从企业实际情况和员工发展需要出发，对员工的知识、技能、动机、态度和行为等所实施的有计划的教育、培训和开发等活动的过程。

（2）会展人力资源培训与开发活动应遵守的原则有：理论联系实际的原则、因材施教原则、统筹规划原则、激励原则、严格考核原则、全员培训原则、反馈提升原则等。

（3）企业内部培训是指在工作岗位上提供的培训。这种类型的培训往往以师傅带徒弟、以会代训、工作总结等形式进行，这种培训主要通过内部员工之间的互相影响和反馈进行。企业内部常用的培训形式有：员工技能轮训、强化培训、管理工作知识培训、领导能力提升培训等。

（4）制订培训计划，需要考虑以下内容包括：培训方式、培训机构、培训教材、培训内容、培训师资、培训预算、考核方案、培训时间等。

（5）培训评估是指收集培训成果以衡量培训是否有效的过程，主要包括过程评估和结果评估两方面，根据柯克帕特里克教授的四层次评估模型，培训结果评估包括：反应层评估、学习层评估和行为层评估与结果层评估。培训效果是指企业和受训者从培训当中获得的收益。

（6）培训与开发能否达到预期目标还取决于企业对培训方法的选择，只有选择正确的培训方法，会展企业才能通过培训计划获得最大收益。培训与开发的方法主要包括：演示类、模拟类、研讨类、实践类和网络类等五大类方法。

复习思考题

1. 会展人力资源培训与开发的含义是什么？
2. 试述会展人力资源培训与开发的流程。
3. 会展人力资源培训与开发应遵循哪些原则？
4. 会展人力资源内部培训的形式有哪些？
5. 试述会展人力资源培训的实施过程中的各个环节及注意事项。
6. 培训计划过程评估中需要考察哪些问题？
7. 简述培训实施过程的评估需要考察哪些问题？
8. 简述四层次评估模型。
9. 会展人力资源培训与开发的方法有哪些？

应用案例

会展培训项目广告一则①

为解决会展行业发展难题，推进我国会展业的健康发展，慕尼黑国际博览集团（MMI）联手德国瑞文斯堡大学会展及活动管理研究中心(ECE)，联手推出“会展场馆管理培训课程（Venue Management Training)”。该项目经国际展览业协会（UFI）认证，并得到中国展览馆协会的大力支持。

• 项目介绍

与国内会展行业现有的众多培训不同，本培训项目主要针对展馆从业人员，从展馆的管理运营角度出发，着重介绍对于应对行业挑战极其有帮助的各种工具与方法，理论与实际相结合，具有很强的实用性。此次培训项目旨在改善国内会展场馆管理运营的整体状况，优化场馆管理，提高有效出租率；进一步梳理会展场馆从业人员的理论知识，提高实践技能，满足其职业发展需求，推进我国会展行业的健康发展。

• 课程设置

设施管理；项目管理；场地管理；营销管理

• 强大师资

Joerg Beier 教授：德国瑞文斯堡大学会展管理学院主任，其专题教学及研究领域为：会展管理与营销，战略策划，国际管理培训，市场及贸易调研。

Claudia Requard 女士：科隆国际展览有限公司高级场馆管理顾问，负责科隆国际展览中心的管理工作，同时在全球范围内进行场馆营销和新建业务咨询。

Hans Joerg Gedhun：上海新国际博览中心董事总经理，经营和管理目前世界上使用率最高，效益最好的展览中心。

• 项目优势与特色

国际展览业协会（UFI）颁发结业证书。

本课程结业后将有机会继续学习高级会展管理国际认证课程（EMD），并最终获取 UFI 颁发的高级会展管理证书。

---

① 中国会展行业论坛：http：//bbs.31expo.com/thread-719247-1-1.html，有改动.

- **目标人群**

会展场馆高级、中级经理；政府会展管理人员；会展场馆投资、运营商

- **开课时间　（略）**
- **培训地点　（略）**
- **联系方式　（略）**

思考题

结合案例，分析会展人力资源培训项目设计的核心要素是什么？案例中的培训项目设计有哪些优点和不足？

第八章

面向未来的会展人力资源管理

学习目标

- 了解未来会展企业的典型组织模式
- 掌握未来会展企业组织特性及组织结构发展趋势
- 掌握会展战略人力资源管理的特点与框架体系
- 掌握未来会展人力资源管理的发展趋势

关键概念

知识管理　人力资源外包　扁平化组织　多极化组织
虚拟组织　跨文化管理

会展人力资源管理是人力资源管理的理论、方法在会展产业中的应用，而会展产业作为现代战略性新兴服务业的代表，一直处于不断的发展变化之中，产业组织不断调整和完善，其对人力资源管理的系统性的要求也随之发生变化。因此，除了掌握基本的人力资源管理的原理与方法之外，还应全面地审视会展产业的发展变迁历程，以战略性的视野思考未来的会展人力资源管理。本章将综合学术界的观点，提出对未来会展人力资源管理发展趋势的看法，展望未来会展产业的发展图景。

第一节　会展产业发展趋势

会展产业的发展是举世瞩目的，世界各地都在分享会展产业带来红利的同时，也在反思这个产业带来的种种变革，并承受着变革带来的欢乐与痛苦。新产业、新领域、新思想，一切都是新的。在新事物面前，大胆往前冲者有之，徘徊犹豫者有之。未来会展产业将走向何方，这仍然需要学者们静下心来理性思考。会展产业的发展是无可否认的一种经济社会发展的现实，这是全球政治经济发展演变的必然的产物。会展产业研究需要更开阔的视野，摈弃门户之见，掌握产业发展的大势。

一、国际会展产业发展趋势

由于各国经济实力、经济总体规模和发展水平不同，各国会展产业的发展也不平衡。发达国家凭借其在科技、交通、通信、服务业水平等多方面优势，在世界会展经济发展过程中处于主导地位。欧洲的德、法、意、英等工业发达国家一直在世界居领先地位。从总体来看，国际会展产业发展呈现以下发展趋势。

（一）全球化趋势

随着全球经营理念的深入人心，西方发达国家的展览集团开始跨国运作，走全球化发展之路。会展业的全球化发展，一方面满足了国际市场的需求，同时也是对会展技术价值与文化价值的传播。2003 年 11 月，法兰克福展览公司与广州光亚展览贸易有限公司建立了战略合作伙伴关系。当时法兰克福按作价金额投入 50% 的资金，并占有照明展一半的股份，双方共同运营广州国际照明和建筑电气展览会。2012 年 11 月，河南励展宏达展览有限公司与上海歌华展览策划有限公司签署协议，获得上海国际汽车装饰用品采购交易会（CSAE）的 100% 股份，以及该交易会的全部资产。2013 年 6 月，环球资源有限公司宣布已经与深圳国际机械制造工业展览会达成协议，收购旗下相关项目，交易对价介于 1100 万美元与 1600 万美元。美国卡尔顿通公司以 12.6 亿美元的高价收购拉丁美洲约 40 个大型贸易展览会和相关的刊物，德国汉诺威展览公司就直接收购了上海一个较有名气的地面装饰展览会。许多发展中国家也有一些规模较大、水平较高的展览会，但这些展览会一般都有发达国家展览公司的参与、管理，甚至直接控制。世界会展大国纷纷确立全球化的发展战略，积极拓展发展中国家国际会展的市场份额，这无疑将进一步推进世界会展市场的成熟和发展。

（二）集团化趋势

国际市场的一大焦点就是并购和联盟，作为国际化程度很高的会展领域也不断在深化集团运作机制。展览企业通过资本的运作，完成兼并合作，这既可以利用国内资源，也可以利用国际资源，获得了市场和资源的优化配置。世界上许多展览业的大组织、大企业纷纷开始联合，以期优势互补，提升实力，打造业内超级航母。由于会展业对企业的资产总额、人力资源、技术力量等有很高的要求，而中小型的会展公司很难达成高端技术要求，风险承受能力低，通过合作可以有效降低成本，减少风险，维持高利润率。强强联合、合作经营、集中资源、优化品牌，走集团化发展的道路是国际会展业发展的第二大趋势。

（三）专业化趋势

会展业是以知识和信息为主要生产要素的新兴生产性服务业，对产业的发展模式特别是管理模式和管理者素质都提出了较高的要求。越来越多的会展行业协会开始寻求与专业公司的合作，与其合资组成股份公司，转移对会展的全部或部分经营权，有的甚至把会展业完全移交给专业展览公司。一般的综合性博览会也都是由以一种技术、一种商品为主题的专业性会展活动组成。专业化成为会展活动的基础，有利于提高会展的针对性和操作性，增强吸引力，以较少的投入取得较大的效果，从而受到广大组展商和参展商的欢迎。

（四）网络化趋势

网络技术的发展使企业在进行市场营销和对外交流的方式、途径等方面均发生了巨大变化，给世界带来了新的机遇和挑战。网上虚拟展览会与实物展览相结合是现代国际会展发展的趋势。在德国，网上销售和网上展览会等互联网业务发展很快，其发展规模和势头并未受到影响。电子商务进入展览业是展览业自身发展的需要。因为会展本身就是人们进行信息交流、洽谈商业合作和进行市场营销的场所，它发挥的是一种桥梁和媒介作用，而电子商务恰恰在这方面有着传统展览业无可比拟的独特优势。它提供了一个更为快捷、有效的商务通道。

电子商务按商业活动运作方式可以分为不完全电子商务和完全电子商务；对于传统会展业的影响按介入程度的不同也表现在不完全电子商务和完全电子商务两个方面。不完全电子商务即在会展的运作过程中部分地借助于电子商务，主要是借助电子商务手段为会展服务，实现网上广告、订货、付款、货物递交、售前售后服务，以及市场调查分析、财务核算、生产安排等一项或多项内容。完全电子商务即网上会展，会展的组织、举办各个环节都实现了电子化，举办者、与会者、参展者和观众之间的交流主要通过互联网络进行，它代表着会展产业未来的发展方向。

（五）大数据趋势

随着科学技术的发展、信息化进程的加速，以及互联网应用的普及，科学研究与应用、网络传感器、企业营运等方面都涌现出大量的数据生成源，这些生成和处理的数据动辄以 TB 计，甚至达到 PB、EB 或 ZB 级规模（B 表示字节，$T=10^{12}=2^{40}$，$P=10^{15}=2^{50}$，$E=10^{18}=2^{60}$，$Z=10^{21}=2^{70}$，1EB 等于 1000PB，1PB 等于 1000TB，1TB 等于 1024GB）。例如，NOAA（美国国家海洋和大气管理局）的日常处理的数据量就达到 PB 级。这样的海量数据就是大数据（Big Data）。会展产业以汇聚人流、物流、信息流、知识流、资金流等为主要特征，也面临着大数据分析与处理难题。尤其是会展产业与互联网的结合，大数据更是常见，如 Wiki（维基）、博客、电子邮件、虚拟世界、在线游戏、在线视频、即时通信、网页搜索等。①

企业和机构应用是产生大数据的重要源头。大的企业都会采集和保存其营运历史数据，特别是客户数据。中国人民银行有全球最大的个人信用数据库，其中有 640 000 000 万个人员记录，1 亿人的存贷记录，涉及 1500 万个公司和组织（2010 年）。深圳市的 200 000 个监视器每天产生的数据超过 lPB，数据存储设备只能保存两天的数据。有人估计 2010 年全球由消费者和企业机构产生的数据总量为 1.2ZB，而且数据量的增长趋势是爆炸性的。大型会展综合体每天带来大量的人流和信息流，场馆中心每天产生大量的后台数据，会展网站的点击率

---

① 熊家军，李强. 云计算及其军事应用［M］. 北京：科学出版社，2011：114.

和互动信息也日渐呈爆炸式增长。开展会展大数据研究，进行数据挖掘，选择相关关系，为会展策划和决策管理提供依据，这是全球会展产业发展的重要趋势之一。

还有学者提到国际会展产业发展的新技术应用的趋势、活动大型化趋势，以及产品多元化、品牌化趋势等。这些趋势中，新技术的应用是会展活动吸引客户和观众的重要手段，其实这是会展产业的特点，并不是一种趋势。由于会展涉及会议、展览、节事活动、体育赛事等，很难说所有的活动都有大型化趋势，甚至有些专业化的展会还需要控制规模，因此，活动大型化也不能算作一种国际会展业的发展趋势。产品多元化和品牌化是国际品牌展会的必然选择，也不能算作趋势。因此，地方会展产业的发展趋势未必就是国际会展产业发展的趋势，而国际会展产业的发展趋势则必然会对地方的会展产业产生重要影响。当然，国际会展产业也依然处于成长的过程中，会议、展览、节事活动、体育赛事还没有完成融合的过程，真正走向大融合、大发展尚需时日。本书的第一章从大会展的角度对会展产业进行了界定，把 Event 作为涵盖所有会展活动的母概念，这也是对国际会展产业发展趋势的一种把握。

二、我国会展产业发展趋势

我国会展产业从 20 世纪末才真正开始发展，产业发展和西方发达国家相比还有较大差距。对于我国会展业的发展趋势，我国会展研究的先行者马勇教授 2006 年提到全球化、专业化、品牌化、创新化、多元化、生态化等八个方面。苏文才提出规模化、国际化、品牌化、信息化和规范化五个方面。① 沈丹阳提出，我国会展业呈现从粗型向以质量取胜的方向转变，政府主导型展会正在转型，行业协会成为办展主体，展馆规模不断扩大等八个方面的趋势。② 本书认为，可以从以下几个方面来概括我国会展产业发展趋势。

（一）会展管理规范化趋势

作为新兴产业，各地会展产业发展步调并不一致，也不可能一致。会展业发展比较早的城市或地区，地方政府会展管理机构相对完善，发展较晚的地区，管理机构还不健全。我国各城市对会展管理机构职能的定义模糊，范围笼统，可操作性较差。有的城市会展管理机构的职能为“行业管理”，有的则是“协调

---

① 苏文才. 会展概论［M］. 北京：高等教育出版社，2009：172.

② 中国商业联合会官网. http：//www. cgcc. org. cn/news. php? id = 1389.

大型展会"，有的是"主管全市经贸展览会"。这些管理机构职能较为单一，定义也不够准确。有的城市由中国国际贸易促进会地方分会主管会展管理事项，有的城市由商委成立会展办或节庆办，有的城市成立博览事务局。但是，新兴产业发展产生新的公共服务需求，若不以法律法规的形式确定下来，赋予新增部门以相应的服务职能，或者给现有的部门增加服务功能，那么，会展企业就很难降低从政府管理部门和服务部门获得相应公共服务的成本。

依照我国惯例，举办会展活动要进行申报、审批。举办国内展览的审批，随着国务院机构调整，曾先后分别由商业部、内贸部、国内贸易局归口管理，2002 年前由国家经贸委行使管理职责。2002 年年末，国家经贸委取消了国内展览会的审批制，但是对于国际展览依然执行审批管理制度。随着市场经济的发展成熟，会展市场的规范、有序，良性市场环境的创建，展览安全和信用度的提高，行业管理法律的不断健全，审批管理制度最终必然要走向消亡，并按国际惯例过渡到等级备案制。

即使是取消了审批制，会展产业作为战略性新兴服务业，高度依赖公共服务平台，从大型场馆的使用、安保、消防，到交通、报关、卫生、公共设施配套服务，都与会展活动密切相关，依然需要进一步推动会展行业组织和会展政府管理与服务机构的职能变革。从近几年会展产业发展来看，会展管理机构的序化工作势在必行。在下一个十年中，我国各城市的会展管理机构的职能必将不断完善，政府从会展管理角色转换为会展服务角色，最终在职能设置、职能内容上趋向统一和完善，国家会展管理不断走向规范化。

（二）会展产品品牌化趋势

品牌消费是社会经济发展到一定阶段的产物。美国未来学家托夫勒指出，人们在生活富裕以后，将更加看重产品和服务的心理成分，即消费者对市场商品的取舍依据已不仅仅是质量、性能、价格等硬性标准，而是开始重视所购商品能否为他们带来美感、自豪感和新鲜感。发达国家早在 20 世纪中晚期就逐步进入了品牌消费阶段。相比之下，我国会展产业发展滞后，品牌展会并不多。会展产品的购买方常常需要依赖其对会展品牌的认知来确定自己的购买行为，以降低购买会展产品时可能存在的市场风险。从这个意义上看，我国会展产业还有一个较长的品牌化道路要走，品牌不但是会展业发展的灵魂，也是中国会展业在 21 世纪实现可持续发展的关键。实现品牌化经营是增强中国会展业竞争力的必由之路。

另外，开发会展业的相关产业，形成会展产业群，也是打造展会品牌的最佳方式。会展产业群的形成有利于使品牌展会形成众星拱月的局面，全面提高展会自身的价值，从而把展会办成影响消费观念、制造流行趋势、形成市场热点的强有力的市场营销工具。当前，国内知名品牌的会展企业或展会与德国、意等国家的国际性会展公司或展览会相比，无论在品牌的知晓度上，还是在品牌的无形价值或扩张程度上，均存在着巨大的差距。在未来较长的一段时间里，会展产品的品牌化趋势将长期存在。

（三）会展综合体大型化趋势

会展业的蓬勃发展对会展产品类型提出了越来越高的要求，会展形式日渐从传统的陈列展示转向融商务洽谈、展会参观、旅游观光、文化娱乐等项目于一体的综合性活动，同时，会展综合体在数量、规模和管理上不断提高，成为城市的亮点和新地标。

我国会展综合体的建设自2005年开始快速增长，2008年，中国展馆可使用的面积250万平方米，已经超过了世界展览王国德国，跃居世界前列。2009年广州、沈阳、重庆、洛阳、福州、武汉等城市又开始兴建和扩建巨型场馆，投资金额巨大。2011年1月，上海和国家商务部签署共同建设国家会展项目合作框架协议，此项目是由展览场馆、综合配套设施和后勤保障设施构成的会展综合体，建设用地面积约1560亩，这一总投资230亿元的会展巨无霸将在虹桥商务区崛起。这是目前世界上规模最大、水平最高的国际级会展中心，拥有40万平方米的室内净展览面积和10万平方米的室外展场，在展览规模和体量上相当于3个上海新国际博览中心。国家会展中心将各种会展集中到这里，成为中国公共会展的平台，也是上海转变贸易结构、推动经济转型的重要载体，更是使得浦东、浦西的“哑铃式”区域发展结构真正得以成型，大虹桥板块将获得巨大的发展引擎。2012年5月开工的天津国家会展中心，位于津南区海河中游南岸，规划东至卫津河、南至天津大道、西至蓟汕联络线、北至海河南道，建设用地3.08平方公里，建成后建筑面积将达120万平方米，是商务部继广州和上海后，第三个和地方合作建设的国家级大型国际会展中心。天津国家会展中心建成后，将对海河上游后5公里、海河中游的建设开发起到引领作用。

伴随着越来越多会展综合体项目的启动与建成，我国会展业将面临更加严峻的竞争态势，如何有效解决我国会展场馆区域分布结构、规模结构和功能结构失衡的问题、低利用率问题将成为政府和业界未来共同关注的焦点。

（四）会展产业专业化和智能化趋势

随着对外交流的深入，按照国际化、市场化标准与要求兴办的展览越来越多，一大批展览人才在实践中成长起来，展览专业公司不断涌现，展览场馆运行、展览设计与管理趋于同国际接轨，专业化展会正在逐渐形成。专业化展会要求会展企业在整个运作过程中迅速高效、服务周到。无论是主题立项、广告宣传、招展手段，还是活动安排或展后服务，都须具备较高的专业水准。会展产业的专业化包括管理专业化、人才专业化和展会专业化。一个好的展会同其他会议、奖励旅游和节事活动一样，从申办策划到筹备运作需要专业组织协调管理和帮助支持。展览业很强的专业性也必然要求它的从业人员具备专业化的知识和素质。在国际上，专业性的展会已成为展览业的主流，与一般展会相比，专业展会具有针对性强、观众质量高和参展效果好等优点。因此，近年来许多综合性展会逐渐地转为专业展，有些综合性展会已经被细分成若干个专业展。当前，在我国，专业展会数量占全部展会数量的比重也已达95%以上。① 我国北京的国际机床展、汽车展、国际通信展、纺机展、冶金铸造展，以及上海的国际家具展，大连、宁波的服装节等专业性展览已经具有较大的国际影响力。

同时，随着展会规模的不断扩大和对展会服务要求的不断提高，许多大型展览中心都配备了智能化程度很高的网络系统，如观众登录系统、电脑查询系统等，此外多媒体、手机短信等多种通信手段也在展览馆里得到了广泛的应用。

三、会展组织模式发展趋势

时代在发展，产业在发展，技术在进步，会展组织的运作模式也在发生着深刻变革。由于组织运作模式的变革直接影响到组织人力资源的管理，因此了解和预测未来会展组织的运作模式也是十分重要的方面。未来组织已明显地呈现出以下的发展趋势②。

（一）扁平化趋势

组织模式的类型主要有：耸高式、方正式、扁平式。在人数一定的条件下，组织设计成耸高式的，称为耸高型结构；若设计成方正式的，称为方正型结构；若设计成扁平式的，就称为扁平型结构。世界各国，只要有人群在，只要形成一个组织，这样的结构必然存在。在组织人数一定的前提下，每一层的人多了，组织就“扁”了；每层的人少了，组织就“高”了。典型的“高”组织是军队、武警、军事化工厂，以及指令性计划很强的组织。典型的“扁”组织是研

---

① 金辉. 会展概论. 2版［M］. 上海：上海人民出版社，2011：127.

② 黎少华. 组织智慧：人力资源整合策略［M］. 北京：首都经济贸易大学出版社，2000：48－55.

究所、文艺团体、学会、研究会等。典型的“方”组织是学校、试验工厂等。

耸高型组织的特点与功能是：

- 管理层次多，能提供较多的职位，但也容易产生官僚主义；
- 管理人员多，相对来说，管理费用上升；
- 管理跨度小，管理严密，较易协调，但容易影响下级的自由度；
- 在信息沟通上，平等关系少，垂直关系多，指令性信息多；
- 信息权威性强，但沟通所需时间、历程长。

扁平型组织的特点与功能是：

- 管理层次少，利于精兵简政。不能提供较多的管理职位，但管理费用低；
- 管理跨度大，被管理者拥有较大的自由度；
- 在信息沟通方面，平行信息多，而垂直信息少，信息权威性较差；
- 不能严密监督下级工作，上下协调性较差；
- 信息沟通时间少、历程短。

方正型组织的特点与功能介于耸高型与扁平型组织之间。

可见，扁平型组织具有管理层次少，管理费用低，有利于员工发挥创造性、积极性，所以一般需要调动员工创造性的研究机构、文艺团体、学术组织，纷纷向“扁平式”靠拢。就连需要耸高功能的一些国外著名大企业也开始在管理、研究机构内大力推行扁平式举措，以利于员工创意不断涌现，从而激发组织活力，更好地迎接市场竞争。美国 GE 公司是世界上最早进行扁平化变革的公司之一。1981 年，刚开始担任总裁的杰克·韦尔奇就大刀阔斧地改造通用电气的组织结构，迅速砍掉大量的中间管理层，并裁减管理层职位，就连副总也没能幸免。最终通用电气从十几个管理层变成五个管理层次——通用电气成了扁平化改造的典范。自此之后，扁平化成为新一代的管理典范。①

一个需要创意不断涌现、观点不断标新、风格不断立异的组织，必须尽力让员工们认识到大家的身份是平等的，真理是可以争辩的，风格是需要创新的。目前，扁平化不仅在组织修炼中得到大力推行，而且它的内容还在不断丰富，呈发展的趋势。有的企业已将“扁平化”发展到“轮盘式”，也就是连层也不要了，而是总经理周围设若干企业高级参谋，高级参谋再聘请若干科研人员专门承担某项任务。人员可以交叉，也可以组合变化。这些举措无非是要使人们体会到自己在企业里、在组织里地位是平等的，每一个人的创意都应受到尊重。总的来说，扁平化组织的共同要素主要体现在以下几点②。

---

① 李鹏鹏．不做经济白痴［M］．北京：人民日报出版社，2012：157.

② 银路，王敏．新兴技术管理导论［M］．北京：科学出版社，2010：272.

第一，企业组织规模小型化，并分离出许多“原子式组织”。这是一种高度分权化了的职能部门，公司的组织结构是围绕有明确目标的几项“核心工序”建立起来的，而再不是围绕职能部门，职能部门的职责也随之逐渐淡化。

第二，把“顾客满意”作为公司的原动力和衡量业绩的标准。上至最高主管，下至一线员工都同原材料与供应商以及顾客建立直接的、固定的联系，并吸引供应厂商和顾客的代表作为公司团队的成员，以便更好地面向顾客，快速地响应市场的变化。

第三，在扁平化组织中，公司的工作由原子型组织来完成，这种小型工作团队改变了中间管理者的角色。在一种亲密的、相对简单的工作状态中，完成复杂任务的机会将构成动力的源泉。因为其成员不必花时间费精力去盘算如何往上爬的事情，绝大部分的中间管理层将被社会影响力机制、特别是文化所替代。“无老板工作”状态是原子式组织的本质特征。

第四，每一工作单元（原子式组织）都对它自身的工作目标进行控制，员工之间以及员工与上级之间通过计算机网络和通信联络进行交流，而且每一成员都负有信息交流的责任。

第五，在管理幅度不可避免地增宽的同时，训练员工进行自主管理，对于大部分工作，员工不必依赖于上级而是自己做出工作中的决策，并为之负责，这样就最大限度地把每一个员工都变成了企业家。

会展组织是充满创新和创意的组织，创新和创意是会展产业的灵魂。同时会展组织的集团化运作使集团化组织致力于原子化组织的建设，成立或兼并若干子公司，成为产业集群。因此，未来会展组织在运作模式上的扁平化既是会展创新创意活动的内在要求，也是未来会展组织发展重要趋势。

另外，组织的扁平化过程必然要调整组织结构，但是，由于利益刚性的作用，谁也不愿意自己从岗位上退下来，更不愿意去掉自己的岗位，因此，组织扁平化的变革必须采取平稳过渡的方法来进行。这些方法包括以下几种。

（1）不填空位法。世界管理大师彼得·德鲁克认为，当个别组织层次的领导职位出现空缺时，不要急于填补。人事管理部门要考虑：这个层次是不是应该削减？如果是，那么再看与该职位平行的职位是由什么人占据的。如果一个已经退离，另一个因病长休，那么这个职位就不要填充，恰好可以减少一个管理层次。

（2）图章限制法。组织处理日常事务，一般都需要盖章签字，限制盖章签字的部门，就能有效控制组织层次。例如，某公司原来办成一件事需要盖 8 个图章。为减少层次，总经理指示从某日起只盖3 个图章就可以了，那么另外5 个图章的持有部门便失去了作用。久而久之，成员们会认为这 5 个部门没必要存在，待人们的认识达成一致后，连这些部门自己也会主动承认这一现实。

（3）加爵进阶法。组织变革遇到巨大阻力时，为了减少因为削减层次带来的麻烦和不必要的“人事振荡”，可以对被削减者施以“加爵进阶法”。加爵所给的名位，不一定是领导管理职位，但一定要好听并有荣誉感，使之感到这次变化并没有降低其身份，甚至提高了其身份。进阶是请他从领导管理职位上走下来，但给他提级、升阶，使之感到通过这次变动，自己的工资待遇提高了，心理较平衡。这种方法可能会在被削减者身上投入比原来还要多的金钱，但换来的是组织成员的积极性、创造性，是企业的整体高效率。

（二）多极化趋势

传统的组织模式是在拥有一个全权核心机构的基础上，建立多个分支机构。中心机构负责制定战略方向，确定和统一分支机构的计划，统一配置资源，监督执行。例如，在典型的多分支机构中，高级公司管理者在分支机构贯彻原有计划的同时，制定长远发展方向的规划。这种全权核心机构的功能就像组织的大脑，承担着许多压力，它必须思考、迅速行动，在迅速变化的条件下不断高速调整战略方案，它具有如下几个特点。

第一，组织需要对外部的变化及时做出反应和调整，而制定反应的核心机构与执行反应的各分支机构之间的相互分离，使得组织的反应速度变慢，最终导致信息被曲解。

第二，经理拥有对市场变化的最新理解，但与具体执行部分相隔绝。因此，当新的紧急事件出现的时候，不能把它们放在战略制定和执行的最佳位置上。

第三，在以知识为基础的传统型公司中，经理拥有专业技能和背景，从事战略制定和分析工作。由于他们掌握新技术，从而减少了对公司技术支持的依赖，但这也减少了在公司中形成资源平台来使所有员工共享的可能性。

这种组织模式在面对知识经济的多角度、多形式、全方位的挑战时，就会使公司的全权核心机构压力过大，而组织员工的积极性却得不到发挥。因此，在当前的公司组织模式中，这种传统模式日益减少。

当前在高新技术公司中出现的新型组织系统，更像是由各工作单元组成的联盟或星形排布，它们的地位与核心机构平等，彼此互相依赖，在关键技术和如何解决难题上相互帮助。核心机构只调整董事会的战略观点，发展各部分共享的组织和管理的基础结构，创造文化同心力，使各部分互相整合，担任确保统一任务和目的的角色。各项具体技术工作由工作单元来完成，不需要核心机构亲自出马。可以说，中心机构的任务是支持各工作单元顺利完成各自的工作，切实有效地为公司贡献力量。

苹果电脑公司就是这种新型组织结构的代表。它下属的各工作单元尽管在规模形式上各不相同，但都与总部的地位平等。主要的几个工作单元，如产品部、美国分公司、欧洲分公司、太平洋地区公司，可全权代表总公司处理包括财务、人力资源、法律诉讼、行政管理等各项事务。各工作单元可以有选择地参与建立和规划总公司的发展方向。两年一次的世界范围的会议，可以使400名左右的老总济济一堂，共同讨论面临的关键性挑战。这种会议不仅加强了各单元之间的人际交往，而且巩固了各部门互相合作的关系。

这种高新技术企业中的组织系统处于不断的变化之中，它们不像传统的组织那样有明确的上下级负责关系，有明确的技术部门，有简明的责任、权力等任务。这种类型的公司无论结构严谨还是混乱，都力图保持稳定性与柔性的整体动态平衡。

多极化组织突出组织的柔性，即组织的快速反应能力和忍受变化所带来的负面影响的能力，表现为组织的灵活性、坚强性和坚韧性。灵活是指面对环境变化能及时调整和面对；坚强是指抗干扰和冲击的能力，如抗衡过度萧条的能力等；坚韧是指像弹簧一样能从灾难边缘恢复过来，而避免遭受不可弥补的损伤。知识经济中竞争的复杂性带来的变化远远大于我们的预期，因而未来的组织更需要能对出乎意料的变化具有快速反应、坚强和坚韧的能力。“柔性”是多极化组织的重要特征之一，有学者把柔性组织和多极化组织作为两者组织形态来表述，但是从本质上讲，柔性组织属于多极化组织的一种。

多极化组织具有很强的快速反应能力，可以适时根据可预期变化的意外结果迅速调整。它要求组织的灵活性与多样性统一，要求变革、创新和新颖，内含活力与弹性机制，它给企业提供了对所面临的内外部环境变化的应变能力，使资源得以充分利用，增强对市场动态变化的适应能力，保持或增强企业在市场中的竞争力。故此，柔性组织结构亦被称为“双形式（Bi－model）”结构，它可以应付许许多多成对出现的压力，并具有调和的功能。一般而言，“双形式”压力主要包括集权与分权、稳定与变化、统一与多样。

一般来说，多极化组织由两部分构成，一部分是为保证完成企业固有战略任务而组建的“基本结构”，这部分相对而言比较稳定，是企业组织结构的基本部分，它只在定期发生重大转变，它为聚集技术、汇总工作、分派报告等项工作的联系提供了一种机制，从而使雇员有很强的稳定感。但由于它的惯性大，便不可能因内部或外部的原因经常变化。另一部分则是企业柔性化的具体体现，为弥补固定结构的不足，成立了暂时的项目组和多功能群体，其成员来自各个不同的单元组织。这样在集中处理关键的任务时，公司的各个部门不会发生混乱。暂时的小组在重组后，用于开展广泛的活动，包括新产品开发、战略评估、管理过程的形成等。这样的二元系统可以使高新技术公司能应付许多压力。多极化组织的基本结构是相对固定的单元，临时性的小组是柔性化的，从而可迅速覆盖各个单元，这样可以把有专长的个人迅速集中起来，针对不同项目开展工作，项目结束后暂时的小组即宣告解散。

多极化组织的另一个重要特点是，不论基本结构还是临时项目组，都要面向一线开展工作。传统组织的角色和部门的行为可分为参谋和一线工作岗位。前者的功能在于提出建议和监督，即有权提建议而不是做决定，因此这类人员一般不控制一线操作及利润和收益，人员管理部门、计划部门和管理信息系统都属于这一类型。与此相对的是一线操作工作，如销售、制造或产品开发，这类部门有权直接控制决策，有责任决定利润与收入。在多极化组织中，这两种岗位的功能区别正在显著的淡化，许多参谋岗位的部门变成直接面向一线部门，把一线部门当作它们的内部顾客，它们的工作就是向一线部门提供服务。在一些高新技术公司，支持小组负责提建设性意见，直接对最终结果承担责任。例如，雇员关系专家负责处理不满意的员工问题；培训部门负责开设一些课程；其他参谋职能，如战略计划和商业开发，更多地负责支持，而非控制工作。它们的角色是促进者、咨询者和过程管理者，而不是死板地下一些战略命令和监督一线工作。这种面向一线的制度使直接面临市场和竞争现实的部门的实力得到了重组和加强。这种趋势进一步反映在许多高新技术公司的总裁具有双重身份，而且他们必须对一线操作负责。

例如，ABB 公司总裁彼西·巴勒克将他的公司遇到的 3 个具有内在矛盾性的组织挑战概括为：我们既想做到全球化，又要地区化、本土化；既要庞大，又要精干；既要集权，又要分权。英国壳牌石油公司将他们在挑战面前存在的矛盾描述为：如何既加强公司的力量，又让组织各部分有较大的柔性并反应迅速，公司还必须同时兼顾对规模效应、本土化和不断学习更新的需求。① 多极化组织的出现正是大型集团公司急需解决上述问题的一剂组织制度性良药。

会展公司作为战略性产业组织，日渐走向全球化和专业化，不论它们的规模和发展阶段如何，它们必须与传统公司一样，保持纪律严明、精干、重点突出，将命令性和重复活动降到最低，具有紧迫的使命感、有效的控制和协调能力；既需要提高员工创造力的工作环境，又不致造成混乱；既希望员工参与决策，发扬小组精神，又希望他们偏爱具体工作；既需要专注于工作的员工，以小组分散地工作，又不希望他们漫无目的或因未事先讨论而搞错工作方向；既

---

① 黎少华. 组织智慧：人力资源整合策略［M］. 北京：首都经济贸易大学出版社，2000：51.

需要强调容易考核的短期利益激励方式，又要重视对员工长期激励机制的培养，从而使他们一直处于充满创造力的环境中。

（三）跨文化融合趋势

随着全球化进程的加快，世界市场成为了企业的唯一市场，全球有效配置资源成为了全球化企业的最佳选择。人们需要以多元化的经营思想来融合不同的文化背景和取向，加速跨文化的融合。跨文化的融合使公司在制定不同的远景规划、选择不同的途径和方法时变得更加自如。

跨文化融合组织的基本特征包括：

- 最高经理层的人员来自多个国家；
- 工作人员的多元化，分布在世界各地；
- 基于不同的文化研发产品；
- 全球市场同步研发新产品。

未来会展组织在全球化的浪潮下，进一步加速全球整合，拓展国际市场，会展组织的成员来自世界各地，人员的外派成为会展组织的基础性工作，世界各地的子公司或项目组都需要有很强的跨文化沟通能力，并且把不同地区，不同国家的文化基因渗透进每个子公司和项目组，从而加强了其全球化操作的凝聚力和一致性。而各地区的分公司同时具有根据市场条件、文化背景建立自己组织特色的能力。它秉承的原则是除了必须一致的东西以外，一切均可能是不同的。

（四）虚拟化趋势

虚拟组织是一种企业间的暂时组织形式。不同的加盟公司通过组建虚拟组织，发挥各自的竞争优势，共同开发一种或几种产品（服务），最终把共同开发的产品（服务）迅速推入市场。通常，加盟公司共同分担所有的成本费用，并分享高技术，联盟目标一完成，先前组建的虚拟组织就宣布解散；为了新的战略和目标，新的合作者又组成新的虚拟组织，故虚拟组织也称为“战略联盟”。与传统的企业组织形式相比较，虚拟组织具有以下特点。

1．松散性

虚拟组织打破了传统公司组织机构的层次和界限，而是由一些独立的公司本着自愿原则结合在一起，为了某一目标而形成的一种松散的企业联盟形式，因此，它没有总部办公室，也没有固定的组织机构和众多的组织层次。虚拟组织只关心成员企业与联盟项目相关的经营问题，不干涉成员企业的其他经营问题，因此，具有较大的弹性，便于“扬长避短”“优势互补”，共同发展核心活动。但同时，虚拟组织这种松散性也有一定的风险性，如专有技术的控制问题，等等。

2. 灵活性

虚拟组织是由一些独立公司组织起来的临时性公司，因此易于抓住稍纵即逝的市场机会，充分发挥各企业优势，合理利用各企业资源，从而使产品极具竞争性。

3. 生命力强

当今市场激烈竞争的背后，实际上就是资本、技术、人才的较量。首先，虚拟组织分享技术、分担成本费用的特性，使其能迅速融通资金，综合多种科学技术，组织最强的新产品开发阵容；其次，虚拟组织的各成员企业都会贡献出最拿手的设计技术和制造技术，使开发出的产品或提供的服务具有第一流的质量与功能；最后，虚拟组织通过各方联盟达到适宜规模从而取得单干企业无法实现的规模效益，可以节约大量费用和时间，取得规模经济效益。

建立虚拟组织是一个过程，通过这个过程，公司整合他们的能力，依赖这些能力在需要的时候确定和重新确定复合的跨职能网络团队。这些团队可能不仅包括公司的成员，而且也可能包括来自买主和顾客公司的人员。建立虚拟的组织更多地依靠人员的知识和才干，而不是他们的职能。在一段时间里，管理者、专业人员和工人能够与各种不同的项目成员一起，把他们的注意力多路传输到多个项目中。而且，这些团队并不需要固定在某一地点。

虚拟组织的团队工作方式和流程一般依照下列的原则来操作。

第一，每一个团队应当阐明自己的任务，这样在群体内部才能有工作的中心，然后才去完成任务。因为企业组织的任务本身有可能是由系列的多个主旋律构成。系列主题中的一些任务交给一个团队来完成，其他一些交给团队组合中另外一些团队，就会为很好地协调每一个团队的中心任务创造前提。

第二，在明确每一个团队任务的同时，要求这些团队看到彼此中心任务之间的相互关系。因为这会使得各个团队之间可能提供关于最优的市场、产品或服务反应的非常重要的线索。在这样一个大的前提下，使各个团队进行团队内部和外部的交流和协商，使每一个团队的信息都能为其他团队所了解，甚至连组织所服务的对象，如顾客或消费者也了解每一个团队的主要任务，为下一步创造性地开展组织活动提供条件。

第三，团队组合中的每一个团队，都提出他们自己针对主题任务的对策。将这些对策有机组织起来就形成一个巨大的资源平台，从而每一个团队都能以最小的代价获得最大的资源支持。随着这一平台的支持形成的优秀成果的不断积累，会源源不断地丰富平台资源储备这就同时会产生组织虚拟化的另一个巨大优势，原有的传统组织模式必然产生的资源垄断会迅速消失，从而整个组织会以最有效的方式运转。

会展产业是关联性极强的产业，涉及第一部门（政府）、第二部门（企业）和大量第三部门（行业协会、NGO、NPO、社团组织等）。扁平化、多极化、跨文化融合和虚拟化组织是未来会展组织发展的四大趋势，这并不意味着只有这四个方面的趋势。对于会展组织模式发展趋势的研究，不但有助于我们对会展人力资源开发战略的准备研究，而且也是研究和制定会展组织战略的重要依据。

第二节　会展人力资源管理挑战

一、全球化的挑战

当今世界的经济已成为全球经济，各国经济与世界经济紧密相连，相互依赖，国际经济交流日益扩大，许多企业走向了国际市场，会展产业领域尤其如此。过去国家限制外资会展公司来华投资、办展，出国展也是严格审批，现在，这方面的限制已经越来越少。各国之间相互直接投资，各国以及跨国公司在海外兴办企业，开展技术转让等新型的国际经济交流活动。企业与企业之间、地区与地区之间、国家与国家之间、区域集团与区域集团之间的经济和技术交流不断得到发展和加强。国际企业与跨国公司在当今世界经济、社会、政治事务中占据了重要的位置。

跨国经营过去是企业活动中较为次要的部分，而现在是很多会展公司的主要部分；跨国经营过去仅仅是我们派一些经理外出参展，而现在是我们的企业到海外兴办组展公司；跨国经营过去是派一些高级管理人员去海外工作，而现在企业内的成员，从董事长、总经理、中层管理者到工人都有可能前往海外拓展业务。

全球化深刻地改变着这个世界，跨国企业正在向全球企业发展，跨文化管理问题变得越来越突出，会展人力资源管理必须正确面对这些变革和挑战。会展人力资源管理在全球化背景下，从事大量的国际事务，需要应对三个方面的挑战。

第一，人力资源管理职能上的国际化，包括跨文化的人力资源获取、分配和利用。

第二，不同国家和地区的法律、制度和文化，包括东道国、母国和第三国。

第三，不同国家和地区的员工，包括东道国员工、母国员工和第三国员工。

在上述三个方面，会展人力资源管理者们要应对各种各样的挑战，根据实际情况解决以下几方面的管理战略问题。

- 企业的风险。
- 准确地预测经常变化的国际形势；
- 了解各国的法律与政治力量；
- 正确对待国内、国际市场上的国际竞争对手，发展与其他跨国企业的友好关系，提高自己的竞争力；
- 管理好国际企业中的人力资源，培养和提高国际企业职工的能力。

以慕尼黑国际博览集团为例。作为世界领先的展览公司之一，该公司每年在全球范围内举办 40 余个大型国际博览会，涉及资本产品、消费品和高新科技三大行业。每年共有 3 万余家参展商和超 200 万名观众齐聚慕尼黑展览中心、慕尼黑国际会议中心、慕尼黑会展与采购中心参加展会。集团举办的国际展会均获得 FKM 资格认证，即展商数、观众数和展会面积均达到展会统计自主监管团体 FKM 的统一标准并通过其独立审核。慕尼黑国际博览集团还在亚洲、俄罗斯、中东、南美洲及南非举办各类专业博览会。其业务网络覆盖全球，不仅在欧洲和亚洲拥有数家子公司，还在全球 90 余个国家设有 60 多个海外业务代表处。同时，慕尼黑国际博览集团也在可持续发展领域中扮演着领军者的角色。[①] 该公司的全球网络如图 8 – 1 所示。

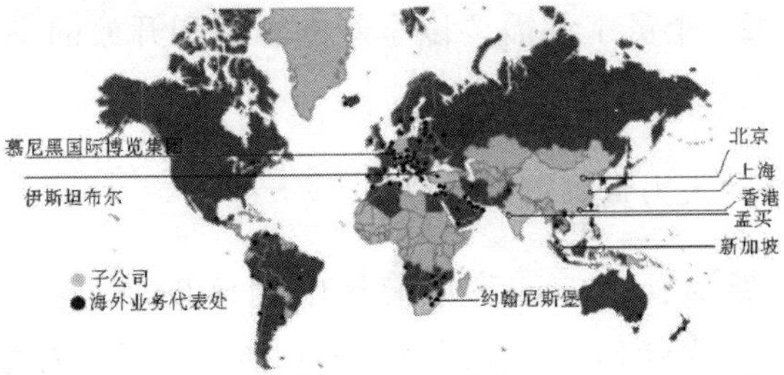

图 8 – 1　慕尼黑国际博览集团全球网络

对于所有国际会展产业蓬勃发展所带来的机遇，会展经理们谈及“全球化”时，他们都不得不平衡大量复杂的实际问题。因此，跨国管理为组织带来了新的、更广泛的机会，也意味着人力资源管理的复杂性大大增加了。

---

① http：//www. mmi – shanghai. com/cn/about. aspx？ lid = 30.

二、新技术的挑战

对于会展组织而言，新技术主要涵盖两个方面：一是以网络技术和计算机技术为核心的现代信息技术、多媒体技术、新材料技术等技术群的高度发展带来的会展服务的深刻变革；二是会展组织所服务的专业领域的新技术的发展和进步也在深刻地改变会展产品的组织形式和内容。这两个方面都对会展人力资源管理产生重大而深远的影响。

（一）新技术推动员工素质的转型

通过计算机网络，无限量的数据能够被存储、检索，并能够用于广泛的领域，从简单的记录保存到控制复杂设备。从目前技术发展的趋势来看，计算机几乎可以和所有的数字设备连接，包括手机、打印设备、摄像机、照相机、各种存储设备、网络设备、数字化机械等。计算机技术和网络技术为核心的现代技术不但深刻地改变了人们的生活，而且还全面改变了现代企业的商业运作模式。无论公司大小，他们都普遍使用互联网进行商务活动，员工也从过去的体力劳动者转化成了“知识工人”。

先进技术的引入减少了技术含量低的工作，同时增加了技术含量高的工作。公司需要对员工进行新技术的培训，使他们从过去的体力劳动者转变为掌握新技术的知识型员工。从本质上讲，这种转变带来的是从“体力劳动者”到“知识工人”的转变，每一个员工都需要以全新的思维和开放的态度面对新技术的变革。

（二）新技术推动人力资源管理的变革

新技术对人力资源管理的改变，最集中的体现就是人力资源信息系统（HRIS）的运用。人力资源信息系统最基本的功能是为组织人力资源管理提供数据存储和检索的功能，但是随着智能化研发和网络技术的进步，它已经远远超出了查询检索的功能，不但能为人力资源的控制和决策提供及时、精确的数据，还能开展包括撰写报告、预测人力资源的需求、战略规划、职业生涯和晋升计划、在线培训、绩效评估、薪酬管理，以及评价人力资源政策和实践在内的几乎所有核心管理活动。

1．人力资源知识库的构建

现代信息技术的发展不但使公司能够快速、廉价地对大量信息进行存储和检索，而且使组织的人力资源知识库的构建成为可能。它能迅速而准确地对数据进行组合和重构，从而形成新的信息，并且能使组织存储和迅速使用由专家开发的判断和决策模型，通过信息技术系统促成组织化的人力资源知识库的构建。利用信息技术网络，经理能够在世界各地更方便地、更有选择性地与其他人进行沟通，由此能够更好地利用他们掌握的信息开展工作。通过人力资源知识库，公司人力资源部门可以高效地调节公司的人力资本，以获得竞争优势。

2. 人力资源职能全面整合

新技术对人力资源职能的影响体现在以下几个方面。

第一，对人力资源日常管理中的自动化工资表处理、保存雇员记录，以及管理福利计划等的影响。人力资源数据库可以为人力资源报表（如工资表、福利名册、地址变更，以及退休记录等）提供统一、翔实的资料。

第二，提升人力资源远程管理功能。信息技术中的远程控制技术能让部门经理和员工远程进入人力资源数据库，有助于他们进行与人力资源有关的决策，并增强他们与公司其他部门的联系。比如，人员招聘、培训等都可以通过远程登录访问来完成。远程管理技术使人力资源管理真正成为了全球共享的管理。

第三，扩展了人力资源部门的范围和功能，提升了组织运营效率。新技术使人力资源管理的各个职能不再是单一的方面，而是可以全面整合、信息共享和知识分析与促进的平台，这大大提升了人力资源部门的范围和功能，也提升了组织决策效率和运营效率。

三、人力资本开发的挑战

“人”是组织最核心的竞争力，组织成功的关键在于有效地管理和开发人力资本，这是现代人力资源管理者的共识。会展组织尚处于产业的发展阶段，人才的专门化还有较长的一段路要走，会展组织对专业人才的迫切需求与劳动力市场供给不足之间的矛盾还将在较长的时期存在。毫无疑问，人力资本开发的挑战对会展人力资源管理来说是需要长期面对的一个问题。

对于会展公司来说，人力资本开发的挑战来自两个方面：一方面，人力资本是员工的内在属性，是无形的和捉摸不定的，不能像管理工作、产品和技术那样进行管理，如果有价值的员工离开公司，他们的人力资本也就随着带走了，公司用于培训和开发他们的投资也就付诸东流；另一方面，开发人力资本需要不断地从员工的知识、技能与经验的增长与提升上下功夫，核心技能往往需要实践中历练才能获得，公司需要给员工失败的机会，使员工在失败中成长，而这一点往往因为代价太大，是公司所不能允许的。

另外，组织除了要在员工发展上进行投入，同时还要明确组织内哪些是核心岗位，什么样的人才是符合公司人才标准的核心人才。找到运用现有知识的途径，通过团队合作的形式实现知识交流与促进，充分调动现有人力资源的积极性，有所侧重地开发人力资本。

第三节　会展人力资源管理的发展趋势

人力资源管理已经成为我国经济与社会发展的重要领域，会展人力资源管理是人力资源管理应用的重要领域。我国会展人力资源管理在未来的发展趋势如何？如何把握未来会展人才的培训与开发，全面提升会展产业的发展水平？这是会展业界必须面对和深思的问题。

一、战略导向的人力资源管理

中国人力资源管理模式已经完成了从事务型到战略型人力资源管理的转变，即从过去那种注重各个模块的单一功能而发展到注重整体功能，并将其统辖到组织战略之中①。这代表了人力资源管理界的一个共识。对组织来说，战略作为一种使命，是组织发展的决定性因素之一。未来的人力资源管理是一种战略导向的人力资源管理，即围绕企业战略目标而进行的人力资源管理。

战略导向的人力资源管理全面以组织的战略作为目标，协调均衡好利益相关者的关系。包括以下几点。

（1）为本企业服务：提高生产率、提高利润、确保生存、提高适应能力，保持企业竞争优势。

（2）为投资者（股东）服务：提高资金的回报率、增加市场占有率和资金的周转率。

（3）为客户服务：为客户提供高质量的产品；为客户提供高质量的服务；对客户的投诉或问题要快速反应；为客户尽量降低成本，降低费用；不断创新，以满足客户的不同需要。

（4）为员工服务：公平对待员工、依靠综合方法来提高员工士气、适当授权、保障员工的安全与健康、提高员工的适应能力。

---

① 石伟. 中国人力资源管理未来10年的十大趋势［N］. 中国劳动保障报，2011-01-26（003）.

（5）为社区服务：遵纪守法、承担社会责任、重视道德建设、重视环境保护。

（6）为战略伙伴服务：企业战略伙伴包括政府部门、供应商、工会、合资企业中的合作伙伴等。

战略导向的人力资源管理扮演着五个重要角色。

（1）战略决策角色

①参与企业重大的业务决策；

②把企业的战略贯彻到人力资源管理战略中去；

③高层管理中有分管人员；

④帮助管理者创立企业文化；

⑤帮助员工满足客户的需要。

（2）战略职能角色

①选择合适的人才；

②帮助设计、贯彻绩效计划和评估系统；

③帮助设计、实施报酬系统；

④设计并实施员工培训、发展、职业管理系统；

⑤帮助所有管理者实施重大的、战略性的人力资源管理职能。

（3）信息诊断角色

①提供其他企业的信息和经验；

②收集、分析、传播与人力资源有关的重要信息，以帮助管理层做出正确决策；

③对工资问题进行正确诊断并提出可行的解决方案。

（4）行政管理角色

①帮助设计和改进人事行政管理系统；

②必须完成一些必要的行政管理工作。

（5）管理变革角色

①指出管理过程以及对企业成功或失败的影响；

②帮助设计或重新设计组织结构；

③应该引导与企业基本价值观一致的变化；

④应该引导组织的适应环境的广泛变化；

⑤实施员工关系改进系统；

⑥尽可能地扩大员工多元化的优势；

⑦促进适应全球化的管理系统。

在战略导向的人力资源管理下，会展组织在人力资源管理决策过程中，规划的时间不断从短期而向中长期延伸，着眼于更长远、更持久的目标，选用科学的预测方法做好人员的需要和供给方面的预测，进而采取更加符合组织要求的人员配置工作。人力资源管理部门逐渐成为能够创造价值并维持企业核心竞争能力的战略性部门，人力资源的变化必须与企业战略领域相匹配，协同作用，才能保证企业在新的经营环境下保持并维持竞争优势。

二、基于知识的人力资源管理

人力资源作为知识和技术的载体，是实现知识应用、为企业创造价值的最重要因素，也是企业资源要素中最活跃、最具创造力和最具能动性的部分。知识型员工成为企业人力资源管理关注的重点；知识的创造、传递、应用和增值成为人力资源管理的主要内容。会展产业是高端生产性服务业，也属于知识型产业。会展公司的核心创意策划与运营人员的跳槽，往往对会展公司带来“灭顶之灾”。如何在全球范围内获得企业所需的知识工作者并对他们进行有效的管理，是未来人力资源管理必须面对的挑战。这种挑战主要表现在：①合理、有吸引力的薪资与福利；②充分公开与高效的信息沟通；③公正平等的全球招聘政策；④深入全面的跨文化培训与管理；⑤开放的知识分享和民主决策体系；⑥持续有效的系统激励模式。

构建基于知识的人力资源管理系统（KHR）是有效应对这些挑战的方法之一。原因有三：第一，人力资源管理要求具备完备的人才信息和对人才所掌握的技术的固化，而这正是知识管理的重要内容；第二，人力资源管理本身为知识管理提供必要的支持，人永远都是企业所掌握的所有资源中最活跃和最具有能动作用的组成部分，高素质的人才对知识型企业来说尤为重要；第三，人力资源管理的流程本身需要知识管理来进行改进。这三个方面决定了人力资源管理和知识管理是互相影响、密不可分的，在企业的知识管理改造中，必须同时高度重视人力资源管理的重要性，才能使整体管理效能得到最大程度的提高，而人力资源管理与知识管理系统的结合又能有效地把员工知识固化到组织知识库中去，降低员工流失带来的知识流失风险。

所谓基于知识的人力资源管理系统（KHR），是指基于知识管理系统的人力资源管理平台，该系统一方面根据组织内部知识的状况，分析研究对知识的需求，通过对人才的招聘、培育、使用和开发管理满足组织运作需要。另一方面，提供必要的环境和条件（如设立一种考核或奖惩机制），使员工愿意并且能够将存储在他们头脑中的知识贡献出来，实现组织内部的知识共享，将员工个人的知识转化为组织的知识，在相互沟通与交流中使个人知识相互补充、相互完善，使其作用最大化，即最大限度地发挥知识的作用。同时激励参与和分享，学习和进步，倡导“团队精神”。

通过知识管理技术，实现虚拟化管理企业的知识库，尤其是未编码的隐含性知识，依赖于组织内部员工和外部专家的个人知识，对企业的技术发展决策和组织绩效有着积极影响。未来企业的人力资源管理需要有效地管理全球范围内的知识，并将产生所谓的知识经纪人。信息技术的广泛应用，必然改变人们的生活方式、工作方式和思维方式，相应地要求人力资源管理学会利用信息技术，尤其是以网络为工具，将处于不同地方、不同组织的人力资源有效的整合，为企业战略和目标服务。

基于知识的人力资源管理系统除了具备一般人力资源管理系统的办公自动化功能之外，最具特色功能的是高端知识挖掘。这是属于企业知识管理的高端应用功能之一，企业可以通过对数据库中的大量业务数据进行抽取、转换、分析和模型化处理，从中提取辅助商业决策的关键性知识。通过该系统，可以辅助企业级的相关决策，如可以辅助为某个新的项目的各类专业人员的组成方案进行决策。如果核心员工跳槽，也可以通过该员工在知识管理系统中留下的知识记录进行分析，提出相应的决策建议。基于知识的人力资源管理是知识型企业未来人力资源管理的一种较优选择。

三、基于网络的人力资源管理

随着互联网的普及，应对网络化的人力资源变革成为了广大企业必须面对的一个问题。解决网络化问题，关键在于导入电子化人力资源（e－HR），构建基于网络的人力资源管理体系。e－HR，从广义上来说是一套通过现代信息技术手段，提高人力资源管理效率，实现人力资源信息共享及有效整合的解决方案。

e－HR 的功能体现在三个方面①：

第一，基于互联网的人力资源管理流程化与自动化。e－HR 把有关人力资源的分散信息集中化并进行分析，优化人力资源管理的流程，实现人力资源管理全面自动化，与企业内部的其他系统进行匹配。

第二，实现人力资源管理的 B to B（即商对商）。企业的人力管理者能够有效利用外界的资源，并与之进行交易，如获得人才网站、高级人才调查公司、薪酬咨询公司、福利设计公司、劳动事务代理公司、人才评价公司、培训公司

① 温大明．网络时代的人力资源管理变革［EB/OL］．http：//www．macrochina．com．cn/xsfx/yxzk/20060629079403．shtml．

等 HR 服务商的电子商务服务。

第三，实现人力资源管理的 B to C（商对客户）。让员工和部门经理参与企业的人力资源管理，体现 HR 部门视员工为内部顾客的思想，建立员工自助服务平台，开辟全新的沟通渠道，充分达到互动和人文管理。

基于网络的人力资源管理系统，因其优势突出，在未来的会展人力资源管理中，不但会广泛应用，还将进一步整合平台优势，将基于网络的人力资源管理与基于知识的人力资源管理角度融合起来。基于网络的人力资源管理平台优势有以下几点。

第一，可以利用 e－HR 系统作为招聘的平台。

网络的重要特征就是跨地域、跨时空、快捷和实施互动，这就为招聘提供了强大的应用空间。在知识经济时代，企业界面临的最严峻、最重大的挑战不是找不到人才，而是如何找到合适人才，并迅速把他们变成一流员工。一个企业要想保持增长，就得不断招聘。按照传统的人力资源管理模式，要高质量地完成如此大量的工作几乎是不可能的，于是许多企业开始用网络完成招聘工作。目前，网上招聘已显示出巨大的威力，大多数的公司都能体会到网上招聘的效率。专业的人才网站为企业提供优质的服务，企业招聘主管只需把公司职位要求输入电脑，网站很快提供符合要求的人才信息，一些人力资源网站还提供人才测评、专业测试等在线招聘管理服务。网络可以帮企业寻找符合条件的求职者，世界上每个角落的人才都有机会了解公司的招聘信息。公司还可以在线测评选择应征者，很快得到一份详尽的人才分析报告。在招聘管理后台处理系统里，招聘主管可以得到即时的招聘工作分析报表。

第二，可以利用 e－HR 系统作为在线培训平台。

以网络为基础的在线培训中心在一些大公司或专业机构大量涌现，使得学习成为一个实时、个性化的过程。公司的培训成本将大大降低，人力资源部更重要的工作将是强调员工要协作学习，自我管理，自我激励，并设计好及时有效的培训评估体系以保证培训的效果。公司将在线教育培训计划发布在网络上，员工均可更自由地选择自己想修的课程。

第三，可以利用 e－HR 系统构建人力资源数据信息中心。

在人力资源管理中，对公司所有人力资源数据的采集、整理、分析将成为人力资源部门的一项重要工作。通过实时的公司人才知识结构分析、招聘管理分析、绩效评估分析、培训分析、薪资福利系统分析、组织管理水平分析，人力资源专业工作人员可以更好地挖掘、开发、管理人力资源，从而提高实施人力资源战略的成功率。人力资源管理工作可以变得更为简便快捷、节省成本，更大的益处在于可以将人力资源部门员工从上传下达角色中解脱出来，让他们能放眼更为宏大的事情，如战略规划、企业组织发展等。

基于网络的人力资源管理以“整体性、联动性和动态性”为主要特征，依托 e－HR 构建出一个广阔的平台，使人力资源管理信息系统发展成决策支持系统，为人员的选、育、用、留等环节充分实现资源共享。

四、跨文化的人力资源管理

随着全球化的深入，越来越多的公司成为跨国公司。目前，大约有 6 万多家跨国公司在世界范围内雇用了 7500 万人，是 1990 年雇用人数的 3 倍。① 同时，这些跨国公司不再完全由美国、英国、德国、法国和日本主导，许多发展中国家也加入到这个行列，如中国、韩国、墨西哥、俄国、巴西、印度和马来西亚，发达国家如加拿大、比利时、荷兰、挪威、新加坡、瑞典，以及芬兰等国也有越来越多的公司走向全球经营。在人力资源越来越走向跨国界的今天，如何最有效地针对不同的文化特点采用适合的人力资源管理方式，以激发不同文化背景下企业员工的工作主动性和积极性，已成为摆在跨国企业面前的严峻课题。在会展领域，由于国际壁垒最少，国际组织尤其活跃。可以预见，在未来很长的一段时间内，跨文化的人力资源管理将成为一个最重要的研究课题。

在跨文化人力资源管理的研究者看来，经济全球化所带来的管理上的文化差异和文化管理问题，已经成为人力资源管理领域的一个重要问题。当今和未来人力资源管理的一项重要的职责就是克服组织内由文化差异引起的文化冲突，其有效的途径是实行跨文化管理和跨文化培训。在跨文化人力资源管理的实践中，存在四种主要的模式：民族中心主义模式、多中心主义模式、全球中心主义的模式和地域中心主义模式。其中，全球观念、系统观念、多元主义是培养文化开放与宽容的思想基础，而不同文化的有效交流与对话，特别是深度对话是实现文化整合和文化共享的重要途径。跨文化培训则已成为人力资源发展的重心所在，是实现文化整合的有力工具。

五、人力资源服务外包管理

人力资源管理活动的外包并不是一个新事物，欧洲有 60%～70% 的企业进行人力资源外包，美国大概有 85% 的企业使用人力资源外包服务，而全球 500

---

① 吕实. 企业人力资源管理与开发［M］. 北京：北京交通大学出版社，清华大学出版社，2011：281.

强中的大多数也已将某一项或某几项人力资源管理工作外包出去。① 人力资源外包的产生不但有现实的社会根源（降低企业成本、提升企业核心竞争力、促进社会分工细化），也有其理论根源，如交易成本理论和核心竞争力理论等。对于会展组织来说，人力资源服务外包管理是一个不可回避的问题。因为会展产业活动筹备期长，现场执行期很短，短短数天、数周或数月里却需要安排大量的现场服务人员，短期大量的人力资源需求的解决成为了组展方或承办方十分重要的一项工作。人力资源外包能有效解决会展产业活动中的这一难题。

人力资源外包是将组织的人力资源管理活动委托给组织外部的公司承担的活动过程。人力资源管理外包的工作一般集中在工资、福利、招聘和培训等方面。人力资源管理活动外包的意义在于：首先，外包使组织能够维持较为通用的系统和程序，而不必持续购买新的东西；其次，接受外包管理活动的组织具有专门知识，这些知识在较小的组织中，由于时间和经验有限，是它们的人力资源经理所没有的；再次，减少了人力资源的工资成本，达到提高企业适应能力的目的。当组织发生变化时，人力资源部通过改变它的机构和运行以使它变得更精干和更灵活。

当然，人力资源管理活动外包也有一些不利之处。首先，外包的成功依靠外部卖方的能力。有一个能确保把事情做好并能不断提供支持的外部管理者是最主要的。选择一个不能提供好的服务和成果的外部管理者会对组织的人力资源管理人员产生负面的影响。其次，由于采用外包可能造成“失去控制”的局面。当一个企业得到外部者提供的数据和服务的时候，人力资源管理人员很少意识到它们的重要性和紧迫性，这主要是因为他们没有深入进去和加以控制，当然这个问题可以通过明确外包的关系部分得以解决。再次，有时外包可能会花费比内部化管理更多的成本，特别是在外部管理者对因素的多样性不清楚的情况下。所以，外包是有风险的，在实行外包以前人力资源经理应该仔细进行分析并定期加以评估。

第四节　本章小结

本章主要阐述了会展产业发展趋势、会展人力资源管理的挑战和发展趋势。

---

① 赵晓霞，黄晓东，唐辉．人力资源管理与开发［M］．北京：清华大学出版社，2012：363.

本章的要点包括：

（1）发达国家凭借其在科技、交通、通信、服务业水平等多方面优势，在世界会展经济发展过程中处于主导地位，并占有绝对的优势。欧洲的德、法、意、英等工业发达国家一直在世界居领先地位。从总体来看，国际会展产业发展呈现全球化、集团化、网络化和大数据战略发展态势。

（2）我国会展产业的发展起步晚，和西方发达国家相比还有较大差距，其发展趋势有：会展管理规范化、会展产品品牌化、会展综合体大型化、会展产业专业化和智能化趋势。

（3）随着社会经济的发展和进步，未来会展组织模式朝着扁平化、多极化、文化融合和虚拟化方向发展。

（4）会展人力资源管理的挑战主要来自三个方面：全球化的调整，新技术的挑战和人力资本开发的挑战。

（5）随着全球经济的纵深发展，会展人力资源管理将呈现五大方面的发展趋势：战略导向的人力资源管理，基于知识的人力资源管理，基于网络的人力资源管理，跨文化的人力资源管理以及人力资源服务外包管理。

总之，懂得了会展产业的发展趋势和人力资源管理的趋势，可以在具体的管理实践中把握基本的定位，以及如何更加有针对性和方向性地解决管理中的难题。

复习思考题

1. 试述国际会展产业发展的趋势。
2. 我国会展产业呈现怎样的发展趋势？
3. 简述未来会展组织的典型模式。
4. 会展人力资源管理存在哪些方面的挑战？
5. 会展人力资源管理呈现怎样的发展趋势？
6. 战略导向的人力资源管理扮演哪些重要角色？
7. 会展人力资源服务外包存在哪些不足？如何规避这些不足？
8. 基于网络的人力资源管理平台有哪些优势？

应用案例

易才集团创新会展经济人力资源外包模式

2011 西安世界园艺博览会是继 2008 年北京奥运会、2010 年上海世博会之后，在中国大陆举办的又一重大国际盛会。近年来，伴随着众多国际大型会展的举办，中国政府在组织大型活动的过程中也越来越多地选择了人力资源业务外包这一运作模式。因此，2011 西安世界园艺博览会中，主办方同样把目光投向了人力资源外包行业，将园区服务和导览项目的运作外包给了曾经服务于2010 上海世博会参展企业的易才集团。

据了解，易才集团作为中国大陆地区最大的人力资源外包服务商，承揽了 2011 西安世界园艺博览会园区运营处参观者服务部下属的所有为参观者提供的导览介绍、接待服务、投诉处理等工作。自 2010 年 12 月份开始，易才集团就严格计划筹备了全国范围的网络招聘、人员信息采集工作，最终在全国 18 个省市上万报名人选中筛选出 500 余名青春洋溢的导览、接待人员。在员工上岗前不仅进行了基本的专业岗前培训，还着重针对员工的人文教育、基础素质开展了细化的培训工作。针对劳务密集型用工特点，组织了一系列相关培训、军训、集中管理，打造了一支一流服务团队。

人才租赁近些年在我国发展较快，并以其特有的优势和作用推动着这一新型用人方式的不断发展。该用人方式可以实现被派遣单位、派遣机构和人才的“三赢”。事实上，世园会导览员这一用工模式背后，所体现的正是人才租赁市场与会展经济的成功结合。因此，在此次项目运营期间，易才集团不仅配合世园会园区管理处制定了一系列管理制度，还编写了所有服务岗位的岗位职责、运营流程、工作手册，以及绩效考评标准。在正式开园以后，根据实时运营情况与园区运营处参观者服务部商榷撰写了包括“园区导览员志愿者轮岗休息制度”“高温天气预警方案”“导览员防暑降温预案”等一系列一线服务人员保障办法。并在世园会正式运营以后得到了实际运用。同时，由于此次项目管理采用了新型短期用工管理模式，所以不仅要明确管理团队个人岗位职责，还要做到每日必查，查必有果，有错必纠，以点带线，确保管理“无死角”，并科学加强内部考核评比制度，确保员工管理工作的规范、高效、有序。

西安世园会人才租赁模式，也是一种全新的人力资源外包服务模式。随着我国举办大型国际会展及大型赛事的增多，传统的会展用工模式已经不能满足需求，新兴的人才租赁模式悄然进入主办方的视野。这种服务模式具有规避用工风险，维护企业信誉；管理简便，提高管理效率；人员增减灵活，化解人员编制与业务快速发展的矛盾；快速响应业务需求，用工机动灵活；降低招聘压力，节约成本等优势，这种模式必将成为未来会展经济用工主流。

据易才博普奥总经理介绍，在世园会项目中，易才集团从招聘、测评到系统地培训、绩效管理使用了易才集团的易得薪 CTG Payroll 系统平台，福利管理运用了全国首个福利平台来解决，将丰富的人力资源管理智慧和经验用技术的形式来应用到每一个导览员身上，帮助每个人有更好地成长、发展和绩效表现，从而提升每一个人的价值。

由于员工来自全国各个不同的地区，在新的环境中容易产生矛盾和冲突，项目组还特聘西安空军工程大学的教官对所有人员进行了为期7天的军训，通过一个短期的军事化生活，不仅培养起新员工的集体荣誉感及团队竞争意识，还改变了新团队组织涣散的现状，把军队中令行禁止军队管理风格带到团队的管理中来。此外，对于员工在园区的工作表现，项目组有效结合了内部绩效动态考核机制，对在平日工作中表现积极、有闪光点的优秀员工，进行绩效奖励、公开通告表扬等一系列激励机制，以此鼓励进取，杜绝消极怠工，通过竞争提高工作效率和工作积极性。

在全新的人力资源管理模式下，易才集团的特点主要体现在以下三方面：第一，易才提出了“新人力”理念，即构建和谐的劳动关系应该成为人力资源管理的基本目标和核心内容，并在这一理念的基础提供优质的人力资源外包服务；第二，易才倡导一站式人力资源服务，通过全方位的专业服务帮助用人单位简化流程、节约时间和优化成本，使之可以专注其战略核心，也使员工获得更多更好的福利选择，提高了员工的工作满意度；第三，易才在全国建立了近百个垂直分支机构，国内网点已经覆盖到新疆和西藏，国外网点也登录到美国等地球彼岸，在强大的计算机管理系统的支持下，易才为客户提供统一标准、统一管理、完备的人力资源外包服务模式，全力满足在全国开展业务的企业的需求。

为了凸显导览、接待服务工作形象，易才集团还精心策划了多项社会宣传及慰问活动。其中除了易才集团携手世园会园区管理处“战高温、送清凉”导览员慰问活动外，还与华商网携手举办了“导览天使”大型网络评选活动。活动举办期间，参与投票人数达十余万人次，多家新闻媒体不间断专题宣传报道累计量达百余篇，引起了广泛的社会关注。

同时，为了塑造一支具有优良思想品德、责任意识强的优质导览员队伍，易才集团还举办了一系列生动活泼、富有意义的团建活动：“开园满月宴聚餐活动”“主题有奖征文活动”“优秀宿舍评选”“军民篮球友谊赛”“庆八一军民联欢消夏晚会”等系列活动。一方面增强了员工服务世园会的责任感和荣誉感，提高了员工的整体素质，另一方面也丰富了员工的文化生活，使终日辛勤工作在一线的服务人员得到了身心的放松。

为了解除服务人员对世园会项目结束后就业问题的担忧，易才集团内部建立了一个人才平台，易才集团众多的客户为他们提供了许多不同层面的岗位，世园会落幕以后，服务人员可以进入易才集团职业发展平台内，根据其不同的个人知识能力和职业发展规划，为其提供专业的职业培训课程，经过培训满足不同的岗位需求后，易才集团就免费将他们推荐给其他客户，易才集团的人才分享平台承担了员工的就业风险，并能保证给客户提供源源不断的人才输出。对于愿意继续为易才服务的员工，易才将分配他们到易才博普奥全国80多家分支机构任职。

中国近几年的会展业发展很快，但是会展专业人才非常匮乏。世园会的举办将这一现实矛盾更加凸显出来。通过易才集团的人力资源外包解决了人才稀缺问题，专业化服务外包的人力新模式在本届世园会上将优势体现得淋漓尽致。这种优势主要体现在：短期用工团队组建迅速有效、工作人员集中管理确保运转、使用方合理回避用工风险。从使用方的角度，世园会官方非常认同这种方式，因为这种模式是最有利于保证服务质量、性价比最高，同时也最安全平稳的用工模式。权威专家预测，随着人才租赁服务模式获得越来越多用工企业的高度评价，会展经济用工将进入人才租赁新时代，同时这种趋势也将迅速扩大到会展经济之外的更多领域，为人力行业的未来发展打开了一扇大门。

思考题

1. 结合案例，请分析会展人力资源外包模式的运作的特点和优势有哪些？

2. 易才集团采取了哪些措施确保短期内高质量完成人力资源外包服务？对我们有哪些启示？

参考文献

[1] Abraham Harold Maslow. A Theory of Human Motivation [J]. Psychological Review, 1943, 50 (4).

[2] Ashutosh Chaturvedi. Event Management: a Professional and Developmental Approach. Indian: Global India Publications Pvt Ltd. 2009.

[3] Deborah Peters, Barry Jones. Size and Impact of the MICE Industry. Bureau of Tourism Research, Meetings Industry. National Conference, 1996.

[4] Dessler, G. Human Resource Management (11th ed) Beijing: Tsinghua University Press, 2010.

[5] Edward Wight Bakke. The Human Resource Function. Yale University, Yale Labor and Management Center, 1958.

[6] Frank Barkley Copley. Frederick W. Taylor: Father of Scientific Management. Harper and Brothers, 1923.

[7] Gary Stanley Becker. Human Capital: A Theorical and Empirical Analysis, with Special Reference to Education. New York: Columbia University Press. 1966.

[8] Glenn Bowdin, Johnny Allen, Rob Harris, Ian McDonnell, William O'Toole. Oxford: Events Management (3rd ed) Elsevier Ltd, 2011.

[9] Lee Kaufer Frankel. The Human Factor in Industry. New York: Macmillan, 1920.

[10] Michael Armstrong. Armstrong' s Handbook of HumanResource Management Practice (11th ed). London. & Philadephia, 2009.

[11] Michael Beer, Bert Spector, Paul R. Lawrence, D. Quinn Mills, Richard E. Walton. Managing Human Assets. New York: The Free Press, 1984.

[12] Noe, Hollenbeck, Gerhart, Wright. HumanResource Management: Gaining a Competitive Advantage (3rd ed). Beijing: Tsinghua University Press, 2000.

［13］ Peter F. Drucker. The Practice of Management. Harper & Brothers Press, New York. 1954.

［14］ Razaq Raj, Paul Walters, Tahir Rashid. Events Management: an Integrated and Practical Approach. SAGE Publications Ltd. London. 2009.

［15］ Richard Gillespie. Manufacturing Knowledge: A History of the Hawthorne Experiments. London: Cambridge University Press, 1993.

［16］ Stefan Henn, Conny Grabner. The Meeting Industry in Germany – Development and recent Trends. Heilbronn University Scholarly Essay. 2008.

［17］ Tom Baum, Margaret Deery, Clare Hanlon, Leonie Lockstone, Karen Smith. People and Work in Events and Conventions: a Research Perspective. CAB International Oxfordshire, 2009.

［18］ 达夫特. 组织理论与设计精要［M］. 李维安，等. 译. 北京：机械工业出版社，1999.

［19］ 蒙迪，诺埃. 人力资源管理. 6版［M］. 葛新权，等. 译. 北京：经济科学出版社，1998.

［20］ 乔治·伯兰德，斯科特·斯内尔. 人力资源管理. 13版［M］. 大连：东北财经大学出版社，2006.

［21］ 乔治·T. 米尔科维奇，杰里·M. 纽曼. 薪酬管理［M］. 董克用，译. 北京：中国人民大学出版社，2002.

［22］ 唐娜·叶纳. 职业生涯规划：自测、技能与路径. 4版［M］. 刘红霞，杨伟国，译. 北京：机械工业出版社，2011.

［23］ 苏珊·E. 杰克逊，兰德尔·S. 舒勒. 管理人力资源［M］. 北京：中信出版社，2006.

［24］ 斯蒂芬·P. 罗宾斯. 组织行为学［M］. 孙建敏，李原，等. 译. 北京：中国人民大学出版社，2001.

［25］ 阿姆斯特朗，斯蒂芬斯. 员工薪酬管理与实践手册［M］. 李剑锋，孔磊. 译. 北京：中国财政经济出版社，2008.

［26］ 约翰·布里顿，杰弗里·高德. 人力资源管理：理论与实践. 3版［M］. 北京：经济管理出版社，2011.

［27］ 理查德·S. 威廉姆斯. 业绩管理［M］. 赵正斌，胡蓉. 译. 大连：东北财经大学出版社，1999.

［28］ 安鸿章. 工作岗位的分析技术与应用［M］. 天津：南开大学出版社，2001.

［29］ 北京奥运会志愿者工作协调小组办公室，共青团北京市委员会，北京

志愿者协会. 微笑北京：志愿者的微笑是北京最好的名片［M］. 北京：人民出版社，2008.

［30］陈国海. 人力资源管理概论［M］. 北京：高等教育出版社，2009.

［31］陈京民，韩松. 人力资源规划［M］. 上海：上海交通大学出版社，2006.

［32］陈秀峰，潘敏. 人力资源管理问题研究［M］. 北京：中国工商出版社，2007.

［33］丑纪岳. 企业人力资源管理［M］. 北京：科学出版社，2007.

［34］丁萍萍. 会展实务［M］. 北京：高等教育出版社，2004.

［35］董克用. 人力资源管理概论. 2版［M］. 北京：中国人民大学出版社，2009.

［36］杜勇，杜军. 人力资源管理：理论、方法与案例［M］. 重庆：西南师范大学出版社，2011.

［37］傅继军，邱洪生. 国际理念的本土企业管理实践［M］. 北京：中国计划出版社，2006.

［38］顾沉珠，时长胜. 人力资源管理实务［M］. 北京：北京大学出版社，2011.

［39］桂昭明. 人力资源管理［M］. 武汉：华中科技大学出版社，2008.

［40］郭爱英，张立峰. 薪酬管理［M］. 杭州：浙江大学出版社，2011.

［41］郭京生，潘立. 人员培训实务［M］. 北京：机械工业出版社，2010.

［42］韩骏伟等. 国际文化贸易［M］. 广州：中山大学出版社，2009.

［43］郝惠文，刘璟波. 人力资源管理工具全解［M］. 北京：化学工业出版社，2011.

［44］何清华. 建设项目管理信息化［M］. 北京：中国建筑工业出版社，2011.

［45］贺秋硕，喻靖文. 人力资源管理案例引导教程［M］. 北京：人民邮电出版社，2010.

［46］洪涛. 流通产业经济学. 2版［M］. 北京：经济管理出版社，2011.

［47］胡蓓，王通讯. 人力资源开发与管理［M］. 武汉：华中科技大学出版社，2006.

［48］胡平. 会展管理概论［M］. 上海：华东师范大学出版社，2007.

［49］胡振华. 中小企业人力资源管理［M］. 长沙：湖南科学技术出版社，2008.

［50］黄钰茗，邵帅. 薪酬管理的55个关键细节［M］. 北京：中国电力出

版社，2012.

［51］简建忠. 人力资源发展［M］. 台北：五南图书出版股份有限公司，1995.

［52］江艳玲. 人力资源流程设计与制度范本［M］. 北京：化学工业出版社，2011.

［53］蒋志青. 知识经济时代的人力资源管理［M］. 上海：上海人民出版社，2007.

［54］焦小谋. 企业人力资源管理：理论与案例［M］. 北京：北京科学技术出版社，1997.

［55］金辉. 会展概论. 2版［M］. 上海：上海人民出版社，2011.

［56］黎少华. 组织智慧：人力资源整合策略［M］. 北京：首都经济贸易大学出版社，2000.

［57］李宝元，王文周，蒯鹏州. 薪酬管理：原理·方法·实践. 2版［M］. 北京：清华大学出版社，北京交通大学出版社，2013.

［58］李成彦，唐人洁，李秋香. 组织薪酬管理［M］. 大连：东北财经大学出版社，2008.

［59］李成彦. 人力资源管理［M］. 北京：北京大学出版社，2011.

［60］李虹. 人力资源管理［M］. 北京：北京大学出版社，2005.

［61］李剑峰. 人力资源管理：原理与技术［M］. 北京：电子工业出版社，2002.

［62］李鹏鹏. 不做经济白痴［M］. 北京：人民日报出版社，2012.

［63］李燕萍. 培训与发展［M］. 北京：北京大学出版社，2007.

［64］梁文慧，马勇. 亚太地区旅游会展教育论丛［M］. 北京：清华大学出版社，2007.

［65］廖泉文. 薪酬管理：理论、操作、案例［M］. 北京：首都经济贸易大学出版社，2006.

［66］刘安鑫. 人力资源管理实务［M］. 北京：北京理工大学出版社，2006.

［67］刘大可，陈刚，王起静. 会展经济理论与实务［M］. 北京：首都经济贸易大学出版社，2006.

［68］刘大卫. 会展业人力资源管理［M］. 北京：中国人民大学出版社，2008.

［69］刘晓杰，杜娟. 会展服务［M］. 北京：化学工业出版社，2009.

［70］吕实. 企业人力资源管理与开发［M］. 北京：北京交通大学出版社，

清华大学出版社，2011.

［71］马勇，冯玮. 会展管理［M］. 北京：机械工业出版社，2006.

［72］孟祥林. 人力资源管理：理论与案例［M］. 北京：清华大学出版社，2012.

［73］彭剑锋. 人力资源管理概论. 2版［M］. 上海：复旦大学出版社，2011.

［74］企业国际化管理研究课题组. 中小企业人力资源国际化管理文案［M］. 北京：光明日报出版社，2005.

［75］钱斌，刘德妍. 人力资源管理理论与实务［M］. 上海：华东师范大学出版社，2006.

［76］乔瑞，樊智勇. 人力资源管理［M］. 北京：人民邮电出版社，2010.

［77］上海市发展改革研究院. 超越GDP的新理念新模式［M］. 上海：格致出版社，2011.

［78］邵培仁. 会展管理［M］. 上海：上海人民出版社，2011.

［79］沈丹阳. 城市、政府与中国会展经济［M］. 北京：中国商务出版社，2008.

［80］苏列英. 人力资源管理概论［M］. 西安：西安交通大学出版社，2010.

［81］苏文才. 会展概论［M］. 北京：高等教育出版社，2009.

［82］孙海法. 现代企业人力资源管理［M］. 广州：中山大学出版社，2010.

［83］孙金利. 薪酬管理［M］. 天津：天津教育出版社，2005.

［84］孙宗虎，李艳. 招聘与录用管理实务手册［M］. 北京：人民邮电出版社，2007.

［85］唐鑛. 战略劳动关系管理［M］. 上海：复旦大学出版社，2011.

［86］唐志红. 人力资源招聘·培训·考核［M］. 北京：首都经济贸易大学出版社，2011.

［87］滕宝红，廖天. 培训经理岗位培训手册［M］. 广州：广东经济出版社，2011.

［88］童媛媛. 人力资源棘手问题解决方案［M］. 北京：企业管理出版社，2010.

［89］王长城，姚裕群. 薪酬制度与管理［M］. 北京：高等教育出版社，2005.

［90］王春雷. 中美会展产业发展系统比较研究——兼论美国会展产业发展

对中国的启示［A］.

［91］沈丹阳. 中国会展经济前沿理论与政策思考［M］. 北京：中国商务出版社，2008.

［92］王广宇. 知识管理——冲击与改进战略研究［M］. 北京：清华大学出版社，2004.

［93］王海燕，姚小远. 绩效管理［M］. 北京：清华大学出版社，2012.

［94］王莹. 人力资源管理与实务［M］. 北京：中国电力出版社，2011.

［95］王勇. 中级人力资源开发与管理［M］. 南京：东南大学出版社，2005.

［96］魏文静. 人力资源管理工具箱［M］. 北京：中国时代经济出版社，2011.

［97］吴宝华. 人力资源管理实用教程［M］. 北京：北京大学出版社，2007.

［98］武邦涛，柯树人. 会展项目管理［M］. 北京：北京大学出版社，2010.

［99］夏兆敢. 人力资源管理［M］. 上海：上海财经大学出版社，2011.

［100］辛士祥，葛书环. 人力资源管理［M］. 北京：航空工业出版社，2008.

［101］邢传，沈坚. 中国人力资源管理问题报告［M］. 北京：中国发展出版社，2004.

［102］熊家军，李强. 云计算及其军事应用［M］. 北京：科学出版社，2011.

［103］徐世勇，陈伟娜. 人力资源的招聘与甄选［M］. 北京：清华大学出版社，2008.

［104］许文兴. 人力资源管理［M］. 北京：清华大学出版社，2010.

［105］闫大海. 薪酬管理与设计［M］. 北京：纺织工业出版社，2007.

［106］严凡高，梁伟权. 人力资源部作业指导手册［M］. 广州：广东经济出版社，2010.

［107］杨健知. 无师自通撰写公司管理制度范例全书［M］. 北京：北京工业大学出版社，2012.

［108］姚锐敏，田鹏，杨炎轩. 人力资源管理概论［M］. 北京：科学出版社，2010.

［109］姚裕群，亓名杰. 人力资源开发与管理概论［M］. 长沙：湖南师范大学出版社，2007.

［110］姚裕群．人力资源开发与管理概论［M］．北京：高等教育出版社．2005．

［111］银路，王敏．新兴技术管理导论［M］．北京：科学出版社，2010．

［112］于桂兰，魏海燕．人力资源管理［M］．北京：清华大学出版社．2004．

［113］于海波．员工招聘与素质测评［M］．北京：对外经济贸易大学出版社，2009．

［114］俞华．会展信息交流研究［M］．北京：中国商务出版社，2006．

［115］袁亚忠．会展企业管理［M］．广州：中山大学出版社，2010．

［116］张德．人力资源开发与管理．3 版［M］．北京：清华大学出版社，2007．

［117］张洪山，张学华．中小企业运营技巧最佳方案［M］．呼和浩特：内蒙古人民出版社，2009．

［118］张静抒．会展人力资源管理［M］．上海：上海交通大学出版社，2008．

［119］张培德．现代人力资源管理［M］．北京：科学出版社，2010．

［120］张强．会展实务操作：角色扮演训练法［M］．长春：东北师范大学出版社，2007．

［121］张尚国．人力资源规范化管理工具箱［M］．北京：中国纺织出版社，2010．

［122］张艳玲．会展管理［M］．北京：清华大学出版社，2009．

［123］章达友．人力资源管理［M］．厦门：厦门大学出版社，2008．

［124］赵琛徽．人员素质测评［M］．武汉：武汉大学出版社，2010．

［125］赵曙明，等．国际人力资源管理．5 版［M］．北京：中国人民大学出版社，2012．

［126］赵曙明．国际企业人力资源管理［M］．南京：南京大学出版社，2010．

［127］赵晓霞，黄晓东，唐辉．人力资源管理与开发［M］．北京：清华大学出版社，2012．

［128］赵永乐，魏萍，王勇等．中级人力资源开发与管理［M］．南京：东南大学出版社，2005．

［129］郑大奇．世界500强本土化人力资源管理实战范例［M］．北京：企业管理出版社，2007．

［130］中国国际贸易促进委员会．中国会展经济发展报告［M］．北京：中

国经济出版社，2011.

［131］周鸿勇，朱杏珍，畅铁民. 人力资源管理理论与实务［M］. 北京：中国科学技术出版社，2007.

［132］周三多，等. 管理学原理. 2版［M］. 南京：南京大学出版社，2009.

［133］朱延智. 人力资源管理［M］. 台北：五南图书出版股份有限公司，2007.

［134］邹树梁. 会展经济与管理［M］. 北京：中国经济出版社，2008.

［135］石伟. 中国人力资源管理未来10年的十大趋势［N］. 中国劳动保障报，2011－01－26（003）.